Regulierung von Hedgefonds in Deutschland

Europäische Hochschulschriften
Publications Universitaires Européennes
European University Studies

Reihe II
Rechtswissenschaft

Série II Series II
Droit
Law

Bd./Vol. 4595

PETER LANG
Frankfurt am Main · Berlin · Bern · Bruxelles · New York · Oxford · Wien

Octávio de Sousa

Regulierung von Hedgefonds in Deutschland

Ein Rechtsvergleich mit den Vereinigten Staaten von Amerika und Luxemburg

PETER LANG
Internationaler Verlag der Wissenschaften

Bibliografische Information der Deutschen Nationalbibliothek
Die Deutsche Nationalbibliothek verzeichnet diese Publikation in der Deutschen Nationalbibliografie; detaillierte bibliografische Daten sind im Internet über <http://www.d-nb.de> abrufbar.

Zugl.: Chemnitz, Techn. Univ., Diss., 2007

Ch 1
ISSN 0531-7312
ISBN 978-3-631-56799-9

www.peterlang.de

Meinen Eltern

Vorwort

Die vorliegende Arbeit wurde im August 2006 von der Fakultät für Wirtschaftswissenschaften der Technischen Universität Chemnitz als Dissertation angenommen.

Meinem Doktorvater, Herrn Professor Dr. Ludwig Gramlich, gilt mein ganz besonderer Dank für die hervorragende Betreuung, die sich durch wertvolle Ratschläge und ständige Diskussionsbereitschaft auszeichnete. Er gab mir nicht nur die Gelegenheit zur Promotion, sondern hat durch seine hilfreichen Anregungen und ständige Erreichbarkeit maßgeblich zu ihrem Gelingen beigetragen.

Ganz besonderer Dank gilt außerdem meinen Eltern, die mich durch ihr Verständnis und ihren unermüdlichen Zuspruch in jeder Hinsicht ermutigt und unterstützt haben. Ihre liebevolle Erziehung, Großzügigkeit und Wärme haben mich in meiner persönlichen Entwicklung geprägt und wesentlich zur Erstellung dieser Arbeit beigetragen.

Besonderer Dank gebührt auch meinem Bruder Aurélio, der mich in vielen fachlichen Diskussionen und durch seine fortwährende liebevolle Unterstützung immer wieder ermuntert hat.

Besonders bedanken möchte ich mich weiterhin bei meiner Freundin Julia, die mich mit viel Geduld, Einfühlungsvermögen und Zuneigung auf meinem Weg begleitet hat.

Dank gebührt zudem Herrn Daniel Mogues, der mich durch seine positive und hilfsbereite Art immer wieder bestärkt hat.

Frankfurt am Main, im Mai 2007 — Octávio de Sousa

Inhaltsverzeichnis

Abkürzungsverzeichnis

a. F.	alter Fassung
Abs.	Absatz
AFV	Anlagefondsgesetz (Schweiz)
AG	Aktiengesellschaft
AG Report	Die Aktiengesellschaft (Report)
AktG	Aktiengesetz
AnlV	Anlageverordnung
Art.	Artikel
AuslInvestmG	Auslandinvestmentgesetz
BaFin	Bundesanstalt für Finanzdienstleistungsaufsicht
BAKred	Bundesaufsichtsamt für das Kreditwesen
BAWe	Bundesaufsichtsamt für den Wertpapierhandel
BB	Der Betriebs-Berater
BGB	Bürgerliches Gesetzbuch
BGBl.	Bundesgesetzblatt
BIZ	Bank für internationalen Zahlungsausgleich
BKR	Zeitschrift für Bank- und Kapitalmarktrecht
BMF	Bundesministerium der Finanzen
BSC	Banking Supervision Committee
Bzw.	Beziehungsweise
C.F.R.	Code of Federal Regulation
CSSF	Commission de Surveillance du Secteur Financier
DStR	Deutsches Steuerrecht
Ebd.	Ebenda
EG	Europäische Gemeinschaft
EstG	Einkommensteuergesetz
et al.	und andere
EU	Europäische Union
EWR	Europäischer Wirtschaftsraum
EWS	Europäisches Währungssystem
EZB	Europäische Zentralbank

f.	Folgende
FATF	Financial Action Task Force
FAZ	Frankfurter Allgemeine Zeitung
ff.	Fortfolgende
FinDAG	Finanzdienstleistungsaufsichtgesetz
FR	Finanz Rundschau
FSA	Financial Service Authority
FTD	Financial Times Deutschland
GAAP	Generally Accepted Accounting Principles
GbR	Gesellschaft bürgerlichen Rechts
GG	Grundgesetz
GmbH	Gesellschaft mit beschränkter Haftung
GmbHG	Gesetz betreffend die Gesellschaften mit beschränkter Haftung
HGB	Handelsgesetzbuch
HLIs	Highly Leveraged Institutions
Hrsg.	Herausgeber
Hs.	Halbsatz
http	Hypertext Transfer Protocol
i. V. m.	in Verbindung mit
IAA	Investment Advisers Act of 1940
ICA	Investment Company Act of 1940
IML	Institut Monétaire Luxembourgeois
InvestmG	Investmentgesetz
InvestmStG	Investmentsteuergesetz
Jura	Jura/Juristische Ausbildung
JuS	Juristische Schulung
JZ	Juristenzeitung
KAGG	Gesetz über Kapitalanlagegesellschaften
KG	Kommanditgesellschaft
KStG	Körperschaftsteuergesetz
KWG	Kreditwesengesetz

Lit.	Litera (Buchstabe)
LLC	Limited Liability Company
LTCM	Long Term Capital Management
No.	Number
NSMIA	National Securities Markets Improvement Act
NZZ	Neue Zürcher Zeitung
OGAW	Organismen für gemeinsame Anlagen in Wertpapieren
oHG	Offene Handelsgesellschaft
OTC	Over the Counter (Market)
Rdn.	Randnummer
RIW	Recht der internationalen Wirtschaft
S.	Seite
SA	Securities Act of 1933
SEA	Securities Exchange Act of 1934
SEC	U.S. Securities and Exchange Commission
U.S.	United States
U.S.A.	United States of America
U.S.C.	United States Code
v.	versus (bei Zitierung von U.S.-amerikanischen Entscheidungen)
VAG	Gesetz über die Beaufsichtigung der Versicherungsunternehmen
VerkProspG	Wertpapier-Verkaufsprospektgesetz
Vgl.	Vergleiche
Vol.	Volume
vzbv	Verbraucherzentrale Bundesverband
WM	Wertpapiermitteilungen (Zeitschrift für Wirtschafts- und Bankrecht)
WpHG	Gesetz über den Wertpapierhandel
WWW	World Wide Web

ZBB	Zeitschrift für Bankrecht und Bankwirtschaft
Ziff.	Ziffer
ZIP	Zeitschrift für Wirtschaftsrecht und Insolvenzpraxis
ZKA	Zentraler Kreditausschuss

Literaturverzeichnis

I. Wissenschaftliche Beitrage

Baums, Theodor/ Cahn, Andreas — Hedge Funds – Risk and Regulation, Berlin 2004

Baur, Jürgen — Investmentgesetze: Gesetz über Kapitalanlagegesellschaften (KAGG) und Gesetz über den Vertrieb ausländischer Investmentanteile und über die Besteuerung der Erträge aus ausländischen Investmentanteilen (AuslInvestmG); Kommentar nebst Länderübersicht EG/EWR-Staaten, Japan, Schweiz, USA, 1. Teilband, Einleitung nebst Länderübersicht, §§ 1-25 j KAGG, 2. Auflage, Berlin, New York 1997

Baur, Jürgen — Investmentgesetze: Gesetz über Kapitalanlagegesellschaften (KAGG) und Gesetz über den Vertrieb ausländischer Investmentanteile und über die Besteuerung der Erträge aus ausländischen Investmentanteilen (AuslInvestmG); Kommentar nebst Länderübersicht EG/EWR-Staaten, Japan, Schweiz, USA, 2. Teilband, §§ 26-55 KAGG, AuslInvestmG, Anhang, Stichwortverzeichnis, 2. Auflage, Berlin, New York 1997

Beckmann, Klaus / Scholtz, Rolf-Detlef — Investment, Ergänzbares Handbuch für das gesamte Investmentwesen – Kommentar zu den Rechtsvorschriften einschließlich der steuerrechtlichen Regelungen, Erläuterungen und Materialien der Kapitalgesellschaften und der Unternehmensbeteiligungsgesellschaften (Loseblattsammlung), Band 2, Berlin 1970

Bednarz, Sebastian — Die US-amerikanische Regulierung von Hedge-Fonds, RIW 2007, S. 34 ff.

Berger, Hanno / Steck, Kai-Uwe	Regulierung von Hedgefonds in Deutschland – Zugleich ein rechtsvergleichender Blick auf die USA, Luxemburg und die Schweiz, ZBB 2003, S. 192 ff.
Blumberg, Jeffrey R. / Fetzer, Kelly A. / Matteson, David M.	Investment Adviser Compliance Requirements for Managers of Hedge Funds, The Journal of Alternative Investments 2005, S. 98 ff.
Bolter, Adam R.	Regulation of Hedge Fund Advisers: A Valid Exercise of Rulemaking Authority or the Promulgation of New Law?, 57 Administrative Law Review 2005, S. 595 ff.
Boos, Karl-Heinz / Fischer, Reinfried / Schulte-Mattler, Hermann	Kreditwesengesetz Kommentar zu KWG und Ausführungsvorschriften, 2. Auflage, München 2004.
Brinkhaus, Josef / Scherer, Peter (Hrsg.)	Gesetz über Kapitalanlagegesellschaften Auslandinvestment-Gesetz, 1. Auflage, München 2003
Caemmerer, Ernst von	Kapitalanlage- oder Investmentgesellschaften, JZ 1958, S. 41 ff.
Canaris, Claus-Wilhelm	Die Feststellung von Lücken im Gesetz – Eine methodologische Studie über Voraussetzungen und Grenzen der richterlichen Rechtsfortbildung praeter legem, 2. Auflage, Berlin 1983
Conrad, Christian A. / Stahl, Markus (Hrsg.)	Risikomanagement an internationalen Finanzmärkten, Systemrisiken – Crashpotential – Anlagemanagement – Risikosteuerung, Stuttgart 2000
Cottier, Philipp	Hedge Funds and Managed Futures – Performance, Risks, Strategies, and Use in Investment Portfolios, Bern, Stuttgart, Wien 1997
Crerend, William J.	Fundamentals of Hedge Fund Investing – A Professional Investor's Guide, New York 1998
Dichtl, Hubert / Kleeberg, Jochen M./ Schlenger, Christian	Handbuch Hedge Funds – Chancen, Risiken und Einsatz in der Asset Allocation, Bad Soden / Taunus 2005

Dittrich, Kurt Peter — Die Privatplazierung im deutschen Kapitalmarktrecht – Eine Untersuchung der Vorschriften des Auslandinvestmentgesetzes, des Wertpapier- Verkaufsprospektgesetzes und des Gesetzes über Kapitalanlage-Gesellschaften unter Berücksichtigung des Rechts der Vereinigten Staaten von Amerika und des Vereinigten Königreichs, Frankfurt am Main, Berlin, Bern, New York, Paris, Wien 1998

Edwards, Franklin R. — Hedge Funds and the Collapse of Long-Term Capital Management, Journal of Economic Perspectives 1999, S. 189 ff.

Eichengreen, Barry — The Regulator's Dilemma: Hedge Funds in the International Financial Architecture, International Finance 2:3, 1999, S. 411 ff.

Eichengreen, Barry / Mathieson, Donald — Hedge Funds and Financial Market Dynamics, International Monetary Fund, Occasional Paper 166, Washington DC 1998

Elben, Roland — Private Placement-Instrumente am US-Kapitalmarkt – Regulation D, "Section 4 (1 ½)" und Rule 144 A, RIW 1998, S. 108 ff.

Eling, Martin — Hedgefonds in Deutschland – erste Erfahrungen nach Einführung des Investmentmodernisierungsgesetzes, Kreditwesen 2006, S. 561 ff.

Fano-Leszczynski, Ursula — Hedgefonds für Einsteiger, Berlin 2005

Fock, Till — Investmentanlage und Doppelbesteuerungsschutz, RIW 2003, S. 118 ff.

Fock, Till — Investmentbesteuerung im künftigen Recht, BB 2003, S. 1589

Förster, Wolfgang / Hertrampf, Urte — Das Recht der Investmentfonds – Europarechtlicher Rahmen und nationale Gesetzgebung, 3. Auflage, Neuwied, Kriftel 2001

Friedrich, Marcus / Bahr, Dietmar H. — Hedge Funds die Königsklasse der Investments, 1. Auflage, München 2003

Fung, William / Hsieh, David A.	Measuring the market impact of hedge funds, Journal of Empirical Finance 7 (2000), S. 1 ff.
Garbaravicius, Tomas / Dierick, Frank	Hedge Funds and their Implications for Financial Stability, European Central Bank, Occasional Paper Series, No. 34, Frankfurt am Main 2005
Gatsik, Jonathan H.	Hedge Funds: The Ultimate Game of Liar's Poker, Suffolk University Law Review 2001, S. 591 ff.
Gerke, Wolfgang / Mager, Ferdinand / Kiehn, Daniela	Zur Konzeption eines deutschen Hedgefonds, ZBB 2002, S. 479 ff.
Gibson, William E.	Is Hedge Fund Regulation Necessary?, Temple Law Review 2000, S. 681 ff.
Hanten, Mathias	Aufsichtsrechtliche Aspekte des Outsourcing bei Kapitalanlagegesellschaften, ZBB 2003, S. 291 ff.
Harmes, Adam	The Trouble with Hedge Funds, The Review of Policy Research, Spring 2002 19:1, S. 156 ff.
Hellrung, Joseph	Hedge Fund Regulation: Investors are Knocking at the Door, but Can the SEC Clean House Before Everyone Rushes In?, 9 North Carolina Banking Institute 2005, S. 317 ff.
Ho, Hann	Hedgefonds heben nicht wie erwartet ab, Deutsches Risk 2005, S. 16 ff.
Jarass, Hans D. / Pieroth, Bodo	Grundgesetz für die Bundesrepublik Deutschland – Kommentar, 8. Auflage, München 2006
Kaal, Wulf Alexander	Hedge Fund Regulation by Banking Supervision – A Comparative Institutional Analysis, Frankfurt am Main, Berlin, Bern, Bruxelles, New York, Oxford, Wien 2006
Kaiser, Dieter G.	Volkswirtschaftliche Aspekte von Hedge Funds, Absolutreport 14/2003, S. 38 ff.

Karmel, Roberta S.	Mutual Funds, Pension Funds, Hedge Funds and Stock Market Volatility – What Regulation by the Security and Exchange Commission is Appropriate?, 80 Notre Dame Law Review 2005, S, 909 ff.
Kaune, Clemens R. / Oulds, Mark K.	Das neue Investmentgesetz, ZBB 2004, S. 114 ff.
Kayser, Joachim / Steinmüller, Jens	Hedge-Fonds im Überblick – Funktionsweise, aufsichts- und steuerrechtliche Behandlung aus Investorensicht, FR 2002, S. 1269 ff.
Köndgen, Johannes / Schmies, Christian	Die Neuordnung des deutschen Investmentrechts, WM Sonderbeilage Nr. 1/2004, S. 1 ff.
Krebs, Walter	Zum aktuellen Stand der Lehre vom Vorbehalt des Gesetzes, Jura 1979, S. 304 ff.
Kugler, Stefan / Lochmann, René	Ausgewählte Rechtsfragen zum öffentlichen Vertrieb von Hedgefonds in Deutschland, BKR 2006, S. 41 ff.
Kümpel, Siegfried	Bank- und Kapitalmarktrecht, 3. Auflage, Köln 2004
Lähn, Marcel V.	Hedge Fonds, Banken und Finanzkrisen – Die Bedeutung außerbilanzieller Leverage Effekte durch Finanzderivate für das Risikomanagement von Finanzinstituten und das systemische Risiko des globalen Finanzsystems, 1. Auflage, Wiesbaden 2004
Lang, Norbert	Das Investmentgesetz – Kein großer Wurf, aber ein Schritt in die richtige Richtung, WM 2004, S. 53 ff.
Lederman, Jess / Klein, Robert A.	Hedge Funds – Investment and Portfolio Strategies for the Institutional Investor, New York 1995
Lestikow, Michael / Ellerkmann, Dirk	BB-Gesetzgebungsreport: Neuerungen nach dem Investmentgesetz, BB 2001, S. 2693 ff.
Lim, G. C.	Policy Forum: Exchange Rates and Capital Controls – Hedge Funds and Currency Crises, The Australian Economic Review, 1999, S. 191 ff.

Lindemann, Alexander	Einsatz von Primebrokern bei inländischen Hedgefonds – Zugleich Diskussion des BMF-Merkblattes vom 26.06.2004 mit Erläuterungen des ZKA vom 1.06.2004, BB 2004, S. 2137 ff.
Livonius, Hilger von	Investmentrechtliche Rahmenbedingungen für Hedgefonds in Deutschland, WM 2004, S. 60 ff.
Luttermann, Claus	Unternehmen, Kapital und Genussrechte – Eine Studie über Grundlagen der Unternehmensfinanzierung und zum internationale Kapitalmarktrecht, Tübingen 1998
Luttermann, Claus	Aktienverkaufoptionsanleihen („reverse convertible notes"), standardisierte Information und Kapitalmarktdemokratie, ZIP 2001, S. 1901 ff.
Luttermann, Claus / Backmann, Julia	Rechtsverhältnisse bei Hedge-Fonds („Risikofonds") in Deutschland und in den USA, ZIP 2002, S. 1017 ff.
Maurer, Hartmut	Allgemeines Verwaltungsrecht, 15. Auflage, München 2004
Merkt, Hanno	U.S.-amerikanisches Gesellschaftsrecht, Heidelberg 1991
Miller, Martin R. / Haskin, Benjamin J. / Bergman, Joseph	The New Hedge Fund Adviser Registration Requirements, The Investment Lawyer 2005, Vol. 12, No. 2, S. 7 ff.
Naik, Narayan / Agarwal, Vikas	Hedge Funds-Charakteristika und Risiken, Absolutreport 02/2002, S. 8 ff.
Nicholas, Joseph G.	Investing in Hedge Funds – Strategies for the New Marketplace, Princeton 1999
Nickel, Carsten	Der Vertrieb von Investmentanteilen nach dem Investmentgesetz, ZBB 2004, S. 197 ff.
O'Halloran, Rory B.	An Overview and Analysis of Recent Interest in Increased Hedge Fund Regulation, 79 Tulane Law Review 2004, S. 461 ff.

Oho, Wolfgang / Remmel, Matthias	Die Besteuerung von Hedge-Fonds-Zertifikaten im Privatvermögen, BB 2002, S. 1449 ff.
Paul, Thomas / Päsler, Rüdiger H.	Das deutsche Investmentrecht – Eine Einführung in das Gesetz über Kapitalanlagegesellschaften und das Auslandsinvestment-Gesetz nebst Gesetzestexten und Materialien in deutscher und englischer Sprache, 2. Auflage, Frankfurt am Main 2003
Pichl, Andrea	Hedge Funds – Eine praxisorientierte Einführung, Stuttgart 2001
Pietzcker, Jost	Vorrang und Vorbehalt des Gesetzes, JuS 1979, S. 710 ff.
Pütz, Achim / Schmies, Christian	Die Umsetzung der neuen rechtlichen Rahmenbedingungen für Hedgefonds in der Praxis, BKR 2004, S. 51 ff.
Pütz, Achim / Sonntag, Albrecht von / Fock, Till	Hedge Fonds in Deutschland nach dem Investmentmodernisierungsgesetz, Absolutreport 08/2003, S. 26 ff.
Ricke, Markus	Stichwort: Hedge Fonds, BKR 2004, S. 60 ff.
Ross, Stephen A. / Westerfield, Randolph W. / Jaffe, Jeffrey	Corporate Finance, 7. Auflage, Boston 2005
Rückel, Catherine	Hedge Fonds in Luxemburg, Absolutreport 02/2003, S. 46 ff.
Rückel, Catherine / Niehl, Tobias	Luxemburger Hedge Fonds in Deutschland nach dem Investmentmodernisierungsgesetz, Absolutreport 12/2003, S. 52 ff.
Rutkis, André	Hedge-Fonds als Alternative Investments – Stilrichtungen, Risiken, Performance, 1. Auflage, Frankfurt am Main 2002
Rutsch, Werner E.	Wo bleibt das Rating für Hedge Funds?, Die Bank 1/2004, S. 44 ff.

Sachs, Michael	Die Gesetzesvorbehalte der Grundrechte des Grundgesetzes, JuS 1995, S. 693 ff.
Sano, Brian J. M.	Alternatives to the Increased Regulation of Hedge Funds, The Investment Lawyer 2004, Vol. 11, No. 7, S. 3 ff.
Schimansky, Herbert / Bunte, Hermann-Josef / Lwowski, Hans-Jürgen (Hrsg.)	Bankrechts-Handbuch, 3. Band, 2. Auflage, München 2001
Schmitt, Bernd / Hagen, Alexander	Steuerliche Aspekte von Hedgefonds, DStR 2004, S. 837 ff.
Schultz, Florian / Kästle, Martina	Hedgefonds nach dem Investmentsteuergesetz – Auswirkungen des BMF Schreibens vom 2. Juni 2005 auf Hedgefonds und Hedgefonds-Zertifikate in Deutschland, Absolutreport 06/2005, S. 42 ff.
Schwerdtfeger, Gunther	Öffentliches Recht in der Fallbearbeitung, Grundfallsystematik, Methodik, Fehlerquellen, 12. Auflage, München 2004
Single, Gerhard L.	Hedge Fonds – Anlageform der Zukunft?, Kreditwesen 5/2001, S. 240 ff.
Single, Gerhard L.	Boommarkt Hedge-Fonds – Initialzündung oder Strohfeuer am europäischen Kapitalmarkt?, Die Bank 7/2001, S. 478 ff.
Spindler, Gerald / Bednarz, Sebastian	Die Regulierung von Hedge-Fonds im Kapitalmarkt- und Gesellschaftsrecht – Teil I: Die Rechtslage, WM 2006, S. 553 ff.
Spindler, Gerald / Bednarz, Sebastian	Die Regulierung von Hedge-Fonds im Kapitalmarkt- und Gesellschaftsrecht – Teil II: Der Stand der Reformdiskussion, WM 2006, S. 601 ff.
Stadler, Ralph A.	Europäisches Investmentrecht und das schweizerische Anlagenfondsgesetz, Zürich 1990

Stamm, Hans / Livonius, Hilger von — Auflage von Hedgefonds in Deutschland, Absolutreport 10/2002, S. 40 ff.

Steck, Kai-Uwe — Regulierung von US-amerikanischen Investmentgesellschaften (Investment Companies) – Unter besonderer Berücksichtigung des National Securities Markets Improvement Act of 1996 (NSMIA) und anderer aktueller Rechtsanpassungen, Frankfurt am Main, Berlin, Bern, Bruxelles, New York, Oxford, Wien 2000

Steinwurtzel, Richard A. / Salter, Christopher M. / Barletta, Alida R. / Barshay, Lawrence N./ Forbes, Jessica / Raviv, Gil / Morris, David M. — SEC Releases Final Rule Requiring Hedge Fund Manager Registration, Banking & Financial Services Policy Report 2005, Vol. 24, No. 1, S. 1 ff.

Strench, Bibb L. — The Days May Be Numbered for the Regulation-Free World of Hedge Funds, Insights, Volume 16, Number 9, September 2002, S. 7 ff.

Thoma, Georg F. / Steck, Kai-Uwe — Die Investmentaktiengesellschaft (closed-end fund) – Investmentalternative oder gesetzgeberischer Fehlschlag?, AG 2001, S. 330 ff.

Weber, Thomas — Das Einmaleins der Hedge Funds – Eine Einführung für Praktiker in Hochentwickelte Investmentstrategien, Frankfurt am Main, New York 1999

Wehr, Matthias — Grundfälle zu Vorrang und Vorbehalt des Gesetzes – 2. Teil, Der Vorbehalt des Gesetzes, JuS 1997, S. 419 ff.

Zahn, Andreas / Lemke, Rudolph — Änderung der Anlageverordnung, BKR 2005, S. 121 f.

II. Institutionelle Stellungnahmen

Basle Committee on Banking Supervision	Sound Practices for Banks' Interactions with Highly Leveraged Institutions, Basel 1999
Basle Committee on Banking Supervision	Banks' Interactions with Highly Leveraged Institutions, Basel 1999
Basle Committee on Banking Supervision	A new Capital Adequacy Framework, Basel 1999
Basler Ausschuss für Bankenaufsicht	Internationale Konvergenz der Eigenkapitalmessung und der Eigenkapitalanforderungen, Basel 2004
Bundesanstalt für Finanzdienstleistungsaufsicht	Liste der genehmigten inländischen Sondervermögen mit zusätzlichen Risiken (Stand: 19. Juli 2006), im Internet abrufbar unter: http://www.bafin.de/datenbanken/inland_sondervermoegen.pdf
Bundesanstalt für Finanzdienstleistungsaufsicht	BaFin Rundschreiben 7/2004, 20. August 2004, im Internet abrufbar unter: http://www.bafin.de/rundschreiben/90_2004/040820.htm (Datum des Abrufs: 6. August 2006)
Bundesanstalt für Finanzdienstleistungsaufsicht	Rundschreiben 2/2005 (GW), im Internet abrufbar unter: http://www.bafin.de/rundschreiben/89_2005/050216.htm(Datum des Abrufs: 6. August 2006)
Bundesaufsichtsamt für den Wertpapierhandel	BAWe Jahresbericht 2000, im Internet abrufbar unter: http://www.bafin.de/jahresbericht/jb00_wa.pdf (Datum des Abrufs: 6. August 2006)
Bundesministerium der Finanzen (BMF)	Investmentsteuergesetz (InvStG), Zweifels- und Auslegungsfragen, 2. Juni 2005
Bundesministerium der Finanzen (BMF)	Zweifelsfragen zum Zwischengewinn und zum Begriff des ausländischen Investmentanteils, 15. Februar 2005

Deutsche Bundesbank	Monatsbericht März 1999 - Hedge-Fonds und ihre Rolle auf den Finanzmärkten, S. 31 ff.
Deutscher Bundestag	Bericht des Finanzausschusses (7. Ausschuss) zum Gesetzentwurf der Bundesregierung – Entwurf eines Gesetzes zur Modernisierung des Investmentwesens und zur Besteuerung von Investmentvermögen (Investmentmodernisierungsgesetz), Bundestagsdrucksache 15/1944
Deutscher Bundestag	Schriftlicher Bericht des Ausschusses für Geld und Kredit (22. Ausschuss) zum Regierungsentwurf eines Gesetzes über Kapitalanlagegesellschaften, Bundestagsdrucksache 2/2973
Deutscher Bundestag	Beschlussempfehlung des Finanzausschusses (7. Ausschuss) zum Gesetzentwurf der Bundesregierung – Entwurf eines Gesetzes zur Modernisierung des Investmentwesens und zur Besteuerung von Investmentvermögen (Investmentmodernisierungsgesetz), Bundestagsdrucksache 15/1896
Deutscher Bundestag	Gesetzentwurf der Bundesregierung – Entwurf eines Gesetzes zur Modernisierung des Investmentwesens und zur Besteuerung von Investmentvermögen (Investmentmodernisierungsgesetz), Bundestagsdrucksache 15/1553
Europäische Zentralbank	Monatsbericht Januar 2006 - Hedgefonds: Entwicklungen und wirtschaftspolitische Implikationen, S. 71 ff.
European Central Bank	Large EU Bank's Exposures to Hedge Funds, Frankfurt am Main 2005
Financial Action Task Force	Annual and Overall Review of Non-Cooperative Countries or Territories, 10 June 2005, im Internet abrufbar unter: http://www.fatf-gafi.org/dataoecd/41/26/34988035.pdf (Datum des Abrufs: 6. August 2006)

International Organisation of Securities Commissions	Report of the Technical Committee - Hedge Funds and Other Highly Leveraged Institutions, Madrid 1999
Kommission der Europäischen Gemeinschaften	Grünbuch, Brüssel, den 12.07.2005 KOM (2005) endgültig, Ausbau des europäischen Rahmens für Investmentfonds, SEK (2005) 947
Report of the President's Working Group on Financial Markets	Hedge Funds, Leverage, and the Lessons of Long-Term Capital Management, April 1999, im Internet abrufbar unter: http://www.ustreas.gov/ press/releases/reports/hedgfund.pdf (Datum des Abrufs: 6. August 2006)
Sachverständigenrat zur Begutachtung der gesamtwirtschaftlichen Entwicklung	Die Chance nutzen – Reformen mutig voranbringen, Jahresgutachten 2005/06, im Internet abrufbar unter: http://www.sachverstaendigenrat-wirtschaft.de/ gutacht/ga-content.php?gaid=45&node=a (Datum des Abrufs: 6. August 2006)
Securities and Exchange Commission	Implications of the Growth of Hedge Funds, Staff Report to the United States Security and Exchange Commission, September 2003, im Internet abrufbar unter: http://www.sec.gov/news/studies/hedgefunds0903.pdf (Datum des Abrufs: 6. August 2006)
Securities and Exchange Commission	Registration Under the Advisers Act of Certain Hedge Fund Advisers ("SEC Adopting Release"); Final Rule, Federal Register Part IV, December 2004, im Internet abrufbar unter: http://www.sec.gov/rules/final/ia-2333.pdf (Datum des Abrufs: 6. August 2006)

Securities Exchange Commission	SEC-No-Action Letter, Division of Investment Management, 10 August 2006, im Internet abrufbar unter: http://www.sec.gov/divisions/investment/noaction/aba081006.pdf (Datum des Abrufs: 11. März 2007)
Verbraucherzentrale Bundesverband (vzbv)	Stellungnahme zum Diskussionsentwurf des Bundesministeriums der Finanzen eines Gesetzes zur Modernisierung des Investmentwesens und zur Besteuerung von Investmentvermögen (Investmentmodernisierungsgesetz), Berlin 2003 im Internet abrufbar unter: http://www.vzbv.de/mediapics/invmodg_gentwurf_stn_10_10_03.pdf?PHPSESSID=7227cce84d50c96cb18e7a772c6cd268 (Datum des Abrufs: 6. August 2006)

III. Sonstiges

Atzler, Elisabeth / Jennen, Birgit	Steinbrück stützt Hedge-Fonds-Plan – Finanzminister spricht sich für Rating der Gesellschaften aus – Branche äußert sich skeptisch, Financial Times Deutschland, 18. Mai 2006, S. 19
Buchter, Heike / Atzler, Elisabeth	SEC mahnt Hedge-Fonds-Gesetz an – US-Börsenaufsicht fordert schärfere Kontrolle der Branche - Finanzministerium startet Untersuchung, Financial Times Deutschland, 26. Juli 2006, S. 17.
Elvinger, Hoss & Prussen	Luxembourg Hedge Funds and Funds of Hedge Funds, April 2005, im Internet abrufbar unter: http://www.ehp.lu/uploads/media/SpecificRulesforLuxembourgHedgeFundsandFundsofHedgeFunds.pdf (Datum des Abrufs: 6. August 2006)

Fried Frank Memorandum	SEC Releases Final Rule Requiring Hedge Fund Manager Registration, December 2004, im Internet abrufbar unter: http://www.friedfrank.com/cmemos/041206_sec_rule.pdf (Datum des Abrufs: 6. August 2006)
Greithner, Timothy F.	Hedge Funds and Their Implication for the Financial System, 17 November 2004, S. 1 ff., im Internet abrufbar unter: http://www.newyorkfed.org/newsevents/speeches/2004/gei041117.html (Datum des Abrufs: 6. August 2006)
Henry, Andreas	Zu gut, um wahr zu sein, Wirtschaftswoche 49/2005, S. 152 ff.
Hielscher, Udo / Singer, Jürgen / Grampp, Michael	Fischer Börsenlexikon – Alle Begriffe rund um die Börse, Frankfurt am Main 2002
Jahn, Joachim	BaFin kann Hedge Fonds kein „acting in concert" nachweisen, AG Report, R 507
Loomis, Carol J.	The Jones Nobody Keeps Up With, Fortune 1966, S. 237 ff.
Pricewaterhouse Coopers	Organismen für gemeinsame Anlagen, Dezember 2005, im Internet abrufbar unter: http://www.pwc.com/lu/eng/ins-sol/publ/pwc_im_org080306.pdf (Datum des Abrufs: 6. August 2006)
Rohrer, Julie	The red-hot world of Julien Robertson, Institutional Investor, May 1986, S. 128 ff.
Scannell, Kara / Solomon, Deborah / Zuckermann, Gregory	Stop Order: SEC dealt Setback as Court rejects Hedge-Fund Rule; Decision forces Cox, Agency to reconsider Regulation amid contentious Debate; Shifting Definition of „Clients", The Wall Street Journal, June 24, 2006, S. A. 1

Schieritz, Mark / Jennen, Birgit / Buchter, Heiko / Lebert, Rolf	Dossier Basel II droht an USA zu scheitern, Financial Times Deutschland, 19. September 2006, im Internet abrufbar unter: http://www.ftd.de/unternehmen/finanzdienstleister/145638.html.
Van Hedge Fund Advisors	Van Global Hedge Fund Index Construction Methodology, S. 19, Juli 2005, im Internet abrufbar unter: http://www.vanhedge.com/pdf/Van_Global_Index_Construction_Methodology_July_2005_Revision.pdf (Datum des Abrufs: 6. August 2006)

A. Einführung

Hedgefonds spielten als Anlagekategorie in Europa noch unlängst eine eher untergeordnete Rolle. Die letzten Jahre haben allerdings aufgrund der teilweise hohen Volatilität der Kapitalmärkte und der sinkenden Renditen bei Aktien- und Rentenanlagen auf internationaler Ebene zu einer signifikanten Erhöhung der Nachfrage in diesem Anlagesegment geführt. Auch in Deutschland wurde bereits in den Jahren vor 2004 von privaten und institutionellen Anlegern in Hedgefondsprodukte investiert. Dies geschah allerdings hauptsächlich über strukturierte Produkte in Gestalt von sogenannten Hedgefondszertifikaten. Bei diesen handelt es sich üblicherweise um Inhaberschuldverschreibungen, die von einem deutschen Emittenten begeben werden und deren Wertentwicklung anhand eines Referenzaktivums beispielsweise in Form von Hedgefondsindizes bemessen wird. Eine unmittelbare Anlage in regulierte Hedgefonds war dagegen für deutsche Investoren nach früherer Rechtslage nicht möglich. Eine derartige Investition wurde vielmehr sowohl in vertriebsrechtlicher als auch steuerrechtlicher Hinsicht benachteiligt.

Der deutsche Gesetzgeber hat auf die gestiegenen Kapitalzuflüsse in alternativen Anlageformen mit dem Erlass des Investmentmodernisierungsgesetzes reagiert. Dieses ist am 1. Januar 2004 in Kraft getreten und beinhaltet das Investmentgesetz und das Investmentsteuergesetz. Der Regelungsrahmen dieser beiden Gesetze sieht erstmalig eine Regulierung von Hedgefonds im deutschen Investmentrecht vor. Das gesetzgeberische Ziel war dabei neben der Verbesserung des Anlegerschutzes und der Finanzmarktstabilität, die Wettbewerbsfähigkeit des deutschen Finanzplatzes gegenüber anderen Fondsstandorten zu sichern. Die Bewertung der Voraussetzungen und die Reichweite der Verpflichtungen des Investmentgesetzes und des Investmentsteuergesetzes in Bezug auf die Auflegung und den Vertrieb von Hedgefonds in Deutschland bilden den zentralen Gegenstand dieser Arbeit. In diesem Zusammenhang wird ein Rechtsvergleich zu den in den Vereinigten Staaten von Amerika und Luxemburg geltenden Rechtsrahmen angestellt.

Hedgefonds sind als Anlageform in den U.S.A. im Gegensatz zu anderen Jurisdiktionen bereits seit Jahrzehnten bekannt. Eine vergleichende Betrachtung erscheint daher im Rahmen dieser Arbeit ebenso geboten wie die Analyse der Regulierungsansätze an einem konkurrierenden europäischen Fondsstandort.

Die mangelnde Transparenz der angewandten Anlagestrategien hat dazu geführt, dass Hedgefonds immer wieder verdächtigt werden, Marktverwerfungen und Finanzmarktturbulenzen auf internationaler Ebene zu verursachen. Das Wachstum der Hedgefondsbranche wird zudem immer wieder von Meldungen über Betrugsfälle begleitet, die das Anlegervertrauen erschüttern. In diesem Zusammenhang sind die Geschehnisse um Bayou Management LLC und Woodriver Capital Management zu nennen.[1] In beiden Fällen täuschten Hedgefondsmanager über Jahre hinweg mit manipulierten Berichten eine überragende Fonds-Performance vor, was zu Anlageverlusten in Größenordnungen von bis zu 300 Millionen U.S.-Dollar führte. Die immer eingehenderen Forderungen nach einer Regulierung des Hedgefonds-Sektors waren daher eine logische Konsequenz.

Eine öffentliche Regulierung von Finanzmärkten und Finanzintermediären zielt zumeist auf die Steigerung des Anlegerschutzes, die Sicherung der Marktintegrität und die Stabilität des jeweiligen Finanzsystems ab. Im Rahmen der vorliegenden Arbeit ist daher zunächst das öffentliche Interesse an einer direkten Hedgefondsregulierung herauszuarbeiten. Im Vordergrund steht dabei die Untersuchung der Einflussnahme- und Destabilisierungsmöglichkeiten von Hedgefonds in Bezug auf die Bestandsfestigkeit wichtiger Finanzsegmente. Aus regulatorischer Sicht sind derartige Risikopotentiale allerdings nur dann erheblich, wenn eine wesentliche Gefährdung der Funktionsfähigkeit des Finanzsektors zu bejahen ist. Die Bewertung jeglicher Regulierung im Rahmen dieser Arbeit verlangt folglich eine Analyse der Rolle von Hedgefonds auf den Kapitalmärkten, wobei auch mögliche positive Effekte derartiger Fonds herauszuarbeiten sind.

Die vorliegende Arbeit nimmt sich der Aufgabe an, die Bewertung einer Hedgefondsregulierung sowohl nach Anlegerschutzgesichtspunkten als auch anhand der Kriterien der Stabilität finanzieller Institutionen und der Finanzmarkteffizienz vorzunehmen. Aufgrund der bisher fehlenden breiten Initiative zu einer direkten Regulierung von Hedgefonds auf internationaler Ebene wird zudem zu untersuchen sein, inwiefern indirekte Maßnahmen zur Transparenzsteigerung in diesem Fondssegment einer etwaigen direkten Regulierung vorzuziehen sind. Jeglicher Ansatz einer direkten Regulierung von Hedgefondsaktivitäten muss sich dabei an der Effizienz und Durchsetzbarkeit indirekter Regelungsansätze messen lassen.

---

[1] Vgl. Henry, Wirtschaftswoche 2005, S. 152 ff.

Eine Bewertung des neuen deutschen Regulierungsansatzes kann zudem nur im Zusammenhang mit einer Darstellung der alten Rechtslage erfolgen. Dadurch wird der Versuch unternommen, die Ziele des Gesetzgebers näher zu erläutern. Diese sind von dem Spannungsfeld zwischen den erhöhten Anforderungen an den Anlegerschutz und der Wettbewerbssicherung des Finanzplatzes Deutschland geprägt. Sogenannte Kleinanleger finden vermehrt über Dach-Hedgefonds oder indirekt durch in Hedgefonds investierte Versicherungen und Pensionsfonds Zugang zu alternativen Investments. Es wird daher der Frage nachzugehen sein, ob eine auf dem Vermögen des einzelnen Anlegers basierende Differenzierung als Zugangsbeschränkung für Hedgefonds sachgemäß ist. Diesen quantitativen Einordnungskriterien auf Investorenebene sind dabei Regelungsansätze entgegenzustellen, die an die Gesamtzusammensetzung des Fondsvermögens anknüpfen.

Maßgeblich für die vergleichende Bewertung der einzelnen Rechtsrahmen wird sein, inwiefern es dem jeweiligen Fondsstandort gelungen ist, die teilweise gegenläufigen Aspekte von Anlegerschutz und Transparenzsteigerung angemessen mit ökonomischen Anreizen zur Wettbewerbssicherung zu verbinden.

B. Grundlagen

I. Historische Entwicklung der Hedgefonds

Die Entstehung des ersten Hedgefonds geht auf den 1. Januar 1949 zurück, als Alfred Winslow Jones einen Eigenkapitalfonds in der Form einer „limited partnership“[2] auflegte.[3] Die Grundidee dieses ersten Hedgefondsmodells war es, durch die kombinierte Durchführung von Leerverkäufen und den Einsatz von Fremdkapital (Leverage) einen Teil des eingegangenen Marktrisikos bei der Investition in Aktien zu vermeiden und gleichzeitig die Erträge zu erhöhen. Dazu wurden unterbewertete Aktien gekauft (Long-Position) und im gleichen Umfang überbewertete Aktien „leer“ verkauft (Short-Position), wobei das Fremdkapital der Finanzierung der Anlagen des Fonds diente.[4] Unter einem sogenannten Leerverkauf versteht man in diesem Zusammenhang den Verkauf von Wertpapieren, die sich im Zeitpunkt des Verkaufs nicht im Portfolio des Verkäufers befinden.[5]

Im Jahr 1952 wurde die ursprüngliche Rechtsform des Fonds dann in eine „general limited partnership“[6] umgewandelt, in der Jones ab 1954 mehrere Fonds-

---

[2] Die „limited partnership“ ist vergleichbar mit einer KG nach deutschem Recht.

[3] Vgl. Berger/Steck, ZBB 2003, S. 192; Pichl, Hedge Funds – Eine praxisorientierte Einführung, S. 1; Eichengreen/Mathieson, Hedge Funds and Financial Market Dynamics, International Monetary Fund Occasional Paper 166, 1998, S. 5; Rutkis, Hedge-Fonds als Alternative Investments, S. 11; Kayser/Steinmüller, FR 2002, S. 1270; Caldwell, in: Lederman/Klein, Hedge Funds, S. 6; Bolter, 57 Administrative Law Review 2005, S. 598; Lim, The Australian Economic Review 1999, S. 191.

[4] Vgl. Deutsche Bundesbank, Monatsbericht März 1999 – Hedge-Fonds und ihre Rolle auf den Finanzmärkten, S. 32; Kayser/Steinmüller, FR 2002, S. 1270; Berger/Steck, ZBB 2003, S. 192; Caldwell, in: Lederman/Klein, Hedge Funds, S. 7; Edwards, Journal of Economic Perspectives 1999, S. 190; Single, Kreditwesen 5/2001, S. 240; Cottier, Hedge Funds and Managed Futures, S. 13; Naik/Agarwal, Absolutreport 02/2002, S. 9; Steinmüller, Ausländische Hedgefonds und Private Equity-Pools im Investmentsteuerrecht, S. 16 f.

[5] Vgl. Berger/Steck, ZBB 2003, S. 192; Luttermann/Backmann, ZIP 2002, S. 1018; Kayser/Steinmüller, FR 2002, S. 1270; so werden beispielsweise vermeintlich überbewertete Aktien von einem Großanleger (Banken, Broker, Pensionskassen oder Versicherungen) gegen Entgelt ausgeliehen. Ziel dieser Strategie ist es, zu einem späteren Zeitpunkt gleichartige Aktien zu einem geringeren Preis am Markt zu erwerben und diese dann an den Großanleger zurückzugeben. Auch wenn in diesem Zusammenhang gemeinhin von Wertpapierleihe gesprochen wird, handelt es sich doch eigentlich um ein Sachdarlehen gemäß § 607 Abs. 1 i. V. m. § 91 BGB.

[6] Die „general limited partnership“ ist vergleichbar mit einer GmbH & Co. KG nach deutschem Recht.

manager beschäftigte, die unabhängig voneinander arbeiteten.[7] Dieser erste Multi-Manager Hedgefonds erfuhr durch die unterschiedliche Strategie der einzelnen Manager eine Spezialisierung in verschiedenen Märkten. Die Anzahl der Fondsmanager stieg dabei in den folgenden Jahren auf acht Personen, denen von Jones weitgehende Autonomie gewährt wurde, ehe es 1983 zu einer Umwandlung des ursprünglichen Fonds in einen Dachfonds kam.[8]

Neben dem von Alfred Winslow Jones lancierten Fonds entstanden bereits in den 50er Jahren weitere Hedgefonds, zu deren zentraler Investmentstrategie im Gegensatz zu Jones nicht der Leerverkauf von Aktien zählte.[9] 1964 gründete mit Carl Jones ein ehemaliger Fondsmanager von Alfred Winslow Jones seinen ersten eigenen Hedgefonds mit dem Namen City Associates. Diesem Beispiel folgte 1966 ein weiterer von Jones' Managern, als Dick Radcliffe zusammen mit Barton Biggs den Fonds Fairfield Partners lancierte.[10]

Die Hedgefondsindustrie hatte bereits ab 1960 durch die Börsenhausse einen raschen Zuwachs erfahren. Dabei erregte besonders die Veröffentlichung eines Artikels im Fortune Magazin[11] in Finanzmarktkreisen hohes Aufsehen, in dem erstmals der Begriff Hedgefonds gebraucht wurde. Darin wurde belegt, dass der bis dahin weitgehend unbekannte Eigenkapitalfonds von Alfred Winslow Jones die Renditen traditioneller Investmentfonds selbst nach Abzug der vergleichsweise hohen 20-prozentigen performanceabhängigen Gebühr übertraf.[12] Dies war Anlass für eine Hedgefonds-Gründungswelle, die bis zum Jahr 1968 zur Lancierung von mehr als 140 Fonds in diesem Marktsegment führte.[13] Dieser Zuwachs konnte sich allerdings nicht ununterbrochen fortsetzen. Aufgrund der Baissen von 1969 bis 1970 und 1973 bis 1974 erlitten zahlreiche Hedgefonds hohe Verluste und einen starken Rückgang von Anlegern. Das von Hedgefonds

---

[7] Vgl. Pichl, Hedge Funds – Eine praxisorientierte Einführung, S. 1 f.; Caldwell, in: Lederman/Klein, Hedge Funds, S. 9; Rutkis, Hedge-Fonds als Alternative Investments, S. 11 f.

[8] Vgl. Pichl, Hedge Funds – Eine praxisorientierte Einführung, S. 2; Caldwell, in: Lederman/Klein, Hedge Funds, S. 9.

[9] Dazu zählten beispielsweise Warren Buffett's Buffett Partners und Walter Schloss' WJS Partners.

[10] Vgl. Caldwell, in: Lederman/Klein, Hedge Funds, S. 9; Pichl, Hedge Funds – Eine praxisorientierte Einführung, S. 2.

[11] Vgl. Loomis, Fortune 1966, S. 237 ff.

[12] Jones erzielte mit seinem Fonds eine um 44 Prozent höhere Rendite als der legendäre Investmentfonds Fidelity Trend. Darüber hinaus gelang es ihm, den Dreyfus Fund, der über 10 Jahre die beste Wertentwicklung erzielt hatte, um 87 Prozent zu überbieten.

[13] Vgl. Rutkis, Hedge-Fonds als Alternative Investments, S. 12; Caldwell, in: Lederman/Klein, Hedge Funds, S. 10.

verwaltete Vermögen nahm in diesem Zeitraum um 70 Prozent ab, was zur Folge hatte, dass mehr als 30 Prozent der Fonds liquidiert werden mussten.[14] Erneut in die Diskussion gerieten Hedgefonds erst wieder ab 1986. Auslöser für diese Entwicklung war ein weiterer Artikel in der Fachpresse, der über die außerordentlichen Renditen von Julian Robertson's „Tiger Fund" berichtete.[15] Daraufhin entstanden neue Hedgefonds, die im Zuge ihrer Erfolge ihre Anlagestrategien diversifizierten. Der ursprüngliche Zweck von Jones' Hedgefonds, der in der Absicherung von Wertpapiergeschäften bestand, trat dabei zunehmend in den Hintergrund.[16] Anfang der 90er Jahre führten besonders der feste Aktien- und Bondmarkt sowie sehr volatile Wechselkurse zu einer optimalen Kapitalmarktkonstellation für Hedgefonds. Die Hedgefondsindustrie verbuchte daher in dieser Zeit den wohl höchsten Vermögenszuwachs.[17] Als in der sogenannten EWS-Krise im September 1992 das britische Pfund aus dem europäischen Wechselkurssystem gedrängt wurde, sahen viele Finanzanalysten die Verantwortung bei George Soros' „Quantum Fund", dessen spekulative Strategien auf ein fallendes Pfund gesetzt hatten. Dadurch soll die britische Zentralbank gezwungen worden sein, das britische Pfund abzuwerten.[18] Durch das sehr ungünstige Marktumfeld im Jahre 1994 wurde aber auch dieser Boom bereits nach kurzer Zeit wieder gebremst.

Es lässt sich also festhalten, dass seit der Entstehung der Hedgefonds das Segment eine sehr wechselhafte Entwicklung erfahren hat, die einerseits von der Marktkonstellation, andererseits aber auch von der jeweiligen Psychologie des Marktes beeinflusst wurde.[19] Infolge instabiler Marktbewegungen haben Hedgefonds besonders auch in letzter Zeit, nicht nur aufgrund der Geschehnisse im Zusammenhang mit dem Beinahezusammenbruch von Long Term Capital Ma-

---

[14] Vgl. Berger/Steck, ZBB 2003, S. 192; Pichl, Hedge Funds – Eine praxisorientierte Einführung, S. 3.

[15] Vgl. Rohrer, Institutional Investor, May 1986, S. 128 ff.

[16] Vgl. Berger/ Steck, ZBB 2003, S. 192 f.; Pichl, Hedge Funds – Eine praxisorientierte Einführung, S. 3 f.; Ricke, BKR 2004, S. 61.

[17] Vgl. Pichl, Hedge Funds – Eine praxisorientierte Einführung, S. 4.

[18] Vgl. Rutkis, Hedge-Fonds als Alternative Investments, S. 12; Pichl, Hedge Funds – Eine praxisorientierte Einführung, S. 4.

[19] Vgl. Pichl, Hedge Funds – Eine praxisorientierte Einführung, S. 5.

nagement[20], immer wieder Kritik erfahren.[21] So machte beispielsweise der malaysische Ministerpräsident Mahathir die Hedgefonds-Branche für die Währungskrise in Asien verantwortlich.[22] Darüber hinaus kam auch im Zusammenhang mit den Kursausschlägen im Anschluss an die Terroranschläge auf die Vereinigten Staaten 2001 der Verdacht auf, dass dieser negative Effekt durch das Wirken der Hedgefonds verstärkt wurde.[23]

Das Wachstum des Hedgefonds-Sektors hat sich insbesondere seit dem Ende der achtziger Jahre erheblich beschleunigt. Nach vorliegenden Schätzungen ist die Zahl der Fonds (ohne „Funds of Funds") von knapp 1400 im Jahre 1988 auf annähernd 9300 Ende 2005 angewachsen.[24] Das Fondsvermögen stieg in diesem Zeitraum von 42 Milliarden US Dollar auf ungefähr 880 Milliarden US Dollar. Für das Jahr 2006 wird eine weitere Zunahme der Fondsanzahl auf ungefähr 10.000 vorausgesagt. Das Anlagevolumen dieser Hedgefonds wird sich dabei aller Wahrscheinlichkeit nach Ende 2006 auf ungefähr 1.300 Milliarden US Dollar belaufen.[25]

II. Begriffsbestimmung

Es gibt bisher keine allgemeingültige Definition des Begriffs Hedgefonds.[26] Die Bezeichnung wird vielmehr für eine sehr heterogene Gruppe von Investmentgesellschaften herangezogen.[27] Das sogenannte „Hedging" ist dabei ein kapitalmarktrechtlich gängiger Ausdruck für die Absicherung von Preisrisiken durch

---

[20] Long Term Capital Management (LTCM) war ein Hedgefonds, dessen drohender Zusammenbruch das Welt-Finanzsystem an den Abgrund brachte. Dieser konnte nur durch eine konzertierte Aktion der U.S. Federal Reserve Bank of New York und vierzehn internationaler Großbanken mit einem Rettungspaket von 3,7 Milliarden U.S.-Dollar verhindert werden; vgl. Luttermann/Backmann, ZIP 2002, S. 1017; Harmes, The Review of Policy Research, Spring 2002, S. 160 ff.

[21] Vgl. Berger/Steck, ZBB 2003, S. 193.

[22] Vgl. Eichengreen, International Finance 2:3, 1999, S. 412.

[23] Vgl. Kaiser, Absolutreport 14/2003, S. 39.

[24] Vgl. Van Hedge Fund Advisors LLC, im Internet abrufbar unter: http://www.bvai.de/typo/fileadmin/templates/bai/Statistiken/statistic_05.gif (Datum des Abrufs: 6 August 2006).

[25] Vgl. Van Hedge Fund Advisors LLC, im Internet abrufbar unter: http://www.bvai.de/typo/fileadmin/templates/bai/Statistiken/statistic_06.gif (Datum des Abrufs: 6. August 2006).

[26] Vgl. Berger/Steck, ZBB 2003, S. 193; von Livonius, WM 2004, S. 60; Kayser/Steinmüller, FR 2002, S. 1270; Gerke/Mager/Kiehn, ZBB 2002, S. 480; Naik/Agarwal, Absolutreport 02/2002, S. 9.

[27] Vgl. Deutsche Bundesbank, Monatsbericht März 1999 – Hedge-Fonds und ihre Rolle auf den Finanzmärkten, S. 31; Luttermann/Backmann, ZIP 2002, S. 1017.

negativ korrelierende Gegengeschäfte.[28] Eine derartige Absicherung gegen Preisveränderungen gehört jedoch bei der Mehrzahl der Hedgefonds nicht mehr zu den vorherrschenden Zielen.[29] Im Gegensatz zu gewöhnlichen Investmentfonds, die sich in der Regel an der Wertentwicklung eines bestimmten Vergleichsmaßstabes (Benchmark) orientieren, streben Manager von Hedgefonds danach, absolute positive Renditen zu erwirtschaften.[30] Dabei zielen sie darauf ab, Fehlbewertungen einzelner Papiere oder ganzer Märkte zu identifizieren und durch entsprechende Positionierung gewinnbringend auszunutzen. „Hedging" ist in diesem Zusammenhang nur insoweit Bestandteil der Fondsstrategie, als das Portfolio gegen andere als die bewusst übernommenen Risiken abgesichert wird, so dass der Anlageerfolg möglichst nur von der Korrektur der vermuteten Fehlbewertung abhängt.[31] Tatsächlich ist der Begriff „hedge" („Absichern") im Rahmen der dargestellten Fonds sogar irreführend.[32]

Hedgefonds können ganz allgemein und unabhängig von der in den einzelnen Ländern gewählten Organisationsstruktur als private Anlageformen beschrieben werden, bei denen der Manager einen bedeutenden persönlichen Kapitalanteil an dem Fonds hält und sich eines hohen Grades an Flexibilität zur Anwendung eines breiten Strategiespektrums erfreut. Zudem ist die Nutzung von Derivaten, Leerverkäufen und Leverage möglich, um die Rendite zu steigern und das Risiko besser zu managen.[33] Obgleich der Begriff Hedgefonds auf die ursprünglich verwendete Long/Shortstrategie zurückgeht, werden durch diese neue Definition viele unterschiedliche Strategien abgedeckt.[34]

---

[28] Vgl. Luttermann/Backmann, ZIP 2002, S. 1017 f.

[29] Vgl. Naik/Agarwal, Absolutreport 02/2002, S. 9; Ricke, BKR 2004, S. 61; Spindler/Bednarz, WM 2006, S. 554; Europäische Zentralbank, Monatsbericht Januar 2006 – Hedgefonds: Entwicklungen und wirtschaftspolitische Implikationen, S. 72.

[30] Vgl. Luttermann/Backmann, ZIP 2002, S. 1017; von Livonius, WM 2004, S. 60; Berger/Steck, ZBB 2003, S. 193; Gerke/Mager/Kiehn, ZBB 2002, S. 480.

[31] Vgl. Deutsche Bundesbank, Monatsbericht März 1999 – Hedge-Fonds und ihre Rolle auf den Finanzmärkten, S. 32.

[32] Vgl. Single, Kreditwesen 05/2001, S. 240; Oho/Remmel, BB 2002, S. 1449; Naik/Agarwal, Absolutreport 02/2002, S. 9; Edwards, Journal of Economic Perspectives 1999, S. 189; Berger/Steck, ZBB 2003, S. 193; Bundesbank, Monatsbericht, März 1999, S. 32; Cottier, Hedge Funds and Managed Futures, S. 14; Weber, Das Einmaleins der Hedge Funds, S. 22.

[33] Vgl. Naik/Agarwal, Absolutreport 02/2002, S. 9; Berger/Steck, ZBB 2003, S. 193.

[34] Vgl. Naik/Agarwal, ebd.

III. Anlagestrategien

Die Anzahl der von Hedgefonds verfolgten Anlagestrategien ist praktisch nicht eingegrenzt.[35] Nachfolgend werden vier Grundtypen unterschieden,[36] die nach Investitionsstrategien, -märkten und -instrumenten gruppiert sind.

1. Market Neutral

a) Allgemein

Diese teilweise auch als „relative value" bezeichnete Anlagestrategie zeichnet sich durch ihre marktneutralen Investitionsansätze aus. Dabei wird mit Hilfe von sogenannten Arbitragetechniken versucht, Fehlbewertungen von ähnlichen oder aber voneinander abhängigen Finanzinstrumenten auszunutzen, ohne von positiven Marktentwicklungen abhängig zu sein.[37] Das Ziel ist die Maximierung marktunabhängiger Renditechancen (Alpha) bei gleichzeitiger Ausschaltung jedes marktsystematischen Risikos (Beta).[38] Dazu werden relativ unterbewertete Finanzinstrumente gekauft bei gleichzeitigem Leerverkauf relativ überbewerteter ähnlicher Finanzinstrumente.[39]

Der Terminus „market neutral" (marktneutral) ist in diesem Zusammenhang jedoch nicht mit risikolos gleichzusetzen. Auch wenn das Marktrisiko, beispielsweise in Form von fallenden Aktienindizes oder sich bewegenden Zinssätzen, durch die richtige Implementierung ausgeschlossen sein sollte, sind als zusätzliche Risiken das Liquiditäts-, das Preiskontinuitäts- und das Systemrisiko zu berücksichtigen.[40] Bei Systemschocks, wie beispielsweise einem Börsencrash, besteht die Gefahr, dass Positionen nicht mehr abgesichert werden können und extrem hohe Preise bezahlt werden müssen. Die Wahrscheinlichkeit für den

---

[35] Vgl. Fano-Leszczynski, Hedgefonds für Einsteiger, S. 72 ff; von Livonius, WM 2004, S. 60, Luttermann/Backmann, ZIP 2002, S. 1018.

[36] Vgl. Gerke/Mager/Kiehn, ZBB 2002, S. 480 f.

[37] Vgl. von Livonius, WM 2004, S. 61; Rutkis, Hedge-Fonds als Alternative Investments, S. 26 f.; Single, Die Bank 7/2001, S. 479; Kayser/Steinmüller, FR 2002, S. 1272; Europäische Zentralbank, Monatsbericht Januar 2006 – Hedgefonds: Entwicklungen und wirtschaftspolitische Implikationen, S. 73.

[38] Vgl. Single, Die Bank 7/2001, S. 479; Weber, Das Einmaleins der Hedge Funds, S. 71; Kayser/Steinmüller, FR 2002, S. 1272; Gerke/Mager/Kiehn, ZBB 2002, S. 481; Nicholas/Nicholas, in: Lederman/Klein, Hedge Funds, S. 50.

[39] Vgl. von Livonius, WM 2004, S. 61; Cottier, Hedge Funds and Managed Futures, S. 119; Crerend, Fundamentals of Hedge Fund Investing, S. 3.

[40] Vgl. Pichl, Hedge Funds – Eine praxisorientierte Einführung, S. 31; Weber, Das Einmaleins der Hedge Funds, S. 73.

Eintritt eines derartigen Systemrisikos ist zwar als sehr gering einzuschätzen, bei dessen Realisierung muss jedoch mit hohen Verlusten gerechnet werden.[41]

Im Rahmen der bedeutendsten Unterstrategien unterscheidet man zwischen Fixed Income Arbitrage, Convertible Bond Arbitrage und Long-Short-/Equity-Hedge.[42] Den einzelnen marktneutralen Strategien sind dabei grundsätzlich neben der hohen Komplexität der betroffenen Wertpapiere die Verwendung von Leverage zur Renditemaximierung und der Einsatz von derivaten Instrumenten im Rahmen der Arbitrage gemeinsam.[43]

b) Fixed Income Arbitrage

Das Grundprinzip der Fixed Income Arbitrage ist das Ausnutzen von Preisungleichgewichten zwischen verschiedenen Zinswertpapieren oder -instrumenten.[44] Dazu werden Über- und Unterbewertungen von festverzinslichen Wertpapieren, also von Schuldverschreibungen, Obligationen, Renten oder Bonds, ermittelt. Darüber hinaus wird auch auf die Fehlbewertung von korrelierenden Derivaten und komplexen Produkten, wie beispielsweise Asset Backed Securities oder Anleihen mit Optionselementen, abgestellt.[45] Im Rahmen der verzinslichen Finanzinstrumente sind die Preisanomalien jedoch meist nur geringfügig, so dass zur Ergebnisverbesserung oftmals in größerem Umfang Leverage eingesetzt wird.[46] Als Finanzinstrumente werden Anleihen unterschiedlicher Laufzeiten, Emittenten, Zinssätze und Bonität verwendet. Dabei werden von Seiten des Hedgefondsmanagers solche Anleihen gekauft beziehungsweise verkauft, die nach dessen Auffassung nicht dem Rating des jeweiligen Emittenten entsprechen. Dazu wird ein auf fundamentalen Analysen basierender theoretischer Wert errechnet.[47] Um eine zinsneutrale Position einzunehmen, wird zudem das Zinsrisiko durch entsprechende Gegenpositionen in Wertpapieren abgesichert.[48]

---

[41] Vgl. Weber, ebd.; Pichl, ebd.
[42] Vgl. dazu Gerke/Mager/Kiehn, ZBB 2002, S. 481.
[43] Vgl. Gerke/Mager/Kiehn, ebd. Weber, Das Einmaleins der Hedge Funds, S. 74.
[44] Vgl. Kayser/Steinmüller, FR 2002, S. 1272; Gerke/Mager/Kiehn, ebd.; von Livonius, WM 2004, 61.
[45] Vgl. von Livonius, WM 2004, S. 61; Gerke/Mager/Kiehn, ebd.; Rutkis, Hedge-Fonds als Alternative Investments, S. 29.
[46] Vgl. Rutkis, Hedge-Fonds als Alternative Investments, S. 30; um den sogenannten Leverage-Effekt noch zusätzlich zu verstärken, wird beispielsweise auch in Junk Bonds investiert, die eine schlechtere Bonität haben und daher eine hohe Rendite versprechen.
[47] Vgl. dazu Rutkis, Hedge-Fonds als Alternative Investments, S. 29; Single, Die Bank, 7/2001, S. 479 f.
[48] Vgl. dazu Rutkis, ebd.

Die Konzentration der Fixed Income Arbitrage-Strategien liegt in der laufenden Einkommenserzielung bei geringer Volatilität aus dem Halten von Finanzaktiva. Unter Volatilität versteht man dabei die auf den Zeitraum bezogene Schwankungsbreite der Wertpapierrenditen um ihren Mittelwert. Die Erzielung von Kursgewinnen ist dagegen lediglich zweitrangig.[49]

c) Convertible Bond Arbitrage

Bei dieser Strategie werden Unzulänglichkeiten in der Preisbildung von Wandelanleihen und wandelbaren Vorzugsaktien ausgenutzt.[50] Dazu werden unterbewertete Wandelanleihen anhand von quantitativen Bewertungsmodellen identifiziert.[51] Die Fehlbewertungen im Rahmen dieser Finanzinstrumente gehen dabei auf die Tatsache zurück, dass ihre hybride Natur[52] eine korrekte Preisfestsetzung erschwert.[53]

Wandelanleihen sind festverzinsliche Wertpapiere, die dem Anleger das Recht geben, als Kapitalrückzahlung eine fest definierte Anzahl von Aktien eines Unternehmens zu erhalten. Der Anleger wiederum akzeptiert für dieses Recht einen unter dem allgemeinen Marktzins liegenden Coupon.[54] Wandelanleihen sind dabei gegenüber einer Direktanlage in zweifacher Hinsicht vorteilhaft. Neben dem festgelegten Zins verfügen sie zusätzlich noch über eine besondere Ertragsverteilung.[55] Dies äußert sich in der Tatsache, dass die jeweilige Wandelanleihe weniger stark auf Preisrückgänge der zugrundeliegenden Aktie als auf deren Preisanstiege reagiert.[56] Diese besondere Ertragsverteilung führt dazu, dass bei richtig angewendeten Strategien positive Erträge unabhängig von der jeweiligen Aktienkursentwicklung erwirtschaftet werden können. Einzige Voraussetzung

[49] Vgl. Deutsche Bundesbank, Monatsbericht März 1999 – Hedge-Fonds und ihre Rolle auf den Finanzmärkten, S. 35.

[50] Vgl. Friedrich/Bahr, Hedge Funds die Königsklasse der Investments, S. 91; Kayser/Steinmüller, FR 2002, S. 1272; von Livonius, WM 2004, S. 61; Rutkis, Hedge-Fonds als Alternative Investments, S. 30.

[51] Vgl. dazu Gerke/Mager/Kiehn, ZBB 2002, S. 481; Weber, Das Einmaleins der Hedge Funds, S. 81.

[52] Vgl. dazu Cottier, Hedge Funds and Managed Futures, S. 133.

[53] Vgl. von Livonius, WM 2004, S. 61.

[54] Vgl. Rutkis, Hedge-Fonds als Alternative Investments, S. 30; Friedrich/Bahr, Hedge Funds die Königsklasse der Investments, S. 91; Kayser/Steinmüller, FR 2002, S. 1272; die wandelbaren Vorzugsaktien können dabei meist in Stammaktien des Emittenten eingetauscht werden.

[55] Vgl. Weber, Das Einmaleins der Hedge Funds, S. 80; Rutkis, Hedge-Fonds als Alternative Investments, S. 30.

[56] Vgl. Friedrich/Bahr, Hedge Funds die Königsklasse der Investments, S. 91; Rutkis, ebd.; Weber, ebd.

dafür ist, dass das Zinsniveau nicht zu starken Schwankungen unterliegt oder aber die Zinsentwicklung separat abgesichert wurde.[57]

Im Rahmen der Convertible Bond Arbitrage wird versucht, durch den Kauf einer unterbewerteten Wandelanleihe bei gleichzeitigem Leerverkauf der zugrundeliegenden Aktie in einem spezifischen Verhältnis einen stabilen und von den Marktbewegungen unabhängigen Ertrag zu erwirtschaften. Die Grundidee dieser Arbitrage-Strategie liegt darin, dass bei einem Aufwärtstrend der Aktie mit der Anleihe mehr verdient wird, als auf der Shortposition der Aktie verloren wird. Bei einem Kursrückgang der Aktie verdient der Arbitrageur dagegen auf der Aktien-Shortposition mehr, als er bei der Wandelanleihe verliert, zumal deren Obligationsteil wirksam wird.[58]

d) Long-Short-/Equity-Hedge

Die Strategie Long-Short-/Equity-Hedge ist der im Rahmen von Hedgefonds am häufigsten angewandte Managementansatz, der bereits von Alfred Winslow Jones praktiziert wurde.[59] Dabei werden zur Identifikation von über- und unterbewerteten Aktien intensive fundamentale und charttechnische Analysen durchgeführt, um von den unterschiedlichen Wertentwicklungen zu profitieren. Die in diesem Zusammenhang maßgebenden Untersuchungs- und Bewertungsansätze erstrecken sich auf unterschiedliche Regionen, Branchen und Sektoren.[60] Ziel der Strategie ist es, durch den Kauf unterbewerteter Aktien (Long-Positionen) und den gleichzeitigen Leerverkauf überbewerteter Aktien (Short-Positionen) einen Ertrag zu erzielen.[61] Dabei werden typischerweise Paare von Unternehmen der gleichen Branche gebildet.[62] Für den Fall, dass es im Zeitablauf zu einer Angleichung der relativen Bewertungsunterschiede kommt, entsteht ein von der

[57] Vgl. Weber, ebd.; Friedrich/Bahr, ebd.

[58] Vgl. dazu Weber, ebd.; Rutkis, Hedge-Fonds als Alternative Investments, S. 30 f.; Friedrich/Bahr, ebd.; Crerend, Fundamentals of Hedge Fund Investing, S. 5 f.

[59] Vgl. Weber, Das Einmaleins der Hedge Funds, S. 63; Single, Kreditwesen 5/2001, S. 241; Kayser/Steinmüller, FR 2002, S. 1273; Friedrich/Bahr, Hedge Funds die Königsklasse der Investments, S. 106.

[60] Vgl. Friedrich/Bahr, ebd.; Single, ebd.; Weber, Das Einmaleins der Hedge Funds, S. 64; Rutkis, Hedge-Fonds als Alternative Investments, S. 27.

[61] Vgl. Crerend, Fundamentals of Hedge Fund Investing, S. 4; Cottier, Hedge Funds and Managed Futures, S. 125; in einem positiven Marktumfeld halten die Fondsmanager ca. 75 Long- und 25 Prozent Short-Positionen.

[62] Vgl. Friedrich/Bahr, Hedge Funds die Königsklasse der Investments, S. 105; Gerke/Mager/Kiehn, ZBB 2002, S. 480.

Marktentwicklung weitgehend unabhängiger Gewinn.[63] Ein besonders hohes Maß an Diversifikation entsteht immer dann, wenn derartige Positionen auch länderübergreifend aufgebaut werden.[64] Durch den Einsatz von Fremdkapital kann die Wertentwicklung im Vergleich zum eingesetzten Kapital noch gesteigert werden. Dies gilt jedoch nur, wenn die Erträge aus dem getätigten Investment positiv sind und die Kosten der Fremdkapitalisierung übersteigen.[65]

Je nach Grad der Abhängigkeit von der allgemeinen Marktentwicklung wird darüber hinaus noch zusätzlich zwischen Long Bias (stark positive Korrelation mit dem Markt), No Bias (geringe Korrelation mit dem Markt) und Short Bias (stark negative Korrelation mit dem Markt) unterschieden.[66]

Letztlich steht aber weniger die Gesamtmarktentwicklung als vielmehr die Einzelauswahl der Titel im Vordergrund.[67]

2. Global Macro

Global Macro Strategien zeichnen sich in der Regel durch ein weltweit ausgerichtetes, sehr hohes Handelsvolumen und die Vielzahl der eingesetzten Handelsinstrumente aus.[68] Die Global Macro Hedgefonds orientieren sich dabei meist an makroökonomischen Fundamentalanalysen. Ziel dieser Strategien ist es, aus einer gesamtwirtschaftlichen Betrachtung unter Verwendung von Leverage Trends im Zins-, Währungs-, Politik-, Rohstoff- und Aktienbereich zu bestimmen.[69] Durch Finanzaktivitäten sowohl an etablierten als auch auf Wachstumsmärkten und die Investition in verschiedenartige Investitionsmedien wird der Versuch unternommen, Erträge zu generieren. Finanzinstrumente sind hierbei Aktien, Rentenwerte, traditionelle Fonds und sämtliche derivativen Anlage-

---

63 Vgl. Gerke/Mager/Kiehn, ebd.; Weber, Das Einmaleins der Hedge Funds, S. 64; Friedrich/Bahr, ebd.

64 Vgl. Gerke/Mager/Kiehn, ebd.

65 Vgl. Weber, Das Einmaleins der Hedge Funds, S. 63; Friedrich/Bahr, Hedge Funds die Königsklasse der Investments, S. 105.

66 Vgl. von Livonius, WM 2004, S.61; Friedrich/Bahr, Hedge Funds die Königsklasse der Investments, S. 107; speziell zur sogenannten Short Bias vgl. Rutkis, Hedge-Fonds als Alternative Investments, S. 28.

67 Vgl. Cottier, Hedge Funds and Managed Futures, S. 125; Rutkis, Hedge-Fonds als Alternative Investments, S. 27.

68 Vgl. Kayser/Steinmüller, FR 2002, S. 1273; Weber, Das Einmaleins der Hedge Funds, S. 58; Pichl, Hedge Funds – Eine praxisorientierte Einführung, S. 30.

69 Vgl. Single, Kreditwesen 5/2001, S. 240; Gerke/Mager/Kiehn, ZBB 2002, S. 481; Deutsche Bundesbank, Monatsbericht März 1999 – Hedge-Fonds und ihre Rolle auf den Finanzmärkten, S. 35; Friedrich/Bahr, Hedge Funds die Königsklasse der Investments, S. 108; von Livonius, WM 2004, S. 61.

formen. Weiterhin kommt es auch zu Direktinvestitionen und Private Equity Anlagen.[70]

Den Managern der Global Macro Hedgefonds ist das Bestreben gemeinsam, Fehlbewertungen einzelner Segmente oder Segmentbestandteile zu ermitteln und auf eine potentielle Normalisierung der Anomalie zu setzen. Darüber hinaus geht es um die Identifikation endogener und exogener Gefahren, um von eventuellen marktpsychologischen Schockreaktionen zu profitieren.[71] Typisch ist bei diesen Strategien der sogenannte „Top-Down-Ansatz".[72] Danach wird ausgehend von der Gesamtentwicklung einer Volkswirtschaft und der jeweiligen Branche versucht, die Entwicklung eines konkreten Finanzaktivums zu prognostizieren.[73]

Neben den Global Macro Transaktionen im engeren Sinne verfolgen die Global Macro Manager unter gewissen Umständen auch die traditionelle Anlageform des Absicherns von Long-Positionen durch Short-Positionen und diverse andere Hedgefondsstrategien und –transaktionen.[74] Macro Hedgefonds sind daher sowohl hinsichtlich ihrer Investmentpolitik als auch –strategie als sehr flexibel einzuschätzen.

3. Event Driven

a) Allgemein

Diese Anlagestrategie ist der Versuch der sie praktizierenden Fondsmanager, das Auftreten außergewöhnlicher Unternehmensereignisse, wie etwa Übernahmen, Fusionen, Leveraged Buyouts, Restrukturierungen oder Insolvenzen, zu nutzen.[75] Diese führen in der Regel zu erheblichen Kursbewegungen des jewei-

---

[70] Vgl. Weber, Das Einmaleins der Hedge Funds, S. 58; Kayser/Steinmüller, FR 2002, S. 1273; Single, Kreditwesen 7/2001, S. 480; Rutkis, Hedge-Fonds als Alternative Investments, S. 34.

[71] Vgl. Single, Kreditwesen 5/2001, S. 240; Kayser/Steinmüller, FR 2002, S. 1273.

[72] Vgl. Friedrich/Bahr, Hedge Funds die Königsklasse der Investments, S. 108; Weber, Das Einmaleins der Hedge Funds, S. 58; Rutkis, Hedge-Fonds als Alternative Investments, S. 35; Deutsche Bundesbank, Monatsbericht März 1999 – Hedge-Fonds und ihre Rolle auf den Finanzmärkten, S. 35.

[73] Vgl. dazu Hielscher/Singer/Grampp, Börsenlexikon, S. 426; Cottier, Hedge Funds and Managed Futures, S. 119; Rutkis, Hedge-Fonds als Alternative Investments, S. 25.

[74] Vgl. Pichl, Hedge Funds – Eine praxisorientierte Einführung, S. 30; Weber, Das Einmaleins der Hedge Funds, S. 58.

[75] Europäische Zentralbank, Monatsbericht Januar 2006 – Hedgefonds: Entwicklungen und wirtschaftspolitische Implikationen, S. 73.

ligen Anlagesegments beziehungsweise Einzeltitels. Der Erfolg der Investition ist dabei grundsätzlich unabhängig von einer positiven Marktentwicklung. Entscheidend ist vielmehr die Schnelligkeit, Nachhaltigkeit und Wahrscheinlichkeit des Eintritts des erwarteten Ereignisses. Die Erträge werden somit meist unabhängig vom immanenten Marktrisiko generiert.

Im Rahmen der Unterstrategien wird vor allem zwischen der sogenannten Merger Arbitrage / Event Arbitrage und dem Distressed Investing / Restructuring unterschieden.

b) Merger Arbitrage / Event Arbitrage

Hedgefonds im Bereich Merger Arbitrage / Event Arbitrage investieren in Wertpapiere von Unternehmen, die in eine Übernahme, Fusion oder einen Leveraged Buyout involviert sind.[76] Dabei wird versucht, von einer Konvergenz der Aktienkurse dieser Unternehmen zum angekündigten Umtauschverhältnis zu profitieren, indem in Long-Positionen und Short-Positionen angelegt wird.[77] Im Rahmen eines Aktientauschs wird typischerweise eine Long-Position an Aktien des zu übernehmenden und eine Short-Position an Aktien des übernehmenden Unternehmens gehalten.[78] Bei einer Barzahlungsausschreibung (Cash Tender Offer) versucht der Riskarbitrageur die Differenz zwischen dem Ausschreibungspreis und dem Preis, zu dem das zu übernehmende Unternehmen gehandelt wird, auszunutzen.[79]

c) Distressed Investing / Restructuring

Bei der Strategie Distressed Investing / Restructuring liegen die Investitionsschwerpunkte auf Wertpapieren, deren Emittenten sich in finanziellen oder operativen Schwierigkeiten befinden.[80] Dazu werden besonders Titel von Unternehmen gekauft, die insolvenzgefährdet sind oder sich bereits in einem Insolvenzverfahren befinden. Ein weiterer Anlageschwerpunkt liegt zudem bei Unternehmen, die eine Restrukturierungsphase durchlaufen.[81] Die Hauptattraktivi-

[76] Vgl. Weber, Das Einmaleins der Hedge Funds, S. 100; Gerke/Mager/Kiehn, ZBB 2002, S. 481; Friedrich/Bahr, Hedge Funds die Königsklasse der Investments, S. 96.

[77] Vgl. von Livonius, WM 2004, S. 61; Gerke/Mager/Kiehn, ebd.; Kayser/Steinmüller, FR 2002, S. 1273; Friedrich/Bahr, ebd.

[78] Vgl. Friedrich/Bahr, ebd.; Kayser/Steinmüller, ebd.

[79] Vgl. Kayser/Steinmüller, ebd.; Friedrich/Bahr, ebd.

[80] Vgl. von Livonius, WM 2004, S. 61; Kayser/Steinmüller, ebd.; Cottier, Hedge Funds and Managed Futures, S. 134; Gerke/Mager/Kiehn, ZBB 2002, S. 481.

[81] Vgl. Pichl, Hedge Funds – Eine praxisorientierte Einführung, S. 28; Single, Kreditwesen 5/2001, S. 241; Cottier, Hedge Funds and Managed Futures, S. 134.

tät dieser Anlagestrategie liegt dabei in der zum Teil erheblichen Ineffizienz des Marktes. Im Falle einer Verunsicherung auf Seiten der Anleger bezüglich der Zukunftsaussichten eines speziellen Unternehmens werden börsennotierte Gesellschaften oft in einer relativ kurzen Zeitspanne zu illiquiden Titeln. Dies geht auf die Tatsache zurück, dass einer meist großen Anzahl verkaufsbereiter Aktionäre eine lediglich geringe Anzahl von Kaufinteressenten gegenüber steht.[82] Die dadurch entstehende irrationale Preisbildung wird von den Hedgefondsmanagern zu Investitionszwecken genutzt.[83] Unter der Voraussetzung der Umsetzbarkeit und Effektivität der geplanten Sanierungs- oder Restrukturierungsmaßnahmen besteht zudem die Möglichkeit eines sehr hohen Kurspotentials der zugrundeliegenden Wertpapiere. Andererseits weisen derartige Titel aufgrund der hohen Anzahl an Unsicherheitsfaktoren und des langen Anlagehorizonts ein erhebliches Risikoniveau auf.[84] Die Anlage erfolgt durch Investitionen in Bank- oder andere Unternehmensverbindlichkeiten, Aktien oder Gewinnanteilsscheine des sich in wirtschaftlichen Schwierigkeiten befindlichen Unternehmens. Im Gegensatz zu anderen Anlagestrategien im Hedgefondsbereich werden Fremdkapital und Derivate eher selten eingesetzt.[85]

4. Emerging Markets

Bei der Strategie Emerging Markets erfolgt eine Spezialisierung des jeweiligen Fonds auf Aktien- und Anleihemärkte ausgewählter Schwellenländer.[86] Bei diesen handelt es sich um Nationen, die sich von einem sogenannten Dritte-Welt-Land zu einem Industriestaat entwickeln.[87] Der regionale Schwerpunkt liegt besonders auf den Märkten in Asien, wo vor allem China immer interessanter wird, Osteuropa, Indien, Lateinamerika (besonders Brasilien), Naher Osten, Russland und Afrika, die jeweils hohe Wachstumspotentiale aufweisen.[88] Aufgrund von instabilen Rechts- und Wirtschaftssystemen sowie einer eher unterentwickelten Infrastruktur der Märkte bergen diese Länder allerdings auch einen

---

[82] Vgl. Single, Kreditwesen 5/2001, ebd.; Friedrich/Bahr, Hedge Funds die Königsklasse der Investments, S. 97 f.; Cottier, ebd.

[83] Vgl. Rutkis, Hedge-Fonds als Alternative Investments, S. 32; Single, Kreditwesen 5/2001, ebd.; Friedrich/Bahr, Hedge Funds die Königsklasse der Investments, S. 98.

[84] Vgl. Pichl, Hedge Funds – Eine praxisorientierte Einführung, S. 28; Rutkis, Hedge-Fonds als Alternative Investments, S. 32.

[85] Vgl. Pichl, ebd.; Cottier, Hedge Funds and Managed Futures, S. 134 f.

[86] Vgl. von Livonius, WM 2004, S. 61; Rutkis, Hedge-Fonds als Alternative Investments, S. 35; Pichl, ebd.; Cottier, Hedge Funds and Managed Futures, S. 137.

[87] Vgl. dazu Pichl, ebd.

[88] Vgl. Van Hedge Fund Advisors, Van Global Hedge Fund Index Construction Methodology, July 2005, S. 19.

nicht unerheblichen Risikofaktor. Dem steht jedoch eine vergleichsweise hohe Rendite gegenüber.[89] Die Fondsmanager setzen im Rahmen ihrer Strategie hauptsächlich auf aus ihrer Sicht unterbewertete Einzeltitel. Darüber hinaus wird jedoch auch auf Finanzmarktpreise und Währungen gesetzt.[90] Dabei werden sowohl Long- und Short-Positionen als auch derivative Instrumente eingesetzt.[91]

---

[89] Vgl. dazu Pichl, Hedge Funds – Eine praxisorientierte Einführung, S. 28; Cottier, Hedge Funds and Managed Futures, S. 137.
[90] Vgl. Rutkis, Hedge-Fonds als Alternative Investments, S. 35; Pichl, ebd.; Cottier, ebd.
[91] Vgl. Gerke/Mager/Kiehn, ZBB 2002, S. 481; Cottier, ebd.

C. Rechtsrahmen für Hedgefonds in Deutschland vor Erlass des Investmentmodernisierungsgesetzes

I. Frühere Rechtslage

Der gesetzliche Anknüpfungspunkt für die Geschäftstätigkeit von Hedgefonds war bis vor kurzem das Gesetz über Kapitalanlagegesellschaften[92] (KAGG).[93] Dieses bildete die Rechtsgrundlage für das Wirken von deutschen Kapitalanlagegesellschaften und unterwarf in Deutschland aufgelegte Investmentfonds teilweise erheblichen Beschränkungen.[94] Es stellt sich daher die Frage, ob Hedgefonds de lege lata bereits nach den Bestimmungen des KAGG[95] aufgelegt werden konnten.

1. Deutsche Kapitalanlagegesellschaften und Hedgefonds-Sondervermögen

Der Begriff der Kapitalanlagegesellschaft war in § 1 Abs. 1 KAGG legal definiert. Danach waren Kapitalanlagegesellschaften Spezialkreditinstitute im Sinne von § 1 Abs. 1 S. 2 Nr. 6 KWG, deren Geschäftstätigkeit darauf gerichtet ist, bei ihnen eingelegtes Geld im eigenen Namen für gemeinschaftliche Rechnung der Einleger (Anteilinhaber) nach dem Grundsatz der Risikomischung in den zugelassenen Vermögensgegenständen in Form von (im Einzelnen spezifizierten) Sondervermögen anzulegen und über die sich hieraus ergebenden Rechte der Anteilinhaber Urkunden (Anteilsscheine) auszustellen. Um eine Kapitalanlagegesellschaft handelte es sich demnach immer nur dann, wenn die zugrundeliegende Gesellschaft die nach dem KAGG zugelassenen Vermögensgegenstände in der Form der in § 1 Abs. 1 KAGG enumerativ aufgeführten Sondervermögen verwaltete.[96] Dieser investmentrechtliche Typenzwang in Form eines numerus clausus von zulässigen Sondervermögen war einer der Grundpfeiler des KAGG

---

92 Gesetz über Kapitalanlagegesellschaften vom 10. April 1957, BGBl. I, S. 378, in der Fassung der Bekanntmachung vom 9. Dezember 1998, BGBl. I S. 2726, zuletzt geändert durch Art. 3 des Gesetzes zur weiteren Fortentwicklung des Finanzplatzes Deutschland (Viertes Finanzmarktförderungsgesetz) vom 21. Juni 2002, BGBl. Nr. 39 vom 26. Juni 2002, Teil I, S. 2038 ff.).

93 Vgl. dazu Berger/Steck, ZBB 2003, S. 193.

94 Vgl. von Livonius, WM 2004, S. 62; Berger/Steck, ZBB 2003, S. 193 f.; Gerke/Mager/Kiehn, ZBB 2002, S. 481 f.; Köndgen, in: Schimansky/Bunte/Lwowski, Bankrechts-Handbuch, § 113 Rdn. 27 ff.

95 Das KAGG ist durch das Investmentmodernisierungsgesetz aufgehoben worden, das am 1. Januar 2004 in Kraft getreten ist; dazu näher unten F.

96 Vgl. dazu Köndgen, in: Schimansky/Bunte/Lwowski, Bankrechts-Handbuch, § 113 Rdn. 55.

und diente als zentrales Instrument des Anlegerschutzes.[97] Dabei wurden das Geldmarkt-, das Wertpapier-, das Beteiligungs-, das Investmentfondsanteil-, das Grundstücks-, das gemischte Wertpapier- und Grundstücks- und das Altersvorsorge-Sondervermögen unterschieden.[98] Zu Beginn erstreckte sich der Regelungsgegenstand des KAGG lediglich auf inländische Wertpapierfonds.[99] Andere Fondstypen existierten zu dieser Zeit noch nicht.[100] Dies änderte sich jedoch, als gegen Ende der 60er Jahre amerikanische Anbieter mit aggressiven Werbemethoden und innovativen Fondsprodukten auf den deutschen Markt drängten. Zu den reinen Wertpapierfonds gesellten sich daher zunächst 1969 die offenen Immobilienfonds (§§ 25 k ff. KAGG), 1986 folgten dann Beteiligungsfonds (§§ 25 a ff. KAGG), 1995 die Geldmarktfonds (§§ 7 a ff. KAGG) und schließlich 1998 die Altersvorsorgefonds (§§ 37 h ff. KAGG).[101] Als Sondervermögen im Sinne des § 6 KAGG wurde in diesem Zusammenhang eine nicht rechtsfähige Vermögensmasse bezeichnet.[102] Zwar ließen die Anlageregeln eine gewisse Durchmischung zu. Ziel der Beschränkung auf bestimmte Typen war es jedoch, für Anleger durch eine Etikettierung der Fonds ein Mindestmaß an Transparenz zu gewährleisten.[103]

Bezüglich der Rechtsstellung der Anleger ließen sich bei der Auflegung von Fonds der Gesellschafts- und der Vertragstyp unterscheiden.[104] Im Rahmen des sogenannten Vertragstyps waren das Vermögen des Investmentfonds und dessen Betriebskapital rechtlich getrennt und bildeten somit selbständige Vermögensmassen. Das Verhältnis zwischen der Investmentgesellschaft und ihren Anlegern war dabei nicht gesellschaftsrechtlicher, sondern vertraglicher Natur.[105] Beim sogenannten Gesellschaftstyp wurden dagegen die Mittel des Investmentfonds durch Ausgabe von Aktien, Obligationen oder Einzahlung von Stammeinlagen

---

[97] Vgl. Köndgen/Schmies, WM Sonderbeilage Nr. 1/2004, S. 9.

[98] Vgl. Paul/Päsler, Das deutsche Investmentrecht, Rdn. 7; Köndgen, in: Schimansky/Bunte/Lwowski, Bankrechts-Handbuch, § 113 Rdn. 55, der auch von einem sogenannten numerus clausus der Fondstypen spricht.

[99] KAGG vom 10. April 1957, BGBl. I, S. 378.

[100] Vgl. Köndgen/Schmies, WM Sonderbeilage Nr. 1/2004, S. 3.

[101] Vgl. Köndgen/Schmies, ebd.

[102] Vgl. dazu Bauer, Investmentgesetze, § 6 Rdn. 4 ff.; Zeller, in: Brinkhaus/Scherer, Gesetz über Kapitalanlagegesellschaften Auslandinvestment-Gesetz, § 6 KAGG Rdn. 2; Berger/Steck, ZBB 2003, S. 194.

[103] Vgl. Köndgen/Schmies, WM Sonderbeilage Nr. 1/2004, S. 9; Köndgen, in: Schimansky/Bunte/Lwowski, Bankrechts-Handbuch, § 113 Rdn. 55.

[104] Vgl. Gerke/Mager/Kiehn, ZBB 2002, S. 483.

[105] Vgl. Förster/Hertrampf, Das Recht der Investmentfonds, Rdn. 9.

beschafft.[106] Das Betriebskapital und das Fondsvermögen waren demnach nicht getrennt, sondern formten eine Einheit. Die Inhaberschaft der Investmentgesellschaft oblag den Anlegern als Gesellschafter. Ihre Beziehung zur Gesellschaft war damit gesellschaftsrechtlicher Natur.[107]

Die vorstehend beschriebenen als Sondervermögen ausgestalteten Investmentfondstypen folgten sämtlich dem Vertragstyp. Die Errichtung des jeweiligen Sondervermögens geschah dabei durch den Abschluss eines Vertrages zwischen der Kapitalanlagegesellschaft und den Anteilinhabern.[108] Bei der Verwaltung der Sondervermögen handelte die jeweilige Kapitalanlagegesellschaft nach § 9 Abs. 1 KAGG im eigenen Namen. Dies geschah jedoch im Rahmen eines Geschäftsbesorgungsvertrages für gemeinschaftliche Rechnung der Anteilinhaber.[109] Innerhalb des Vertragstyps wurde zwischen dem Miteigentum der Anteilsscheininhaber und dem Treuhandeigentum der Kapitalanlagegesellschaft unterschieden.[110] Im ersten Fall waren alle Anteilinhaber Eigentümer der Vermögensgegenstände des Sondervermögens. Das jeweilige Eigentum ermittelte sich dabei nach Bruchteilen entsprechend dem zugrundeliegenden Anteil.[111] Diese Rechtsform war vorherrschend bei Geldmarkt- und Wertpapier-Sondervermögen sowie bei Dachfonds.[112] Bei der Treuhänderschaft war Eigentümer der Vermögensgegenstände des Sondervermögens die Kapitalanlagegesellschaft, welche diese treuhänderisch für alle Anteilinhaber hielt.[113] Die Treuhandlösung war zwingend vorgeschrieben für Beteiligungs-, Grundstücks-, gemischte Wertpapier- und Grundstücks- und für Altersvorsorge-Sonderver-mögen.[114]

Kapitalanlagegesellschaften durften nach § 1 Abs. 3 KAGG nur in der Rechtsform der Gesellschaft mit beschränkter Haftung (GmbH) oder der Aktiengesell-

---

[106] Vgl. Förster/Hertrampf, Das Recht der Investmentfonds, Rdn. 12.
[107] Vgl. Förster/Hertrampf, ebd.
[108] Vgl. dazu Paul/Päsler, Das deutsche Investmentrecht, Rdn. 22.
[109] Vgl. Paul/Päsler, Das deutsche Investmentrecht, Rdn. 13; Zeller, in: Brinkhaus/Scherer, Gesetz über Kapitalanlagegesellschaften Auslandinvestment-Gesetz, § 6 KAGG Rdn. 2.
[110] Vgl. Paul/Päsler, Das deutsche Investmentrecht, Rdn. 21; Zeller, in: Brinkhaus/Scherer, Gesetz über Kapitalanlagegesellschaften Auslandinvestment-Gesetz, § 6 KAGG Rdn. 4; Baur, Investmentgesetze, § 6 KAGG Rdn. 8.
[111] Vgl. Zeller, in: Brinkhaus/Scherer, Gesetz über Kapitalanlagegesellschaften Auslandinvestment-Gesetz, § 6 KAGG Rdn. 6; Baur, Investmentgesetze, § 6 KAGG Rdn. 12; Paul/Päsler, Das deutsche Investmentrecht, Rdn. 21.
[112] Vgl. Paul/Päsler, ebd.
[113] Vgl. Baur, Investmentgesetze, § 6 KAGG Rdn. 14; Zeller, in: Brinkhaus/Scherer, Gesetz über Kapitalanlagegesellschaften Auslandinvestment-Gesetz, § 6 KAGG Rdn. 7; Paul/Päsler, ebd.
[114] Vgl. dazu Paul/Päsler, ebd.

schaft (AG) organisiert werden. In der Praxis war dabei die GmbH vorherrschend.[115] Sowohl die AG als auch die GmbH sind zur Veröffentlichung und zur Prüfung ihres Jahresabschlusses nach §§ 340 bis 340 o HGB verpflichtet, wodurch eine ausreichende Publizität der Kapitalanlagegesellschaft sichergestellt war.[116] Dies führte dazu, dass andere Rechtsformen für eine zu gründende Kapitalanlagegesellschaft ausschieden. Unterfiel eine AG oder eine GmbH der dargestellten Legaldefinition, war das KAGG anwendbar,[117] mit der Folge, dass die jeweilige Kapitalanlagegesellschaft unter anderem gemäß § 7 Abs. 1 Satz 1 KAGG firmenrechtlichen Schutz genoss.[118] Nach dieser Bestimmung durften die Bezeichnungen „Kapitalanlagegesellschaft“, „Investmentfonds“, „Investmentgesellschaft“ oder eine Bezeichnung, in der diese Begriffe allein oder in Zusammensetzungen mit anderen Worten vorkamen, in der Firma, als Zusatz zur Firma, zur Bezeichnung des Geschäftszwecks oder zu Werbezwecken nur von Kapitalanlagegesellschaften, Verwaltungsgesellschaften und Vertriebsgesellschaften geführt werden. Darüber hinaus konnte die Kapitalanlagegesellschaft hinsichtlich des jeweils verwalteten Sondervermögens auf die steuerlichen Vorteile nach den Vorschriften der §§ 37 a ff. KAGG zurückgreifen.[119] Für Gesellschaften, die entweder insgesamt dem Begriff der Kapitalanlagegesellschaft oder aber einzelnen Begriffsmerkmalen nicht entsprachen, galt das KAGG dagegen nicht.[120]

---

[115] Vgl. Baur, Investmentgesetze, § 1 KAGG Rdn. 42; Paul/Päsler, Das deutsche Investmentrecht, Rdn. 9.

[116] Vgl. dazu den schriftlichen Bericht des Ausschusses für Geld und Kredit zum Regierungsentwurf eines KAGG, Bundestagsdrucksache 2/2973, S. 2; Baur, Investmentgesetze, § 1 KAGG Rdn. 41; Zeller, in: Brinkhaus/Scherer, Gesetz über Kapitalanlagegesellschaften Auslandinvestment-Gesetz, § 1 KAGG Rdn. 55.

[117] Vgl. Berger/Steck, ZBB 2003, S. 194; Gerke/Mager/Kiehn, ZBB 2002, S. 482; Baur, Investmentgesetze, § 1 KAGG Rdn. 4; Zeller, in: Brinkhaus/Scherer, Gesetz über Kapitalanlagegesellschaften Auslandinvestment-Gesetz, § 1 KAGG Rdn. 6 ff.

[118] Vgl. dazu Baur, Investmentgesetze, § 1 KAGG Rdn. 4 f und 9; Zeller, in: Brinkhaus/Scherer, Gesetz über Kapitalanlagegesellschaften Auslandinvestment-Gesetz, § 1 KAGG Rdn. 7; Berger/Steck, ZBB 2003, S. 195.

[119] Vgl. dazu Zeller, in: Brinkhaus/Scherer, Gesetz über Kapitalanlagegesellschaften Auslandinvestment-Gesetz, § 1 KAGG Rdn. 7; Baur, Investmentgesetze, § 1 KAGG Rdn. 4 f. und 9; Berger/Steck, ZBB 2003, S. 195; Kümpel, Bank- und Kapitalmarktrecht, Rdn. 12.7.

[120] Vgl. Baur, Investmentgesetze, § 1 KAGG Rdn. 4; Berger/Steck, ZBB 2003, S. 194; Stadler, Europäisches Investmentrecht und das schweizerische Anlagefondsgesetz, S. 33.

Die Kapitalanlagegesellschaften waren die einzigen Kreditinstitute, die die Verwaltung der beschriebenen Sondervermögen betreiben durften. Aufgrund ihrer Kreditinstituteigenschaft unterlagen sie neben den Regeln des KAGG auch denen des Gesetzes über das Kreditwesen (KWG).[121] Nach § 2 Abs. 1 Satz 1 KAGG wurden die Kapitalanlagegesellschaften von der Bundesanstalt für Finanzdienstleistungsaufsicht (BaFin)[122] beaufsichtigt. Das Investmentgeschäft unterlag zudem gemäß § 1 Abs. 1 S. 2 Nr. 6 KWG den Bestimmungen des Kreditwesengesetzes. Die Zulassung zum Betrieb bedurfte daher nach § 32 KWG der Erlaubnis der BaFin. Dabei war dem jeweiligen Antrag gemäß § 32 Abs. 1 S. 2 Nr. 5 KWG ein Plan beizufügen, der die Art der angestrebten Geschäfte aufzeigte. Die Zulassung beziehungsweise Genehmigung wurde in diesem Zusammenhang immer dann versagt, wenn die Art der geplanten Geschäfte verboten war.[123]

Mit den im KAGG normierten Beschränkungen für deutsche Investmentfonds wurde das Ziel verfolgt, einen ausreichenden Anlegerschutz zu gewährleisten.[124] Die für Sondervermögen zulässigen Vermögensgegenstände waren dabei vornehmlich in den Besonderen Vorschriften für Wertpapier-Sondervermögen (§§ 8 bis 9 e KAGG) geregelt.[125] Für die Frage, ob die dargestellten international verfolgten Hedgefondsstrategien unter den Restriktionen des KAGG umsetzbar waren, ist besonders die Bestimmung des § 9 Abs. 5 S. 1 KAGG bedeutsam. § 9 Abs. 5 S. 1 KAGG entsprach Art. 42 der OGAW-Richtlinie[126] und schloss den Verkauf von Wertpapieren aus, die zum Zeitpunkt des Geschäftsabschlusses nicht zum Sondervermögen im Sinne von § 6 KAGG und damit nicht zum

---

[121] Vgl. dazu Paul/Päsler, Das deutsche Investmentrecht, Rdn. 8; Zeller, in: Brinkhaus/ Scherer, Gesetz über Kapitalanlagegesellschaften Auslandinvestment-Gesetz, § 1 KAGG Rdn. 9; Baur, Investmentgesetze, § 1 KAGG Rdn. 9.

[122] Errichtet am 1.05.2002 durch das Gesetz über die Bundesanstalt für Finanzdienstleistungsaufsicht (Finanzdienstleistungsaufsichtgesetz – (FinDAG) vom 22.04.2002 /BGBl. I, 1310); sie umfasst die Aufgaben der früheren Bundesaufsichtsämter für Kreditwesen, Versicherungswesen und Wertpapierhandel.

[123] Vgl. Luttermann/Backmann, ZIP 2002, S. 1018.

[124] Vgl. von Livonius, WM 2004, S. 62.

[125] Vgl. Berger/Steck, ZBB 2003, S. 194; von Livonius, WM 2004, S. 62; Gerke/ Mager/ Kiehn, ZBB 2002, S. 480; Luttermann/Backmann, ZIP 2002, 1018 f.

[126] Richtlinie 85/611/EWG des Rates vom 20. Dezember 1985 zur Koordinierung der Rechts- und Verwaltungsvorschriften betreffend bestimmte Organismen für gemeinsame Anlagen in Wertpapieren (OGAW), Amtsblatt der Europäischen Gemeinschaften, 31. Dezember 1985, Nr. L 375/3.

Fondsvermögen der Kapitalanlagegesellschaft gehörten.[127] Dieses Verbot blieb auch nach den letzten Änderungen der OGAW-Richtlinie bestehen.[128] Damit war dem jeweiligen Hedgefonds der in diesem Anlagesegment am häufigsten angewandte Managementansatz, die sogenannte Long-Short/Equity-Hedge-Strategie[129] verwehrt. Der Grund für diese Verbotsbestimmung im KAGG war der spekulative Charakter von Wertpapierleerverkäufen, die die Gefahr erheblicher Verluste beinhalten.[130] Ein Verstoß gegen das normierte Leerverkaufsverbot führte gemäß § 9 Abs. 5 S. 2 KAGG zwar nicht zur Unwirksamkeit des jeweiligen Geschäfts. Bei der Bestimmung des § 9 Abs. 5 S. 1 KAGG handelte es sich allerdings um ein Schutzgesetz im Sinne des § 823 Abs. 2 BGB. Für die Anteilinhaber wäre somit bei Zuwiderhandlung ein Schadensersatzanspruch nach § 823 Abs. 2 BGB i. V. m. § 9 Abs. 5 S. 1 KAGG entstanden.[131]

Hinderlich für die Auflage eines Hedgefondssondervermögens im Rahmen des früher geltenden Rechts war weiterhin die Vorschrift des § 10 Abs. 2 KAGG. Danach konnten Verbindlichkeiten zu Lasten des Sondervermögens nicht begründet werden. Dabei war es unerheblich, ob die jeweilige Verbindlichkeit für eigene Rechnung (§ 10 Abs. 2, 1. Hs. KAGG) oder für Rechnung der Anteilinhaber (§ 10 Abs. 2, 2. Hs. KAGG) eingegangen werden sollte. Das Sondervermögen schied somit als Sicherungsmittel für kreditfinanzierte Wertpapiertransaktionen aus.[132]

---

[127] Für Leerverkäufe im Bereich der Derivate waren die Vorschriften der §§ 8 f Abs. 1, 8 g Abs. 1 und 8 h Abs. 1 KAGG zu beachten; vgl. dazu Scherer, in: Brinkhaus/Scherer, Gesetz über Kapitalanlagegesellschaften Auslandinvestment-Gesetz, § 9 KAGG Rdn. 31.

[128] Richtlinie 2001/108/EG des Europäischen Parlaments und des Rates vom 21. Januar 2002 zur Änderung der Richtlinie 85/611/EWG zur Koordinierung der Rechts- und Verwaltungsvorschriften betreffend bestimmte Organismen für gemeinsame Anlagen in Wertpapieren vom 20. Dezember 1985 (OGAW-Richtlinie), Amtsblatt der Europäischen Gemeinschaften, 13. Februar 2002, Nr. L 41/35. Das Leerverkaufsverbot in Art. 42 n. F. wurde auf nunmehr zulässige Wertpapiere, Geldmarktinstrumente, Derivate und andere Anlagegegenstände erweitert; vgl. dazu Paul/Päsler, Das deutsche Investmentrecht, Rdn. 173.

[129] Vgl. oben, B. III. 1. d).

[130] Scherer, in: Brinkhaus/Scherer, Gesetz über Kapitalanlagegesellschaften Auslandinvestment-Gesetz, § 9 KAGG Rdn. 31; Baur, Investmentgesetze, § 9 KAGG Rdn. 35.

[131] Vgl. dazu Baur, Investmentgesetze, § 9 KAGG Rdn. 35; Scherer, in: Brinkhaus/Scherer, Gesetz über Kapitalanlagegesellschaften Auslandinvestment-Gesetz, § 9 KAGG Rdn. 31; Berger/Steck, ZBB 2003, S. 194.

[132] Vgl. Luttermann/Backmann, ZIP 2002, S. 1018 f.; Berger/Steck, ZBB 2003, S. 194; Baur, Investmentgesetze, § 10 KAGG Rdn. 47.

Eine weitere Beschränkung für ein Hedgefondssondervermögen ergab sich aus der Bestimmung des § 9 Abs. 4 S. 1 KAGG. Darin wurde normiert, dass kurzfristige Kredite für inländische Publikumsfonds[133] nur bis zur Höhe von 10 Prozent des Sondervermögens aufgenommen werden durften. Besonders Hedgefonds brauchen allerdings finanzielle Flexibilität, um auf Fehlbewertungen oder bestimmte Ereignisse schnellstmöglich reagieren zu können. Bei dem Versuch, die Anlagepositionen zu optimieren, setzen ihre Manager daher häufig Fremdkapital oder auch Derivate in größerem Umfang ein.[134]

Detaillierte Regelungen für sachbezogene und betragsmäßige Grenzen sowie Verbote von Anlagen fanden sich in den §§ 8 bis 8 k KAGG. Zweck dieser Vorschriften war es, das Anlagerisiko eines Investmentfonds durch Streuung zu minimieren.[135] Als hinderlich für die Auflage von Hedgefondssondervermögen in Deutschland erwies sich vor allem die Festlegung in § 8 Abs. 1 KAGG, nach der das jeweilige Fondsvermögen zu mindestens 90 Prozent aus börsennotierten Wertpapieren bestehen musste.[136] Daneben enthielt § 8 a KAGG Bestimmungen über die sonstigen Anlagegrenzen für Wertpapiere und Schuldscheindarlehen. Die Vorschrift des § 8 b KAGG normierte Regelungen über das Halten von Anteilen an anderen Investmentfonds. § 8 c KAGG befasste sich demgegenüber mit der Überschreitung der in § 8 KAGG und § 8 a KAGG bestimmten Anlagegrenzen. § 8 d Abs. 1 Nr. 1–4 KAGG traf Festsetzungen in Bezug auf börsengehandelte und OTC-Optionen. Die Vorschriften des § 8 d Abs. 1 Nr. 5 KAGG und § 8 k KAGG befassten sich mit Zins- und Währungs-Swaps. § 8 d Abs. 1 Nr. 2 KAGG normierte zudem Vorschriften im Bereich der Finanzterminkontrakte. Nach § 8 e KAGG ergaben sich besondere Beschränkungen für OTC-Instrumente, § 8 f KAGG enthielt spezielle Beschränkungen für Derivate auf einzelne Wertpapiere.

---

[133] Das KAGG traf eine Unterscheidung zwischen Publikumsfonds, deren Anteile von einer unbegrenzten Anzahl natürlicher und juristischer Personen erworben werden konnten, und Spezialfonds, deren Anteilscheine nicht von mehr als 10 Anteilinhabern, die keine natürlichen Personen sind, gehalten werden durften; vgl. dazu Paul/Päsler, Das deutsche Investmentrecht, Rdn. 23.

[134] Vgl. Berger/Steck, ZBB 2003, S. 194; Köndgen, in: Schimansky/Bunte/Lwowski, Bankrechts-Handbuch, § 113 Rdn. 77.

[135] Vgl. Luttermann/Backmann, ZIP 2002, S. 1019; Berger/Steck, ebd.

[136] Vgl. von Livonius, WM 2004, S. 62.

Weiterhin ergaben sich Einschränkungen für Zins- und Indextermingeschäfte aus § 8 g KAGG und § 8 h KAGG. Die Vorschrift des § 8 i KAGG befasste sich darüber hinaus mit Anlagebeschränkungen auf der Grundlage des Marktrisikos. § 8 j KAGG beinhaltete besondere Beschränkungen für Devisenterminkontrakte.

Im Rahmen von Hedgefonds werden gewöhnlich Mindesthaltefristen von einem Monat bis zu fünf Jahren vereinbart, um die komplexen Finanzierungs- und Anlagestrukturen nicht durch unkontrollierte Liquiditätsabflüsse zu gefährden. Dies widersprach jedoch dem in § 11 Abs. 2 KAGG verankerten Grundsatz der jederzeitigen Rücknahme.[137] Auch die Publizitätspflichten im Sinne von § 15 Abs. 3, § 19 und § 24 a KAGG, die die jeweilige Anlagestrategie zumindest stichtagsbezogen aufzeigten, wirkten der Auflegung eines inländischen Hedgefonds entgegen. Durch sie konnte der Anlageerfolg besonders in weniger liquiden Märkten beeinträchtigt werden, zumal die Handlungsmöglichkeit des jeweiligen Hedgefonds durch das Verhalten anderer Markteilnehmer starken Beeinträchtigungen unterlag.[138]

Zusammenfassend kann daher festgehalten werden, dass die Auflage eines inländischen Hedgefonds unter den Restriktionen des KAGG kaum möglich bzw. nicht ratsam war.

2. Optionales Aufsichtsrecht

Die Bestimmungen des KAGG standen der Etablierung und Vermarktung inländischer Hedgefondssondervermögen zwar entgegen. Dabei handelte es sich allerdings um ein optionales Aufsichtsrecht.[139] Es war dem jeweiligen Hedgefonds freigestellt, sich den Vorschriften des KAGG zu unterwerfen oder aber alternative Formen der Fondsgestaltung zu wählen.[140] Am Beispiel der sogenannten geschlossenen Immobilienfonds lässt sich aufzeigen, dass die Möglichkeit von Fondskonzeptionen auch außerhalb einer Kapitalanlagegesellschaft bestand.[141] Es ist daher der Frage nachzugehen, ob eine deutsche Hedgefondsgründung, die sich außerhalb des Regelungsbereichs des KAGG bewegte,

[137] Vgl. dazu Gerke/Mager/Kiehn, ZBB 2002, S. 481; das KAGG normierte in § 36 KAGG eine Einschränkung des Rückgaberechts für Grundstücks-Sondervermögen. Dies gilt jedoch nicht für andere Anlageformen.
[138] Vgl. dazu Gerke/Mager/Kiehn, ZBB 2002, S. 481 f.
[139] Vgl. von Caemmerer, JZ 1958, S. 45; Berger/Steck, ZBB 2003, S. 195; Kayser/ Steinmüller, FR 2002, S. 1274; Gerke/Mager/Kiehn, ZBB 2002, S. 483.
[140] Vgl. Kayser/Steinmüller, FR 2002, S. 1274; Gerke/Mager/Kiehn, ebd.; Berger/Steck, ZBB 2003, S. 195.
[141] Vgl. Köndgen, in: Schimansky/Bunte/Lwowski, Bankrechts-Handbuch, § 113 Rdn. 55; Gerke/Mager/Kiehn, ZBB 2002, S. 482.

bereits nach früherer Rechtslage zulässig war. Dabei sind verschiedene Komponenten zu beachten. Aus Anlegersicht musste es sich bei dem jeweiligen Hedgefonds um eine attraktive und konkurrenzfähige Anlage handeln, während aus Sicht des Gesetzgebers ein Einschreiten aus Anlegerschutzgründen ausgeschlossen sein sollte.[142]

a) Hedgefondsgestaltungen außerhalb des Regelungsbereiches des KAGG

Nach den aufsichtsrechtlichen Grundsätzen des KAGG war es nicht verboten, einen Hedgefonds in Form einer inländischen Kapital- oder Personengesellschaft aufzulegen. Bei diesen alternativen Gestaltungsformen handelte es sich auch nicht um ein von einer Kapitalanlagegesellschaft verwaltetes Sondervermögen, so dass die beschriebenen Anlagerestriktionen des KAGG nicht anwendbar waren.[143] Die Rechtsformen der Gesellschaft bürgerlichen Rechts (GbR) oder aber der offenen Handelsgesellschaft (oHG) schieden jedoch aufgrund der unbeschränkten Haftung der Gesellschafter aus.[144] Die Auflegung des jeweiligen Hedgefonds in der Rechtsform einer GmbH oder AG weist konzeptionell eine enge Verwandtschaft zu den Kapitalanlagegesellschaften wie auch den Investmentaktiengesellschaften im Sinne des KAGG auf. Dies geht auf die Tatsache zurück, dass Kapitalanlagegesellschaften, wie bereits ausgeführt,[145] gemäß § 1 Abs. 3 KAGG nur in der Rechtsform der AG oder GmbH betrieben werden durften und Investmentaktiengesellschaften nach § 51 Abs. 2 KAGG lediglich im Rahmen einer AG zulässig waren.[146]

Außerhalb der aufsichtsrechtlichen Beschränkungen des KAGG bestand die Möglichkeit, eine GmbH zu gründen, die mittelbar über ausländische Sub-Fonds oder aber unmittelbar selbst die verschiedensten Hedgefondsstrategien zur Anwendung brachte. Eine Beteiligung der Anleger ergab sich dabei entweder über GmbH-Anteile oder über von der GmbH ausgegebene Wertpapiere. Letzteres war unter anderem in der Form von Genussscheinen denkbar.[147] Auch im Bereich der mitgliedschaftlich strukturierten Fondsgestaltungen konnten jedoch aufsichtsrechtliche Beschränkungen einzuhalten sein. Dies galt immer dann, wenn Finanzdienstleistungsgeschäfte nach § 1 Abs. 1 a S. 2 KWG wie bei-

---

[142] Vgl. dazu Gerke/Mager/Kiehn, ZBB 2002, S. 483.
[143] Vgl. Kayser/Steinmüller, FR 2002, S. 1274; Berger/Steck, ZBB 2003, S. 295; Gerke/Mager/Kiehn, ZBB 2002, S. 482 f.
[144] Vgl. Gerke/Mager/Kiehn, ZBB 2002, S. 483, speziell Fußnote 29.
[145] Vgl. oben, I. 1.
[146] Vgl. Gerke/Mager/Kiehn, ZBB 2002, S. 482.
[147] Vgl. Berger/Steck, ZBB 2003, S. 195; Kayser/Steinmüller, FR 2002, S. 1274.

spielsweise Finanzportfolioverwaltung (Nr. 3) oder Eigenhandel (Nr. 4) betrieben wurden. Der jeweilige Hedgefonds war dann als Finanzdienstleistungsinstitut zu qualifizieren, was wiederum zu dem Erfordernis der Betriebserlaubnis nach § 32 KWG führte.[148] Die sich in diesem Zusammenhang darstellende Unsicherheit in Kombination mit den inländischen Steuerkonsequenzen war dabei maßgeblich für die Tatsache, dass keine größeren Versuche unternommen wurden, Hedgefonds als deutsche Kapital- oder Personengesellschaft aufzulegen oder zu vermarkten.[149] Die Vorteile der steuerrechtlichen Vorschriften des KAGG waren im Wesentlichen die Steuerbefreiung der Veräußerungsgewinne auf Anteilseignerebene und die Körperschaft- und Gewerbesteuerbefreiung auf Gesellschaftsebene im Sinne des § 38 Abs. 1 KAGG.[150] Vor diesem Hintergrund bleibt daher festzuhalten, dass das KAGG im grauen Fondsbereich trotz der bei Umgehung drohenden steuerrechtlichen Nachteile einen beachtlichen Regelungsfreiraum beließ.

b) Analoge Anwendung des KAGG

Eine Fondskonzeption außerhalb der Kapitalanlagegesellschaft könnte eine gezielte Umgehung zwingender Vorschriften darstellen.[151] Davon könnte besonders bei den KAGG-ähnlichen Gestaltungsformen auszugehen sein.[152] Fraglich ist daher, ob eine analoge Anwendung der Bestimmungen des KAGG auf die vorgenannten Alternativgestaltungen durch die BaFin sowohl sachgerecht als auch geboten erschien. Dies ist nach den anerkannten Methodenregeln immer nur dann zu bejahen, wenn eine planwidrige Regelungslücke vorliegt.[153] Im Rahmen der Bestimmungen des KAGG hatte sich der Gesetzgeber jedoch bewusst für den dargestellten Regelungsbereich entschieden und dabei eventuelle Regelungsfreiräume in seine Erwägungen mit einbezogen.[154]

Eine entsprechende Anwendung der Vorschriften des KAGG auf Fondskonzeptionen außerhalb der Kapitalanlagegesellschaft könnte zudem gegen den Grundsatz des Vorbehalts des Gesetzes verstoßen. Die Lehre des Vorbehalts des Gesetzes stützt sich dabei entwicklungsgeschichtlich und verfassungsrechtlich auf

---

[148] Vgl. dazu Kayser/Steinmüller, ebd.

[149] Vgl. Kayser/Steinmüller, ebd.; Berger/Steck, ZBB 2003, S. 195.

[150] Vgl. Gerke/Mager/Kiehn, ZBB 2002, S. 487.

[151] Vgl. Gerke/Mager/Kiehn, ZBB 2002, S. 482; Berger/Steck, ZBB 2003, S. 195.

[152] Vgl. Gerke/Mager/Kiehn, ZBB 2002, S. 483, speziell Fußnote 25.

[153] Vgl. Canaris, Die Feststellung von Lücken im Gesetz, S. 25; Berger/Steck, ZBB 2003, S. 195.

[154] Vgl. dazu den schriftlichen Bericht des Ausschusses für Geld und Kredit zum Regierungsentwurf eines KAGG, Bundestagsdrucksache 2/2973, S. 3; Berger/Steck, ebd.

die Prinzipien der Rechtsstaatlichkeit sowie der parlamentarischen Demokratie.[155] Aufgrund dieser Fundierung kann Art. 20 Abs. 1 und Abs. 3 GG als Rechtsgrundlage angesehen werden.[156] Die Exekutive darf die Voraussetzungen ihres Einschreitens nicht eigenständig regeln. Diese Kompetenz kommt vielmehr der Legislative zu und wird als sogenannter Parlamentsvorbehalt bezeichnet.[157] Besonders im Bereich der Grundrechtsausübung muss der Gesetzgeber demnach sämtliche wesentlichen Entscheidungen selbst treffen.[158] Die gesetzliche Regelung muss dabei umso detaillierter und differenzierter sein, je intensiver die Grundrechte betroffen sind.[159] Es handelt sich um eine Kompetenzverteilung zwischen Legislative und Exekutive. Nach der klassischen rechtsstaatlichen Ausrichtung des Vorbehalts des Gesetzes erstreckt sich seine Geltung auf Eingriffe in Freiheit und Eigentum. Die Exekutive darf dabei in die Grundrechte des Einzelnen nur eingreifen, wenn sie durch ein Gesetz dazu ermächtigt ist.[160] Dieser allgemeine Eingriffsvorbehalt überschneidet sich mit den speziellen grundrechtlichen Gesetzesvorbehalten. Eine Deckungsgleichheit besteht jedoch nicht.[161] Während der allgemeine Vorbehalt die Kompetenzen des Parlaments gegenüber den anderen Gewalten stärkt, schränken die grundrechtlichen Vorbehalte die Befugnisse des Staates gegenüber dem Grundrechtsträger ein. Der rechtsstaatliche Vorbehalt des Gesetzes stellt in erster Linie auf die rechtssatzförmige Ermächtigung ab.[162] Die Normsetzung ist im System der Gewaltenteilung primär dem demokratisch legitimierten Parlament zugeordnet, welches diese Aufgabe nur durch ein förmliches Gesetz der Exekutive übertragen kann.[163]

Durch die analoge Anwendung des KAGG auf deutsche Hedgefondsgründungen, die sich außerhalb des Regelungsbereiches dieses Gesetzes bewegen, hätte ein Eingriff in die unternehmerische Betätigung des einzelnen Hedgefonds im Sinne des Art. 12 Abs. 1 S. 1 GG vorgelegen. Die Tätigkeit im Rahmen eines Hedgefonds ist in ideeller und materieller Hinsicht auf die Schaffung und Erhaltung der Lebensgrundlage ausgerichtet, auf gewisse Dauer angelegt und verstößt

---

[155] Vgl. Pietzcker, JuS 1979, S. 712; Maurer, Allgemeines Verwaltungsrecht, § 6 Rdn. 4 ff.
[156] Vgl. Wehr, JuS 1997, S. 420; Pietzcker, ebd.
[157] Vgl. Schwerdtfeger, Öffentliches Recht in der Fallbearbeitung, § 5 Rdn. 59.
[158] Vgl. Pieroth/Schlink, Grundrechte Staatsrecht II, § 6 Rdn. 306; Pietzcker JuS 1979, S. 710; Krebs, Jura 1979, S. 304; BVerfGE 61, S. 275; BVerfGE 88, 166.
[159] Vgl. BVerfGE 49, S. 181; BVerfGE 59, S. 104; BVerfGE 86, S. 311.
[160] Vgl. Wehr, JuS 1997, S. 420.
[161] Vgl. Sachs, JuS 1995, S. 693; anders Jarass/Pieroth, GG-Kommentar, Art. 20 Rdn. 29 f.
[162] Vgl. Sachs, ebd.
[163] Vgl. Schwerdtfeger, Öffentliches Recht in der Fallbearbeitung, § 5 Rdn. 59.

zudem nicht gegen verfassungsrechtliche Wertentscheidungen.[164] Darüber hinaus ist Art. 12 Abs. 1 GG nach Art. 19 Abs. 3 GG auch auf inländische juristische Personen anwendbar. Aufgrund des Rechtsstaatsprinzips und Art. 12 Abs. 1 S. 1 GG wäre folglich zunächst eine Entscheidung des formellen Gesetzgebers über den Umfang und die Grenzen des Grundrechtseingriffs erforderlich gewesen.[165]

Bei einem Hedgefonds in einer alternativen Gestaltungsform handelte es sich mithin nicht um einen Umgehungsversuch, der eine Analogie zum KAGG gerechtfertigt hätte. Mögliche aufsichtsrechtliche Bedenken im Bereich der aufgeführten Alternativgestaltungen, die sich im Zusammenhang mit einem effektiven Anlegerschutz stellen, müssen vielmehr vom Gesetzgeber in Form einer Gesetzesänderung angegangen werden.[166]

c) Zwischenergebnis

Das KAGG eröffnete einen Regelungsfreiraum für die vorgenannten Gestaltungsformen. Trotz der Rechtsunsicherheit, des fehlenden Branchenumfelds und der steuerlichen Konsequenzen wäre die Etablierung eines deutschen Hedgefonds außerhalb der Restriktionen des KAGG somit zumindest möglich gewesen. Eine analoge Anwendung des KAGG auf sonstige inländische Hedgefondsgestaltungen schied dagegen aus dogmatischen Gründen aus.

3. Vertrieb von Anteilen an ausländischen Hedgefonds

a) Überblick

Viele Hedgefonds suchen Standorte mit rechtlichen Rahmenbedingungen, die möglichst wenig Kontrolle verordnen, eine geringe Steuerlast an der Quelle auferlegen und die Steuerpflicht an den Sitz des Anlegers verlagern. Ein großer Teil der bestehenden Hedgefonds ist daher in den sogenannten Offshore-Zentren wie beispielsweise den Bahamas, den Bermudas, den British Virgin Islands und den Cayman Islands domiziliert.[167] Für den Fall, dass diese ausländischen Hedgefonds den Vertrieb ihrer Investmentanteile in Deutschland anstrebten, waren

[164] Vgl. Jarass/Pieroth, GG-Kommentar, Art. 12 Rdn. 4 ff.

[165] Vgl. Wehr, JuS 1997, S. 420 f.; Jarass/Pieroth, GG-Kommentar, Art. 12 Rdn. 21.

[166] Vgl. Berger/Steck, ZBB 2003, S. 195; a.A. Gerke/Mager/Kiehn, ZBB 2002. S. 482 ff., die eine Gefahr der analogen Anwendung des KAGG aufgrund der Umgehung zwingender Vorschriften annehmen, ohne jedoch auf die dogmatischen Analogievoraussetzungen abzustellen.

[167] Vgl. dazu Friedrich/Bahr, Hedge Funds die Königsklasse der Investments, S. 185; Berger/Steck, ZBB 2003, S. 195.

die Bestimmungen des Auslandinvestmentgesetzes[168] (AuslInvestmG)[169] zu beachten. Gemäß § 1 Abs. 1 S. 1 AuslInvestmG waren Anteile an einem ausländischen Recht unterstehenden Vermögen aus Wertpapieren, verbrieften Forderungen aus Gelddarlehen, Einlagen oder Grundstücken, das nach dem Grundsatz der Risikomischung angelegt ist, ausländische Investmentanteile. Wenn diese im Wege des öffentlichen Anbietens, der öffentlichen Werbung oder in ähnlicher Weise in Deutschland vertrieben wurden (öffentlicher Vertrieb), fand der erste Abschnitt des AuslInvestmG Anwendung, der sowohl Vertriebs- als auch Registrierungsvorschriften enthält.[170] Aufgrund der Vielzahl möglicher Rechtsformen ausländischer Fonds hatte der Gesetzgeber den Begriff des ausländischen Investmentanteils weit gefasst und ausdrücklich eine wirtschaftliche Betrachtungsweise zugrunde gelegt. Dies steht im Gegensatz zu einer Beschränkung auf eine formal-juristische Auslegung. [171] Ausländische Hedgefonds erfüllten dabei regelmäßig die Voraussetzungen ausländischer Investmentvermögen, zumal es sich bei derartigen Fonds zumeist um ein risikodiversifiziertes Wertpapiervermögen handelt. [172]

b) Öffentlicher Vertrieb

Für den sogenannten öffentlichen Vertrieb im Sinne des § 1 Abs. 1 S. 1 AuslInvestmG war kein Eintreten eines Absatzerfolges erforderlich. Aus Anlegerschutzgründen hatte der Gesetzgeber vielmehr jede öffentliche Geschäfts- oder Absatztätigkeit erfasst.[173] Öffentlich war dabei jedes Anbieten und Werben, das sich an einen unbestimmten, individuell nicht begrenzten oder begrenzbaren Personenkreis richtete.[174] Maßgebend für die Beurteilung war in diesem Zusammenhang erneut die wirtschaftliche Betrachtung und nicht etwa die rechtliche Gestaltungsform.[175]

---

[168] Auslandinvestmentgesetz vom 28. Juli 1969, BGBl. I, S. 986.

[169] Das AuslInvestmG ist durch das Investmentmodernisierungsgesetz aufgehoben worden, das am 1. Januar 2004 in Kraft getreten ist; dazu näher unten F.

[170] Vgl. von Livonius, WM 2004, S. 62; Berger/Steck, ZBB 2003, S. 195; Kayser/Steinmüller, FR 2002, S. 1274.

[171] Vgl. Oho/Remmel, BB 2002, S. 1450; Kayser/Steinmüller, FR 2002, S. 1274; Pfüller/Schmitt, in: Brinkhaus/Scherer, Gesetz über Kapitalanlagegesellschaften Auslandinvestmentgesetz, § 1 AuslInvestmG Rdn. 24; Baur, Investmentgesetze, § 1 AuslInvestmG Rdn. 27.

[172] Vgl. Kayser/Steinmüller, FR 2002, S. 1274; Berger/Steck, ZBB 2003, S. 196.

[173] Vgl. Pfüller/Schmitt, in: Brinkhaus/Scherer, Gesetz über Kapitalanlagegesellschaften Auslandinvestmentgesetz, § 1 AuslInvestmG Rdn. 10.

[174] Vgl. Pfüller/Schmitt, ebd.

[175] Vgl. Pfüller/Schmitt, in: Brinkhaus/Scherer, Gesetz über Kapitalanlagegesellschaften Auslandinvestmentgesetz, § 1 AuslInvestmG Rdn. 7.

Nach § 7 Abs. 1 AuslInvestmG hatte die jeweilige ausländische Investmentgesellschaft ihre Absicht, ausländische Investmentanteile im Inland öffentlich zu vertreiben, gegenüber der BaFin anzuzeigen. Ein öffentlicher Vertrieb ohne vorherige Anzeige stellte dagegen einen Untersagungsgrund gemäß § 8 Abs. 1 Nr. 1 AuslInvestmG dar. Darüber hinaus konnte in bestimmten Fällen eine Geldbuße nach § 21 Abs. 1 Nr. 1 AuslInvestmG festgesetzt werden. Ausgenommen von den Voraussetzungen des § 7 Abs. 1 AuslInvestmG waren nur solche Fonds, deren Vermögen vornehmlich für den spekulativen Handel mit unverbrieften Futures, Optionen oder Kassa- und Termingeschäften auf Rohstoffe, Währungen, Edelmetalle und Finanzinstrumente verwendet wurde.[176] Erfüllten ansonsten eine ausländische Investmentgesellschaft oder aber das Hedgefondsprodukt die gesetzlichen Voraussetzungen nicht, so war die Aufsichtsbehörde berechtigt, den öffentlichen Vertrieb nach § 8 Abs. 2 AuslInvestmG zu untersagen. Fraglich war daher, ob eine Vertriebszulassung für ausländische Hedgefonds nach der früheren Rechtslage möglich war. Einem erfolgreichen Anzeigeverfahren, das bereits für sich betrachtet sehr mühsam und zeitaufwendig ist, wurden durch § 2 Abs. 1 Nr. 4 AuslInvestmG Grenzen gesetzt.[177] Danach war der Vertrieb ausländischer Anteile nur zulässig, wenn die Vertragsbedingungen oder die Satzung der Investmentgesellschaft vorsahen, dass keine Wertpapiere leerverkauft (lit. g) oder aber, dass kurzfristige Kredite zu Lasten des Wertpapiervermögens nur in Höhe von bis zu 10 Prozent des Vermögens der Investmentgesellschaft aufgenommen wurden. Dies steht im Gegensatz zu der Investmentphilosophie von Hedgefondsmanagern, die zur Umsetzung ihrer Strategien einen flexiblen Handlungsspielraum benötigen.

Auf den öffentlichen Vertrieb von Anteilen an einem Vermögen, das dem Recht eines anderen Mitgliedsstaates der Europäischen Union oder eines anderen Ver-

---

[176] Vgl. dazu von Livonius, WM 2004, S. 62; der Anwendungsbereich des Auslandinvestmentgesetzes war auch bei denjenigen Hedgefonds nicht eröffnet, die ihr Vermögen ausschließlich in unverbriefte Derivate oder neben solchen Derivaten ausschließlich in Wertpapiere (z. B. Null-Kupon-Anleihen) investierten, um mit diesen Wertpapieren für die Anteilinhaber eine Kapitalgarantie sicherstellen zu können oder die zu leistenden Einschuß- und Nachschußverpflichtungen zinsbringend anzulegen. Dies geht auf die Erwägung zurück, dass keine Bildung von Investmentvermögen erfolgte, das nach dem Grundsatz der Risikostreuung im Sinne des § 1 Abs. 1 S. 1 AuslInvestmG angelegt war (vgl. Bundesaufsichtsamt für das Kreditwesen, Schreiben vom 21 Februar 1990 – V 2 – X – 4/90, abgedruckt bei Beckmann/Scholtz: Investment, Bd. 2, 448 Nr. 24; Bundesaufsichtsamt für das Kreditwesen, Schreiben vom 24. Januar 1992 – V 2 X – 4/91, abgedruckt bei Beckmann/Scholtz, Investment, Bd. 2, 448 Nr. 29).

[177] Vgl. dazu von Livonius, WM 2004, S. 62; Luttermann/Backmann, ZIP 2002, S. 1019; Berger/Steck, ZBB 2003, S. 196.

tragsstaates des Abkommens über den Europäischen Wirtschaftsraum unterstand (EG-Investmentanteile), fanden gemäß § 1 Abs. 3 AuslInvestmG die vertriebsrechtlichen Vorschriften des 1. Abschnittes des AuslInvestmG dagegen keine Anwendung. Es galten vielmehr die Bestimmungen der §§ 15 ff. AuslInvestmG. Das Verbot des öffentlichen Vertriebs für derartige Investmentanteile ergab sich dabei aus § 15 c Abs. 1 i. V. m. der Richtlinie 85/611/EWG.

c) Privatplatzierung

Vom öffentlichen Vertrieb ist die Privatplatzierung ausländischer Investmentanteile in Deutschland zu unterscheiden. Der Begriff der Privatplatzierung war zwar nicht ausdrücklich im AuslInvestmG geregelt, ihre Möglichkeit ergab sich aber aus einer negativen Abgrenzung zu dem in § 1 Abs. 1 S. 1 AuslInvestmG geregelten Begriff des öffentlichen Vertriebs.[178] Eine Privatplatzierung lag demnach immer dann vor, wenn es sich bei dem angesprochenen Investorenkreis um Personen handelte, die dem Anbieter im Einzelnen bekannt waren und von ihm aufgrund einer gezielten Auswahl nach individuellen Gesichtspunkten angesprochen wurden.[179] Im Falle der Bejahung der Voraussetzungen einer Privatplatzierung wurde diese nicht vom ersten Abschnitt des AuslInvestmG erfasst.[180] Die Auflegung von ausländischen Hedgefonds in Deutschland im Wege der Privatplatzierung war somit prinzipiell aufsichtsrechtlich möglich. In diesem Zusammenhang ist allerdings zu beachten, dass das Steuerregime des AuslInvestmG sowohl im Falle eines öffentlichen Vertriebs als auch bei einer Privatplatzierung galt.[181] Nach § 18 Abs. 3 AuslInvestmG waren ausländische Investmentfonds, die im Inland weder eine Zulassung zum öffentlichen Vertrieb hatten noch an einer Börse zugelassen waren und keinen steuerlichen Vertreter im Inland bestellten, als sogenannte „schwarze Fonds" einzuordnen.[182] Die nach § 18 Abs. 3 AuslInvestmG drohende Strafbesteuerung der Einkünfte aus derartigen Fonds stand einer Privatplatzierung prinzipiell entgegen.[183] Im Rahmen des

---

178 Vgl. Dittrich, Die Privatplazierung im deutschen Kapitalmarktrecht, S. 32 und 35; Pfüller/Schmitt, in: Brinkhaus/Scherer, Gesetz über Kapitalanlagegesellschaften Auslandinvestmentgesetz, § 1 AuslInvestmG Rdn. 10 f.

179 Vgl. Pfüller/Schmitt, in: Brinkhaus/Scherer, Gesetz über Kapitalanlagegesellschaften Auslandinvestmentgesetz, § 1 AuslInvestmG Rdn. 11.

180 Vgl. Berger/Steck, ZBB 2003, S. 196; Dittrich, Die Privatplazierung im deutschen Kapitalmarktrecht, S. 35.

181 Vgl. Fock, RIW 2003, S. 121.

182 Vgl. Fock, ebd.; Kayser/Steinmüller, FR 2002, S. 1276; Brinkhaus, in: Brinkhaus/Scherer, Gesetz über Kapitalanlagegesellschaften Auslandinvestmentgesetz, Vor §§ 16 - 20 AuslInvestmG Rdn. 10 ff.

183 Vgl. Berger/Steck, ZBB 2003, S. 196.

§ 18 Abs. 3 AuslInvestmG wurden zunächst sämtliche Ausschüttungen des Fonds der Einkommensteuer unterworfen.[184] Unter dem Begriff Ausschüttungen waren dabei sämtliche für den jeweiligen Anteilinhaber aus dem Investmentvermögen als Anlagegewinn gezahlte Zuwendungen zu verstehen. Dies galt einschließlich der für ihn entrichteten Quellensteuern, unabhängig von der Gewinnerzielung oder gesellschaftsrechtlichen Gewinnerzielungsbeschlüssen.[185] Darüber hinaus waren 90 Prozent des Mehrbetrags zwischen dem ersten und dem letzten im Kalenderjahr festgesetzten Rücknahme- bzw. ermittelten Marktpreis steuerpflichtig, wobei mindestens 10 Prozent des im letzten Kalenderjahr ermittelten Wertes oder Marktpreises anzusetzen waren. Als Zwischengewinn wurden zudem bei Veräußerung oder Abtretung von Ansprüchen aus den Anteilen pauschal 20 Prozent des hierfür gezahlten Entgelts festgesetzt.[186]

Es hatte sich allerdings eine spezielle Form der Privatplatzierung für Hedgefonds herausgebildet, die sich an der Vorschrift des § 1 Abs. 2 AuslInvestmG orientierte.[187] Danach galten die Vertriebsvorschriften des AuslInvestmG nicht für solche ausländischen Investmentanteile, die an einer inländischen Börse zum amtlichen Handel oder zum geregelten Markt zugelassen waren, sofern kein Vertrieb im Sinne des § 1 Abs. 1 S. 1 AuslInvestmG erfolgte. Für den Fall, dass Wertpapiere von vornherein nur an bestimmte Anleger veräußert wurden, stellte die bloße Notierung im amtlichen Handel oder im geregelten Markt der Börse auch keinen öffentlichen Vertrieb dar. Dies galt allerdings nur dann, wenn sichergestellt war, dass diese Anleger die Wertpapiere nicht an solche Personen veräußerten, für die ein Informationsbedürfnis in Form eines Börsenprospektes bestand. Im Rahmen des § 1 Abs. 2 AuslInvestmG wurde von einer sogenannten Privatplatzierung über die Börse gesprochen.[188]

Die Vorzüge dieser speziellen Form der Privatplatzierung waren im Zusammenspiel mit der Bestimmung des § 17 AuslInvestmG ersichtlich. Diese Norm betraf die sogenannten „weißen Fonds“, die in Bezug auf Besteuerungsfragen teilweise

---

[184] Vgl. Brinkhaus, in: Brinkhaus/Scherer, Gesetz über Kapitalanlagegesellschaften Auslandinvestmentgesetz, § 18 AuslInvestmG Rdn. 38; Kayser/Steinmüller, FR 2002, S. 1276; Fock, RIW 2003, S. 121.

[185] Vgl. Brinkhaus, in: Brinkhaus/Scherer, Gesetz über Kapitalanlagegesellschaften Auslandinvestmentgesetz, § 17 AuslInvestmG Rdn. 7.

[186] Vgl. dazu Kayser/Steinmüller, FR 2002, S. 1276.

[187] Vgl. Berger/Steck, ZBB 2003, S. 196; Dittrich, Die Privatplazierung im deutschen Kapitalmarktrecht, S. 56 f.; wohl a.A. Gerke/Mager/Kiehn, ZBB 2002, S. 479.

[188] Vgl. dazu Dittrich, Die Privatplazierung im deutschen Kapitalmarktrecht, S. 52 f., 55, 57.

inländischen Sondervermögen gleichgestellt waren. [189] Nach § 17 Abs. 2 S. 1 Nr. 1 AuslInvestmG waren die Ausschüttungen derartiger Fonds insoweit beim Privatanleger steuerfrei, als sie Veräußerungsgewinne enthielten. Dies galt allerdings nur für diejenigen ausländischen Fonds, die im Inland zum öffentlichen Vertrieb berechtigt oder an einer deutschen Börse zum amtlichen Handel oder geregelten Markt zugelassen waren, wobei die erste Alternative erfahrungsgemäß ausschied. Neben diesen Voraussetzungen musste die jeweilige Investmentgesellschaft gemäß § 17 Abs. 3 Nr. 1 b AuslInvestmG einen Steuervertreter im Inland bestellen und der BaFin nach § 17 Abs. 3 Nr. 2 AuslInvestmG einen Nachweis über die Besteuerungsgrundlagen erbringen.[190] Dies stellte besonders für Hedgefonds eine praktische Schwierigkeit dar, zumal die Einkommensquellen ausländischer Fonds verschiedenartig und zumeist nur schwer unter deutsche Begriffsbestimmungen zu subsumieren sind.[191] Die Besteuerung erfolgte nach dem Grundsatz der Transparenz. Der Anleger sollte dabei weitgehend so besteuert werden, wie dies auch bei einer Direktanlage der Fall war.[192] In diesem Rahmen wurden nicht nur Ausschüttungen an den Anleger bei diesem versteuert, sondern auch sogenannte ausschüttungsgleiche Erträge und Zwischengewinne.[193] Bei ausschüttungsgleichen Erträgen handelte es sich gemäß § 17 Abs. 1 S. 1 AuslInvestmG um die vom ausländischen Investmentfonds thesaurierten Erträge.[194] Zwischengewinne im Sinne des § 17 Abs. 2 a AuslInvestmG fielen immer dann an, wenn bei unterjähriger Veräußerung der ausländischen Investmentanteile der Anteilsveräußerer ihm noch nicht ausgeschüttete oder als ausschüttungsgleiche Erlöse zuzurechnende Beträge über das Veräußerungsentgelt er-

---

[189] Vgl. Berger/Steck, ZBB 2003, S. 196.

[190] Von den aufgeführten weißen und schwarzen Fonds waren weiterhin die sogenannten grauen Fonds zu unterscheiden. War der jeweilige Fonds nicht in der für weiße Fonds beschriebenen Weise registriert, ergab sich die Besteuerung aus der Vorschrift des § 18 Abs. 2 AuslInvestmG. Dazu mußte die Investmentgesellschaft ebenfalls einen Steuervertreter in Deutschland bestellen und die jeweiligen Besteuerungsgrundlagen nachweisen. Die Besteuerung erfolgte dabei nach den gleichen Prinzipien wie denen der weißen Fonds. Zusätzlich waren jedoch für Privatanleger sämtliche ausgeschüttete und thesaurierte Veräußerungsgewinne des Fonds steuerpflichtig. Dies galt besonders für diejenigen Veräußerungsgewinne, die keinen der Spekulationstatbestände des § 23 Einkommensteuergesetz (EStG) erfüllten; vgl. dazu Fock, RIW 2003, S. 121; Kayser/Steinmüller, FR 2002, S. 1276.

[191] Vgl. Berger/Steck, ZBB 2003, S. 196.

[192] Vgl. Fock, BB 2003, S. 1589 f.; Baur, Investmentgesetze, Vor § 37 KAGG Rdn. 22 ff.

[193] Vgl. Brinkhaus, in: Brinkhaus/Scherer, Gesetz über Kapitalanlagegesellschaften Auslandinvestmentgesetz, § 17 AuslInvestmG Rdn. 7; Kayser/Steinmüller, FR 2002, S. 1275 f.; Fock, RIW 2003, S. 121.

[194] Vgl. dazu Fock, RIW 2003, S. 121; Brinkhaus, in: Brinkhaus/Scherer, Gesetz über Kapitalanlagegesellschaften Auslandinvestmentgesetz, § 17 AuslInvestmG Rdn. 7.

hielt.[195] Gewinne aus Veräußerungserlösen waren allerdings dann nicht steuerpflichtig, wenn es sich bei den ausländischen Investmentanteilen nicht um Betriebseinnahmen handelte.[196] Soweit Ausschüttungen, ausschüttungsgleiche Erträge oder Zwischengewinne steuerpflichtig waren, griffen gemäß § 17 Abs. 1 S. 1, 2. Hs. und Abs. 2 b AuslInvestmG weder das Halbeinkünfteverfahren noch die Steuerbefreiung nach § 8 b KStG.[197]

Die Privatplatzierung über die Börse stellte nicht für jeden Hedgefonds die geeignete Handlungsalternative dar. Privatplatzierungen sind zumeist sehr beratungsintensiv und verursachen hohe Vertriebskosten. Von Seiten der Anbieter erfolgt daher meist eine Konzentration auf wenige Personen, die in der Lage sind, verhältnismäßig hohe Beträge anzulegen. Es galt in diesem Zusammenhang nicht nur, börsenrechtliche Hindernisse zu überwinden, es hing vor allem auch von der Beschaffenheit der vom Fonds erzielten Einkünfte ab, ob sich die Vorzüge des § 17 AuslInvestmG auch auf den Privatanleger auswirkten.[198]

d) Fazit

Nach der früheren Rechtslage konnten, soweit ersichtlich, keine ausländischen Hedgefonds in Deutschland zum öffentlichen Vertrieb nach den Vorschriften des AuslInvestmG zugelassen werden. Der Praxis war allerdings mit der sogenannten Privatplatzierung über die Börse eine besondere Gestaltungsform gelungen. Diese stellte für Offshore-Fonds, deren Strategie besonders auf die Erzielung von Gewinnen aus der Veräußerung von Wertpapieren gerichtet war, eine geeignete Alternative dar.[199]

4. Auflage und Vertrieb von Dach-Hedgefonds

Die Konstruktion eines deutschen Dach-Hedgefonds scheiterte an der Bestimmung des § 25 l Abs. 1 KAGG.[200] Danach durfte ein Dachfonds sein Vermögen grundsätzlich nur in Anteilen an inländischen Publikumsfonds oder in ausländischen Investmentanteilen mit Vertriebszulassung in Deutschland anlegen. Wie

---

[195] Vgl. Brinkhaus, in: Brinkhaus/Scherer, Gesetz über Kapitalanlagegesellschaften Auslandinvestmentgesetz, § 17 AuslInvestmG Rdn. 7; Kayser/Steinmüller, FR 2002, S. 1275.

[196] Vgl Brinkhaus, in: Brinkhaus/Scherer, Gesetz über Kapitalanlagegesellschaften Auslandinvestmentgesetz, § 17 AuslInvestmG Rdn. 14.

[197] Vgl. Brinkhaus, in: Brinkhaus/Scherer, Gesetz über Kapitalanlagegesellschaften Auslandinvestmentgesetz, § 17 AuslInvestmG Rdn. 13.

[198] Vgl. Berger/Steck, ZBB 2003, S. 196.

[199] Vgl. Berger/Steck, ebd.; wohl a.A. Gerke/Mager/Kiehn, ZBB 2002, S. 479.

[200] Vgl. Luttermann/Backmann, ZIP 2002, S. 1019; von Livonius, WM 2004, S. 62.

bereits ausgeführt,[201] war aber nicht nur die Errichtung eines deutschen Hedgefonds nach der Maßgabe des KAGG praktisch verwehrt, sondern auch die Möglichkeit der Vertriebszulassung eines ausländischen Hedgefonds nahezu ausgeschlossen. § 2 Abs. 1 Nr. 4 lit. d AuslInvestmG stand zudem auch einer Zulassung für ausländische Dach-Hedgefonds in Deutschland entgegen.[202]

II. Alternative Strukturen

Als alternative Anlageformen in Hedgefondsstrukturen, die sich außerhalb der dargestellten Anlagerestriktionen bewegen, kamen neben der Beteiligung an inländischen Kapital- oder Personengesellschaften auch die sogenannten Hedgefondszertifikate in Betracht.[203] Dies ging auf die Tatsache zurück, dass Indexzertifikate nicht von Kapitalanlagegesellschaften emittiert wurden. Gemäß § 1 Abs. 1 und Abs. 6 KAGG umfasste deren Tätigkeitsfeld nicht die Emission von Inhaberschuldverschreibungen. Die Bestimmungen des KAGG fanden daher keine Anwendung. Im Rahmen dieser Anlagestrukturen konnten selbst Privatanleger mittelbar an der wirtschaftlichen Entwicklung von Hedgefonds oder von Hedgefondsreferenzaktiva (Indizes) partizipieren.[204]

1. Indexzertifikate

Unter Indexzertifikaten wurden Wertpapiere mit oder ohne Laufzeit verstanden, deren Wert sich an einem Referenzaktivum ausrichtete. Rechtlich gesehen handelte es sich dabei um Inhaberschuldverschreibungen im Sinne von § 793 Abs. 1 BGB.[205] Die jeweilige Emittentin, meist eine deutsche Geschäftsbank, versprach dem Inhaber des Indexzertifikates als Leistung die Zahlung eines bestimmten Geldbetrages am Ende der Laufzeit oder aber bei „open end-Zertifikaten" zu vertraglich festgesetzten Zeitpunkten.[206] Als inländisches Unternehmen war die jeweilige Bank dabei der Kontrolle der BaFin unterstellt, während für ausländische Unternehmen die §§ 53 ff. KWG galten.[207] Zudem verpflichtete sich die

[201] Vgl. oben, I. 1. und I. 3.
[202] Vgl. dazu von Livonius, WM 2004, S. 62.
[203] Vgl. Stamm/von Livonius, Absolutreport 10/2002, S. 43; von Livonius, ebd.; Kayser/Steinmüller, FR 2002, S. 1276 ff.; Eling, Kreditwesen 2006, S. 562.
[204] Vgl. dazu Berger/Steck, ZBB 2003, S. 197; Kayser/Steinmüller, FR 2002, S. 1277.
[205] Vgl. Luttermann/Backmann, ZIP 2002, S. 1019; Berger/Steck, ebd.
[206] Vgl. Kayser/Steinmüller, FR 2002, S. 1277; Luttermann/Backmann, ZIP 2002, S. 1019; Berger/Steck, ZBB 2003, S. 197.
[207] Vgl. Luttermann/Backmann, ZIP 2002, S. 1020.

Emittentin grundsätzlich dazu, die Anlagebeträge in einer den gewählten Index abbildenden Weise anzulegen. Die Höhe des im Einzelfall zurückzuzahlenden Betrages war dabei an die Indexentwicklung gekoppelt. Für die Hedgefondsindexzertifikate wurde meist nicht auf bereits bestehende Indizes zurückgegriffen. Es kam vielmehr zur Gestaltung künstlicher Indizes, die das Portfolio einer bestimmten Anzahl von Hedgefonds darstellten.[208] Mit einem Indexzertifikat nahm der jeweilige Anleger an der Entwicklung eines Hedgefondsportfolios teil, ohne jedoch der Verpflichtung zu unterliegen, die Basiswerte, die der zugrundeliegende Index verkörpert, zu erwerben.[209]

Nach § 8 S. 1 Wertpapierverkaufsprospektgesetz[210] (VerkProspG) war für das jeweilige Indexzertifikat ein Verkaufsprospekt an die BaFin zu übermitteln. Diese hatte gemäß § 8 a - § 8 e VerkProspG ein begrenztes materielles Prüfungsrecht. Eine Bewertung der Bonität oder Seriosität von Angebot und Anbieter fand jedoch nicht statt.[211]

2. Anwendbarkeit des AuslInvestmG auf Indexzertifikate

Die dargestellten Zertifikate wurden nicht nur von deutschen Geschäftsbanken und deren Tochtergesellschaften, sondern auch von ausländischen Finanzintermediären begeben. Fraglich war daher, inwiefern das AuslInvestmG auf der Ebene zwischen Emittentin und Investoren bzw. auf der Ebene zwischen Emittentin und Referenzaktivum anwendbar war. Dazu musste erneut auf die Legaldefinition der ausländischen Anteile in § 1 Abs. 1 AuslInvestmG abgestellt werden.[212] Nach der gefestigten Rechtsansicht der BaFin war das AuslInvestmG nicht auf diejenigen Indexzertifikate anzuwenden, deren Ausgabe durch eine deutsche Emittentin erfolgte.[213] Als Begründung wurde in diesem Zusammenhang ausgeführt, dass die deutschen Anleger lediglich Anteile an einer inländischen Emittentin erwarben. Die Einordnung als ausländische Investmentanteile im Sinne des § 1 Abs. 1 AuslInvestmG schied im Rahmen dieser Sichtweise aus.[214]

---

208 Vgl. Oho/Remmel, BB 2002, S. 1449; Luttermann/Backmann, ZIP 2002, S. 1019; Kayser/Steinmüller, FR 2002, S. 1277.
209 Vgl. Oho/Remmel, ebd.; von Livonius, WM 2004, S. 62.
210 VerkProspG vom 9. September 1998, BGBl. I, S. S. 2701.
211 Vgl. dazu Luttermann/Backmann, ZIP 2002, S. 1020; BAWe Jahresbericht 2000, S. 15.
212 Vgl. oben, I. 3. a).
213 Vgl. Berger/Steck, ZBB 2003, S. 197.
214 Vgl. Oho/Remmel, BB 2002, S. 1452; Kayser/Steinmüller, FR 2002, S. 1277; Berger/Steck, ebd.

Diese Auffassung blendete allerdings die Fragestellung aus, ob die deutsche Emittentin selbst möglicherweise einen ausländischen Investmentanteil im Sinne des § 1 Abs. 1 AuslInvestmG hielt, der in steuerlicher Hinsicht als schwarzer Fonds[215] zu qualifizieren war. Besonders im Bereich der Verknüpfung zwischen der Emittentin und dem Referenzaktivum mangelte es meist an Transparenz.[216] Einerseits bestand die Möglichkeit einer gesellschaftsrechtlichen Verknüpfung. Dabei hielt die inländische Emittentin einen Anteil an der ausländischen Gesellschaft (verbundenes Unternehmen), die ein Referenzaktivum abbildete. In diesem Fall wurde das Anlagevermögen mittelbar über das Indexzertifikat und den Anteil an dem verbundenen Unternehmen dem Hedgefondsportfolio zugeführt. Andererseits stellte die Verwendung eines sogenannten „total return swap" eine praxisnähere Form der Verknüpfung dar. Darunter wurde eine lediglich wirtschaftliche Verflechtung zwischen der deutschen Emittentin und dem ausländischen Partner, der das Referenzaktivum zusammenstellte, verstanden. Das von der deutschen Emittentin vereinnahmte Anlagevermögen wurde dem ausländischen Partner dabei zumindest wertmäßig auf der Grundlage einer schuldrechtlichen Vereinbarung zugeführt. Dieser bildete damit das Referenzaktivum ab. Sowohl die Zugewinne als auch die Liquidationserlöse flossen unter Abzug einer bestimmten Marge an die Emittentin zurück.[217] Der „total return swap" stellte zwar keinen Anteil im gesellschaftsrechtlichen Sinne dar, ein solcher wurde von der BaFin allerdings auch nicht als Voraussetzung für die Anwendung des § 1 Abs. 1 AuslInvestmG gefordert.[218] Dabei war es unbeachtlich, ob der jeweilige Anteil Miteigentum am Fondsvermögen verkörperte, nur einen schuldrechtlichen Anspruch auf Beteiligung in bestimmter Höhe gewährte oder mitgliedschaftliche Rechte umfasste. Vor allem kam es nicht auf die jeweilige Verbriefung des Anteils an.[219] Ein Anteil im Sinne des AuslInvestmG war vielmehr ein Recht, das dem Inhaber einen Anspruch auf Teilhabe an den wesentlichen wirtschaftlichen Chancen und Risiken eines ausländischen Vermögens vermittelte. Maßgebend für die Beurteilung war somit eine wirtschaftliche Betrachtung.[220]

---

[215] Vgl. oben, I. 3. c).
[216] Vgl. Berger/Steck, ZBB 2003, S. 197.
[217] Vgl. Berger/Steck, ZBB 2003, S. 197 f.
[218] Vgl. Berger/Steck, ZBB 2003, S. 198.
[219] Vgl. Oho/Remmel, BB 2002, S. 1450; Berger/Steck, ZBB 2003, S. 198.
[220] Vgl. Baur, Investmentgesetze, § 1 AuslInvestmG Rdn. 27; Pfüller/Schmitt, in: Brinkhaus/Scherer, Gesetz über Kapitalanlagegesellschaften Auslandinvestment-Gesetz, § 1 AuslInvestmG Rdn. 24.

Das Marktvolumen der deutschen Hedgefondszertifikate hatte bereits normative Kraft entfaltet. Die Frage der Anwendbarkeit des AuslInvestmG auf der Ebene zwischen Emittentin und Referenzaktivum wurde daher von der BaFin für Indexzertifikate deutscher Emittentinnen nicht mehr aufgegriffen. Für eine Beurteilung des innerdeutschen Vertriebs derartiger Zertifikate durch ausländische Emittentinnen hätte die BaFin darüber hinaus genaue Informationen über die Verknüpfung mit dem Referenzaktivum erhalten müssen.[221]

3. Zwischenergebnis

Es bleibt somit festzuhalten, dass Hedgefondszertifikate grundsätzlich weder durch die Restriktionen des KAGG noch durch die Beschränkungen und das Steuerregime des AuslInvestmG erfasst wurden. Auch auf der Ebene zwischen Emittentin und Referenzaktivum, deren Verknüpfung oftmals sehr intransparent war, wurde kein ausländischer Anteil im Sinne des § 1 Abs. 1 AuslInvestmG durch die BaFin angenommen, so dass auch in dieser Konstellation eine Anwendung des AuslInvestmG ausscheidet.

[221] Vgl. Berger/Steck, ZBB 2003, S. 198.

D. Ausländische Regelungen

I. Regelungsansätze in den U.S.A.

1. Anwendbarkeit des U.S.-amerikanischen Investmentrechts auf Hedgefonds

Hedgefonds genießen in den U.S.A. eine weitgehende Regelungsfreiheit. Sie sind überwiegend nicht nach U.S.-amerikanischem Bundeswertpapierrecht registriert und werden überwiegend in den sogenannten Offshore-Jurisdiktionen gegründet.[222] In Bezug auf die Organisationsstruktur sind sie meist als sogenannte „limited partnership" ausgestaltet, die einer Kommanditgesellschaft kontinentaleuropäischen Rechts vergleichbar ist. Dies geht auf steuerrechtliche Erwägungen zurück. Ziel ist in diesem Zusammenhang die Vermeidung einer Doppelbesteuerung, also sowohl auf Fonds- als auch auf Anlegerebene. Die Gewinne werden lediglich als Einkommen der Gesellschafter besteuert (sogenanntes „pass-through tax treatment"). Die strengen Voraussetzungen des Einkommensteuerrechts für regulierte Investmentgesellschaften müssen dagegen nicht erfüllt werden.[223] Die Haftung des „general partner" ist unbeschränkt, während sich diejenige der Anleger als „limited partner" auf die Höhe der jeweiligen Einlage erstreckt.[224] Der „general partner" ist meist identisch mit dem Fondsmanager, der die Investmententscheidungen in Eigenregie trifft. In Ausnahmefällen wird er von externen Investmentmanagern oder spezialisierten Beratern bei seiner Entscheidungsfindung unterstützt.[225] Bei Hedgefonds ist der „general partner" jedoch zumeist keine natürliche Person, die einer unbegrenzten Haftung unterliegt, sondern selbst eine „limited liability company".[226]

---

[222] Vgl. Luttermann/Backmann, ZIP 2002, S. 1020; Berger/Steck, ZBB 2003, S. 198 f.; Gibson, Temple Law Review 2000, S. 688.

[223] Vgl. dazu Steck, Regulierung von U.S.-amerikanischen Investmentgesellschaften (Investment Companies), S. 189 f.; Luttermann/Backmann, ebd.; Report of the President's Working Group on Financial Markets, Hedge Funds, Leverage, and the Lessons of Long-Term Capital Management, S. B 1.

[224] Vgl. Steck, Regulierung von U.S.-amerikanischen Investmentgesellschaften (Investment Companies), S. 189; Nicholas, Investing in Hedge Funds, S. 39; Merkt, U.S.-amerikanisches Gesellschaftsrecht, S. 114 Rdn. 106 ff.

[225] Vgl. Pichl, Hedge Funds – Eine praxisorientierte Einführung, S. 43.

[226] Vgl. Steck, Regulierung von U.S.-amerikanischen Investmentgesellschaften (Investment Companies), S. 189; eine sogenannte „limited liability company" ist eine Personengesellschaft („noncorporate form"), deren Gesellschafter sich aktiv am Management beteiligen und Kontrolle ausüben, aber dennoch im Unterschied zu einer „partnership" grundsätzlich nur einer beschränkten Haftung unterliegen.

Für Hedgefonds sind besonders die Vorschriften des Investment Company Act von 1940[227] sowie die Registrierung nach dem Securities Act von 1933[228] zu beachten. Weitere Anknüpfungspunkte sind zudem der Investment Advisers Act von 1940[229] und der Securities Exchange Act von 1934.[230] Zwecks einer flexibleren Handhabung werden diese Regulierungsansätze jedoch in der Praxis über den Weg von Befreiungstatbeständen vermieden.[231] Die Regelungen des U.S.-amerikanischen Wertpapierrechts bezüglich der Investmentgesellschaften sind umfassend und kommen lediglich dann nicht zur Anwendung, wenn durch spezifische Konstruktionen gesetzliche Ausnahmetatbestände genutzt werden.[232]

2. Investment Company Act von 1940

a) Regelungsbereich

Der sogenannte Investment Company Act von 1940 (ICA) stellt ein komplexes Regelwerk dar, das zum Ziel hat, Interessenkonflikte und übermäßige Gebühren zu Lasten der Anleger der jeweiligen Investmentgesellschaft zu vermeiden. Die Vorschriften betreffen dabei die Struktur und das Tagesgeschäft der „investment company".[233] Die erforderliche Begriffsbestimmung erfolgt in Section 3(a)(1)(A) ICA[234]. Eine sogenannte „investment company" wird im Rahmen dieser Vorschrift als eine Emittentin von Anteilsscheinen definiert, deren vorrangige Geschäftstätigkeit in der Anlage in und dem Handel mit Wertpapieren besteht. Erfüllt eine Investmentgesellschaft die in Section 3(a)(1)(A) ICA normierten Voraussetzungen, begründet dies eine Registrierungspflicht bei der U.S. Securities Exchange Commission (SEC).[235] Der Tätigkeitsschwerpunkt U.S.-amerikanischer Hedgefonds liegt regelmäßig in der Anlage von Wertpapieren im Namen ihrer Anleger, so dass sie als „investment company" im Sinne des

---

227 15 U.S.C. 80a-1 et seq.

228 15 U.S.C. § 77a et seq.

229 15 U.S.C. § 80b-1 et seq.

230 15 U.S.C. § 78a et seq.

231 Vgl. Gatsik, Suffolk University Law Review 2001, S. 601 f.; Berger/Steck, ZBB 2003, S. 199; Gibson, Temple Law Review 2000, S. 688; Luttermann/Backmann, ZIP 2002, S. 1020.

232 Vgl. Spindler/Bednarz, WM 2006, S. 560; Strench, Insights, Volume 16, Number 9, 2002, S. 7 f.

233 Vgl. Gibson, Temple Law Review 2000, S. 693 f.; Friedrich/Bahr, Hedge Funds die Königsklasse der Investments, S. 214; Gatsik, Suffolk University Law Review 2001, S. 604.

234 15 U.S.C. 80-3(a)(1)(A).

235 Vgl. dazu 15 U.S.C. 80a-7, 80a-8, die Regelungen zu den Transaktionen von unregistrierten Investment Companies und der Registrierung von Investment Companies enthalten.

ICA zu qualifizieren sind.[236] Im Gegensatz zu den Bestimmungen des KAGG wird zunächst jede Gestaltung, die als Kapitalsammelstelle fungiert und für eine passive Kapitalanlage geeignet ist, von den Bestimmungen des ICA erfasst. Ziel dieses Regelungsansatzes ist ein umfassender Anlegerschutz im Investmentfondsbereich, durch den ohne den Willen des Gesetzgebers oder der Aufsichtsbehörde keine Fondsstrukturen im sogenannten grauen Kapitalmarkt entstehen können. Zu einer Korrektur unerwünschter Regelungsergebnisse kommt es, wie bereits angeführt,[237] über die Normierung von Ausnahme- und Befreiungstatbeständen.[238]

b) Ausnahmetatbestand in Section 3(c)(1) ICA

Ein Ausnahmetatbestand zu den investmentrechtlichen Einschränkungen des ICA ist in Section 3(c)(1) ICA[239] aufgeführt. Um die Einschränkungen einer „investment company" im Rahmen des ICA zu vermeiden, muss der jeweilige Fonds zwei Voraussetzungen erfüllen.

aa) Private Placement

Die jeweilige Emittentin darf zunächst zum Vertrieb ihrer Wertpapiere kein öffentliches Angebot abgeben. Ein solches liegt nach der Praxis der SEC immer dann nicht vor, wenn die Eigenschaften des jeweiligen Angebots der Vorschrift der Section 4(2) des SA[240] über ein private placement entsprechen.[241] Dies setzt voraus, dass öffentliche Werbemaßnahmen im Zusammenhang mit dem Angebot unterbleiben.[242] Darüber hinaus ist es Aufgabe des Fondsmanagements, darauf zu achten, dass nur befähigte Investoren eingebunden werden. Von einer Befähigung des jeweiligen Anlegers ist dabei in den Fällen auszugehen, in de-

---

236 Vgl. dazu Gibson, Temple Law Review 2000, S. 694.
237 Vgl. oben, I. 1.
238 Vgl. Berger/Steck, ZBB 2003, S. 195.
239 15 U.S.C. 80a-3(c)(1).
240 15 U.S.C. § 77d(2).
241 Vgl. Gibson, Temple Law Review 2000, S.695; Steck, Regulierung von U.S.-amerikanischen Investmentgesellschaften (Investment Companies), S. 192 f.
242 Vgl. Roth, in: Lederman/Klein, Hedge Funds, S. 146; Berger/Steck, ZBB 2003, S. 199; Steck, Regulierung von U.S.-amerikanischen Investmentgesellschaften (Investment Companies), S. 193, der zudem ausführt, daß ein öffentliches Angebot bereits dann vorliegen kann, wenn die Namen der Fondsmanager in Inhaltsverzeichnissen oder in Zeitungsartikeln auftauchen, so daß ein unmittelbarer Zusammenhang zu den von ihnen verwalteten Hedgefonds hergestellt werden kann.

nen dieser über ausreichende Erfahrung und Sachkenntnis verfügt, um das mit der Fondsanlage verbundene Risiko einzuschätzen.[243]

bb) Begrenzung der Anlegerzahl

(1) Die 100-Personen-Grenze

Die Ausnahmeregelung der Section 3(c)(1) ICA begrenzt darüber hinaus die Summe der Anteilsinhaber auf höchstens 100 Personen. Dies könnte zur Folge haben, dass der jeweilige Hedgefonds in regelmäßigen Abständen die genaue Anzahl der Investoren ermitteln muss, um die Voraussetzungen des Befreiungstatbestandes auch weiterhin zu erfüllen.[244] Die Regulierungsfreiheit für derartige Investmentgesellschaften geht auf die Erwägung zurück, dass aufgrund der verhältnismäßig geringen Anlegerzahl kein öffentliches Interesse für eine Regulierung besteht. Dieses tritt vielmehr hinter dem erheblichen Verwaltungsaufwand zurück, der ohne eine solche Befreiung entstehen würde.[245]

(2) Herkömmliches Berechnungsverfahren

Bei der Ermittlung der 100-Personen-Grenze im Bereich der Anleger kam bis zum Erlass des National Securities Markets Improvement Act (NSMIA) von 1996[246] ein eher unübersichtliches Berechnungsverfahren zum Einsatz. Während es bei den natürlichen Personen zur einfachen Addition der Anleger kam, war eine genaue Bestimmung bei den juristischen Personen („corporations“) erschwert. In diesem Bereich stellte sich insbesondere die Frage der Berechnungsmethode. Möglich war hier einerseits, die Gesellschaft als einen Fondsanleger („public investor“) zu sehen oder aber ein sogenanntes „look through“ durchzuführen, bei dem jeder einzelne Gesellschafter als Fondsanleger in die Berechnung einfließt.[247] Nach alter Rechtslage war ein „look through“ bei denjenigen Anlegern anzuwenden, die mindestens 10 Prozent der stimmberechtigten Anteile des Fonds hielten („first 10%-test“).[248] Durch diese Regelung sollte aus Anlegerschutzgründen die Umgehung der Voraussetzungen des vorliegen-

---

[243] Vgl. Roth, in: Lederman/Klein, Hedge Funds, S. 146.; Steck, Regulierung von U.S.-amerikanischen Investmentgesellschaften (Investment Companies), S. 193.

[244] Vgl. dazu Roth, in: Lederman/Klein, Hedge Funds, S. 155; Gibson, Temple Law Review 2000, S. 694; Gatsik, Suffolk University Law Review 2001, S. 605.

[245] Vgl. Steck, Regulierung von U.S.-amerikanischen Investmentgesellschaften (Investment Companies), S. 193.

[246] Public Law 104-290-Oct. 11, 1996, 104th Congress.

[247] Vgl. Roth, in: Lederman/Klein, Hedge Funds, S. 155; Gibson, Temple Law Review 2000, S. 694 f.; Gatsik, Suffolk University Law Review 2001, S. 605 f.; Steck, Regulierung von U.S.-amerikanischen Investmentgesellschaften (Investment Companies), S. 193.

[248] 15 U.S.C. 80a-3(c)(1)(A) (a. F).

den Befreiungstatbestandes verhindert werden. Dies konnte etwa durch die Zwischenschaltung einer Gesellschaft geschehen, die ihre Anteile in der Folge ungehindert öffentlich vertreiben konnte. Die unbegrenzte Anzahl von mittelbar Fondsbeteiligten widerspricht jedoch dem Sinn der in Rede stehenden Ausnahmeregelung, die von einem privaten Investment als Grundlage der regulatorischen Befreiung ausgeht.[249]

Nach einer einschränkenden Bestimmung war ein „look through" jedoch dann nicht durchzuführen, wenn die jeweilige Gesellschaft weniger als 10 Prozent des Gesamtvermögens in private Investmentfonds angelegt hatte („second 10% Test").[250]

(3) Vereinfachung durch den NSMIA von 1996

Aufgrund der aufgezeigten Undurchsichtigkeit des Berechnungsverfahrens wurden vom Gesetzgeber im Rahmen des NSMIA von 1996 Anpassungen vorgenommen. Nach der neuen Rechtslage wird eine Gesellschaft („corporation") grundsätzlich als ein einziger Fondsanleger bewertet und das beschriebene „look through-Verfahren" nicht mehr durchgeführt.[251] Auch nach der neuen Bestimmung sind jedoch gewisse Einschränkungen zu beachten. Danach muss es sich bei der zugrundeliegenden Gesellschaft um eine sogenannte „operating company" handeln. Liegt dagegen eine „investment company" vor, wird weiterhin ein „look through" in Form des „first 10%-test" durchgeführt, mit der Folge, dass jeder einzelne Gesellschafter als wirtschaftlicher Eigentümer der Fondsanteile gezählt wird.[252] Die Einschränkung des „look through-Verfahrens" durch den dargestellten „second 10%-test" wurde dagegen aufgegeben.[253]

Die Vereinfachungen im Rahmen des NSMIA von 1996 kommen den Hedgefondsverwaltern entgegen. Es besteht nun nicht mehr die Gefahr, dass eine Gesellschaft durch ihre Kapitalanlage die gesamte Befreiungswirkung der Section 3(c)(1) ICA aufhebt. Zudem ist es nicht erforderlich, dass der jeweilige Anleger im Rahmen des „second 10%-test" Nachweise über die Zusammensetzung

---

[249] Vgl. dazu Steck, Regulierung von U.S.-amerikanischen Investmentgesellschaften (Investment Companies), S. 194.
[250] 15 U.S.C. 80a-3(c)(1)(A) (a. F).
[251] 15 U.S.C. 80a-3(c)(1)(A).
[252] Vgl. 15 U.S.C. 80a-3(c)(1)(A); Steck, Regulierung von U.S.-amerikanischen Investmentgesellschaften (Investment Companies), S. 194; Gatsik, Suffolk University Law Review 2001, S. 606; Report of the President's Working Group on Financial Markets, Hedge Funds, Leverage, and the Lessons of Long-Term Capital Management, S. B 1, speziell Fußnote 2.
[253] Vgl. Steck, Regulierung von U.S.-amerikanischen Investmentgesellschaften (Investment Companies), S. 194.

seines Investmentvermögens erbringt. Besonders hervorzuheben ist aber, dass der jeweilige Hedgefonds seinen Status als „private investment company" im Sinne des Ausnahmetatbestandes nicht nachträglich verlieren kann.

c) Ausnahmetatbestand in Section 3(c)(7) ICA

Mit der Umsetzung des NSMIA von 1996 wurde zudem mit Section 3(c)(7) ICA eine weitere Ausnahmevorschrift in den ICA aufgenommen. Diese normiert Befreiungen für diejenigen Fonds, deren Anlegerstruktur sich durch eine besondere Kapitalkraft auszeichnet (sogenannte „qualified purchaser funds").

aa) Ergänzung durch den NSMIA von 1996

Auch die „qualified purchaser funds" im Sinne der Bestimmung in Section 3(c)(7) ICA dürfen ihre Anteilsscheine lediglich im Wege der Privatplatzierung vertreiben.[254] Weitere Voraussetzung für das Eingreifen dieses Ausnahmetatbestandes ist jedoch die Einordnung der Anleger als „qualified purchaser". Ziel dieser Regelung war dabei, die für ein kontinuierliches Fondswachstum hinderliche 100-Personen-Grenze aufzuweichen. Die Vorteile des angeführten Befreiungstatbestandes sollten auch den bereits bestehenden „private investment companies" zugute kommen. Ihnen wurde daher durch eine sogenannte „grandfather provision" die Möglichkeit eingeräumt, sich in einen „qualified purchaser fund" umzuwandeln.[255]

bb) Unbegrenzte Anlegerzahl

Im Gegensatz zum Befreiungstatbestand in Section 3(c)(1) ICA unterliegen die Fonds, die die Voraussetzungen der Ausnahmeregelung in Section 3(c)(7) ICA erfüllen, keinerlei Beschränkungen bezüglich der Anlegerzahl.[256] Die angeführte 100-Personen-Grenze findet in diesem Zusammenhang keine Anwendung. Eine Unterteilung der Anleger in natürliche oder juristische Personen ist daher unbeachtlich. Ein Hedgefonds, der eine Befreiung im Sinne der Section 3(c)(7) ICA anstrebt, wird die Anlegerzahl jedoch typischerweise unterhalb einer

---

[254] 15 U.S.C. 80a-3(c)(7)(A).

[255] Altanleger dürfen dabei an dem neuen Fonds auch dann teilhaben, wenn sie selbst keine qualifizierten Anleger im Sinne der neuen Vorschrift sind. Voraussetzung ist lediglich, daß die Anteile vor dem 1. Oktober 1996 gekauft wurden; vgl. Steck, Regulierung von U.S.-amerikanischen Investmentgesellschaften (Investment Companies), S. 195.

[256] Vgl. Gibson, Temple Law Review 2000, S. 696; Gatsik, Suffolk University Law Review 2001, S. 614.

500-Personen-Grenze lassen, um eine Registrierungspflicht bei der SEC nach den Bestimmungen des Securities Exchange Act zu vermeiden.[257]

cc) Anlegerqualifikation („qualified purchaser")

Bei den Anlegern muss es sich um „qualified purchaser" handeln. Bei der im Rahmen des Befreiungstatbestands vorzunehmenden Qualifizierung ist zwischen individuellen und institutionellen Anlegern zu unterscheiden.

Der Begriff „qualified purchaser" findet auf individuelle Anleger immer dann Anwendung, wenn sie Investmentpositionen im Werte von mindestens 5 Millionen U.S.-Dollar halten.[258] Die Bestimmung umfasst nicht nur Wertpapiere im herkömmlichen Sinne, sondern darüber hinaus auch Immobilien, Warenterminkontrakte und Bargeldpositionen oder bargeldähnliche Vermögenswerte, soweit sie zu Anlagezwecken gehalten werden.[259] In diesem Zusammenhang ist jedoch weiter zu beachten, dass eine Abzugspflicht für Fremdkapital besteht. Bei der Bewertung des jeweiligen Anlegers ist demnach jede Verschuldung wertmindernd zu berücksichtigen, die gezielt für den Aufbau entsprechender Investmentpositionen eingegangen wurde.[260]

Demgegenüber unterfällt ein institutioneller Investor lediglich dann dem Begriff des „qualified purchaser", wenn er über Anlagepositionen im Umfang von mindestens 25 Millionen U.S.-Dollar verfügt.[261]

Der Grund für die dargestellte Ausnahmeregelung ist die Überzeugung des Gesetzgebers, dass wohlhabende Privatanleger ebenso wie institutionelle Investoren zum Selbstschutz fähig sind.

---

[257] Section 12(g)(1)(B) SEA i. V. m. Rule 12g-1 SEA (15 U.S.C. § 78l(g)(1)(B) i. V. m. 17 .F.R. 240.12g-1), die normieren, daß ein innerstaatlicher Fonds ab einer Anlegerzahl von 500 Personen und einem Gesamtanlagevermögen von mehr als 10 Millionen U.S.-Dollar verpflichtet ist, eine Registrierung bei der SEC vorzunehmen. Da die meisten Fonds im Sinne von Section 3(c)(7) ICA mehr als 10 Millionen U.S.-Dollar an Anlagekapital verwalten, werden sie die Zahl auf maximal 499 Investoren begrenzen; Report of the President's Working Group on Financial Markets, Hedge Funds, Leverage, and the Lessons of Long-Term Capital Management, S. B-3; Gibson, Temple Law Review 2000, S. 696.

[258] 15 U.S.C. 80a-2(a)(51)(A)(i).

[259] Vgl. Steck, Regulierung von U.S.-amerikanischen Investmentgesellschaften (Investment Companies), S. 197.

[260] 17 C.F.R. 270.2a51-1(e); vgl. Reiser, Legal Considerations for Domestic Hedge Funds, S. 576.

[261] 15 U.S.C. 80a-2(a)(51)(A)(iv).

3. Securities Act von 1933

Der Securities Act von 1933 (SA) reguliert das Anbieten und den Vertrieb von Wertpapieren.[262] Das Gesetz trifft dabei sowohl Regelungen bezüglich der Darbietung von Informationen über das Fondsmanagement als auch bezüglich der Absatzpolitik und der Unternehmensziele. Dies führt zu einer Begrenzung der öffentlichen Werbung für den jeweiligen Fonds.[263] Speziell die Bestimmung in Section 5 SA[264] verbietet das Angebot und das Vertreiben von Wertpapieren ohne eine vorherige Registrierung durch die SEC. Hedgefonds sind daher vor dem Vertrieb ihrer Anteile an die jeweiligen Investoren gezwungen, eine Registrierung bei der SEC vorzunehmen, soweit kein Ausnahmetatbestand eingreift. Vor dem Eingang des Registrierungsantrags bei der SEC ist dabei jedes Angebot zum Kauf bzw. Verkauf von Wertpapieren ausgeschlossen. Darüber hinaus ist der Verkauf von Wertpapieren auch während der Wartefrist zwischen Antragseingang und Wirksamwerden der Registrierung untersagt.[265]

a) Ausnahmetatbestand in Section 4(2) SA und Rule 506 der Regulation D

Zur Vermeidung der Registrierungspflicht gestalten die Hedgefonds ihre Geschäftstätigkeit in der Regel nach den Voraussetzungen des Befreiungstatbestandes in Section 4(2) SA.[266] Danach sind diejenigen Emittenten von der Registrierungspflicht in Section 5 SA ausgenommen, die ihre Anteile im Wege einer Privatplatzierung, also in einem nicht-öffentlichen Angebot vertreiben. Dies geht auf die Erwägung des Gesetzgebers zurück, dass eine Registrierung dann nicht vorgenommen werden muss, wenn kein öffentliches Interesse an einer gezielten Regulierung besteht.[267] Bei der Frage, ob ein öffentliches Angebot vorliegt, sind verschiedene Gesichtspunkte abzuwägen. Diese schließen insbesondere die Art der den Anlegern zugänglichen Informationsmaterialien, deren Anlageerfahrung und die Anzahl der Angebotsempfänger und Käufer ein. Der jeweilige Emittent unterfällt dabei immer dann der Ausnahmeregelung in Section 4(2) SA, wenn ein nicht-öffentliches Angebot an institutionelle Investoren oder aber an natürliche Personen vorliegt, die über eine hinreichende Anla-

---

[262] Vgl. Gibson, Temple Law Review 2000, S. 688; Gatsik, Suffolk University Law Review 2001, S. 602.
[263] Vgl. Friedrich/Bahr, Hedge Funds die Königsklasse der Investments, S. 214.
[264] 15 U.S.C. § 77e.
[265] Vgl. dazu Gibson, Temple Law Review 2000, S. 689.
[266] 15 U.S.C. § 77d(2); Gatsik, Suffolk University Law Review 2001, S. 602; Roth, in: Lederman/Klein, Hedge Funds, S. 146; Gibson, Temple Law Review 2000, S. 689.
[267] Vgl. Temple Law Review 2000, S. 689.

geerfahrung verfügen und eine nicht unerhebliche Finanzkraft besitzen.[268] Amerikanische Hedgefonds begrenzen ihre Anlegerstruktur typischerweise auf unter hundert Investoren, die sich aus wohlhabenden und finanzerfahrenen Privatpersonen und institutionellen Anlegern zusammensetzen.[269] Der Befreiungstatbestand der Section 4(2) SA ist daher regelmäßig anwendbar.

Der jeweilige Fonds kann sich darüber hinaus immer dann auf den Befreiungstatbestand der Section 4(2) SA stützen, wenn die Emission der Wertpapiere in einem nicht-öffentlichen Angebot nach den Bestimmungen der Rule 506 der Regulation D[270] erfolgt. Im Rahmen dieser Regelung ist keine betragsmäßige Begrenzung der angebotenen Wertpapiere zu beachten.[271] Eine Einschränkung der Anlegerzahl ist zudem nur dann einzuhalten, wenn die Investoren nicht als sogenannte „accredited investors" zu qualifizieren sind.[272] Dieser Begriff ist in Rule 501(a) der Regulation D definiert[273] und umfasst unter anderem natürliche Personen, die über ein Einkommen von mehr als 200.000 U.S.-Dollar bzw. mit Ehepartner von mehr als 300.000 U.S.-Dollar verfügen[274] oder aber alleine bzw. mit ihrem Ehepartner ein Nettovermögen von über 1 Million U.S.-Dollar aufweisen.[275] Die Anzahl der sogenannten „unaccredited investors" wird demgegenüber auf 35 begrenzt.[276] Aus praktischen Gründen wird die Anlegerstruktur von U.S.-Hedgefonds jedoch meist auf „accredited investors" beschränkt, so dass die letztgenannte Bestimmung von lediglich untergeordneter Bedeutung ist.[277]

Auch wenn Hedgefonds, wie dargestellt, die Möglichkeit haben, die Regulierungen des SA zu umgehen, müssen sie die möglichen Investoren vor deren Anlageentscheidung mit allen relevanten Informationen über die zugrundelie-

---

[268] Vgl. Roth, in: Lederman/Klein, Hedge Funds, S. 146; Gibson, Temple Law Review 2000, S. 689.
[269] Vgl. Eichengreen/Mathieson, Hedge Funds and Financial Market Dynamics, International Monetary Fund Occasional Paper 166, S. 4.
[270] 17 C.F.R. § 230.506.
[271] Vgl. Roth, in: Lederman/Klein, Hedge Funds, S. 146; Gibson, Temple Law Review 2000, S. 690.
[272] Vgl. Gibson, ebd.
[273] Vgl. 17 C.F.R. § 230.501(a), der 8 Kategorien von Angebotsempfängern und Käufern auflistet, die unter den Begriff „accredited investor" fallen; vgl. auch 17 C.F.R. § 230.215, der eine Definition des Begriffs „accredited investor" enthält.
[274] 17 C.F.R. § 230.501(a)(6).
[275] 17 C.F.R. § 230.501(a)(5).
[276] 17 C.F.R. § 230.506(b)(2).
[277] Vgl. Gibson, Temple Law Review 2000, S. 690.

genden Wertpapiere in einem Emissionsprospekt versorgen.[278] Zudem muss der jeweilige Fonds den Investoren in regelmäßigen Abständen geprüfte Bilanzen zukommen lassen.[279] Weiterhin muss jede Wertpapieremission, die die Voraussetzungen eines Befreiungstatbestandes erfüllt, innerhalb von 15 Tagen nach dem ersten Verkauf der Anteile der SEC auf einem speziellen Formblatt angezeigt werden („Notice of Sale on Form D"). Wird eine solche „Notice of Sale on Form D" unterlassen, kann der Fonds für die zugrundeliegende Emission zwar immer noch auf die Befreiung in Regulation D zurückgreifen, für die Zukunft besteht jedoch die Gefahr, dass ihm dies von Seiten der SEC verwehrt wird.[280]

b) Zwischenergebnis

Es bleibt somit festzuhalten, dass auch der Verkauf von nicht registrierten Anteilen zulässig ist, solange sichergestellt ist, dass das der Emission zugrundeliegende Angebot nicht öffentlich ist. Zeitungsanzeigen scheiden in diesem Zusammenhang ebenso aus wie unaufgefordertes Telefonmarketing, das sogenannte „cold calling".[281]

4. Investment Advisers Act von 1940

a) Regelungsbereich

Die in den U.S.A. angesiedelten Manager eines Hedgefonds könnten nach dem Investment Advisers Act von 1944 (IAA) als sogenannte Investmentberater („investment adviser") bei der SEC registrierungspflichtig sein.[282] Der Begriff „investment adviser" wird dabei definiert als eine Person, deren Geschäftstätigkeit darin besteht, gegen Vergütung Dritte direkt oder durch Publikationen und schriftliche Stellungnahmen über den Wert ihrer Anlage zu beraten bzw. Empfehlungen bezüglich des Kaufs oder Verkaufs von Wertpapieren auszusprechen.[283] Der „general partner" eines Hedgefonds fällt dabei regelmäßig unter die Begriffsbestimmung eines Investmentberaters.[284] Dies gilt auch dann, wenn der

[278] Vgl. Eichengreen/Mathieson, Hedge Funds and Financial Market Dynamics, International Monetary Fund Occasional Paper 166, S. 12.
[279] Vgl. Gibson, Temple Law Review 2000, S. 691.
[280] Vgl. Roth, in: Lederman/Klein, Hedge Funds, S. 149; Gibson, ebd.
[281] Vgl. dazu Friedrich/Bahr, Hedge Funds die Königsklasse der Investments, S. 214.
[282] Vgl. 15 U.S.C. § 80b-3(a).
[283] 15 U.S.C. § 80b-2(a)(11), der folgende Begriffsbestimmung enthält: *„...any person, who for compensation, engages in the business of advising others, either directly or through publications or writings, as to the value of securities or as to the advisability of investing in, purchasing, or selling securities..."*
[284] Vgl. Karmel, 80 Notre Dame Law Review 2005, S. 923.

zugrundeliegende Hedgefonds die Voraussetzungen für eine Ausnahme von den Regulierungen des ICA erfüllt.[285]

Um der beschriebenen Registrierungspflicht zu entgehen, greifen die Hedgefondsmanager regelmäßig auf die Befreiung in Section 203(b)(3) IAA[286] zurück, die als sogenannte „small advisers exception" bezeichnet wird.[287]

b) Ausnahmetatbestand in Section 203(b)(3) IAA

Zur Befreiung von der im IAA normierten Registrierungspflicht[288] müssen die Fondsmanager verschiedene Voraussetzungen erfüllen. Nach Section 203(b)(3) IAA darf die Anzahl der Klienten des jeweiligen Investmentberaters die 14-Personen-Grenze nicht übersteigen. Zudem ist es ihm untersagt, öffentlich als Investmentberater aufzutreten bzw. als Investmentberater einer registrierten Investmentgesellschaft („investment company") oder einer sogenannten „business development company" gemäß der Bestimmung in Section 54 ICA[289] zu agieren.

Rule 203(b)(3)-1(a)(2)(i) IAA[290] enthält eine Definition des Begriffs Klient („client") im Zusammenhang mit dem Befreiungstatbestand in Section 203(b)(3) des IAA. Danach fallen unter die Begriffsbestimmung neben natürlichen Personen auch juristische Personen. So wird beispielsweise eine „limited partnership" nach Rule 203(b)(3)-1(a)(1) IAA[291] unter bestimmten Voraussetzungen als ein Klient des jeweiligen Investmentberaters gezählt. Dies ist von besonderer Bedeutung für den jeweiligen „general partner" eines Hedgefonds. Es ermöglicht, die „limited partnership" in ihrer Gesamtheit als einen Klienten zu zählen und nicht etwa jeden „limited partner" einzeln aufzuführen. Dies gilt allerdings nur für den Fall, dass deren Anlage in Wertpapieren besteht und sich die Beratung des „general partner" auf die Anlageziele der „limited partnership" beschränkt. Eine individuelle Betreuung einzelner „limited partner" ist dagegen untersagt.[292]

---

[285] Vgl. oben, I. 2. b) u. c).
[286] 15 U.S.C. § 80b-3(b)(3).
[287] Vgl. dazu Report of the President's Working Group on Financial Markets, Hedge Funds, Leverage, and the Lessons of Long-Term Capital Management, S. B-3; 15 U.S.C. 80b-3(b)(3).
[288] Vgl. 15 U.S.C. § 80b-3(a).
[289] 15 U.S.C. § 80a-54.
[290] 17 C.F.R. § 275.203(b)(3)-1(a)(2)(i).
[291] 17 C.F.R. § 275.203(b)(3)-1(a)(1).
[292] Vgl. dazu 17 C.F.R. § 275.203(b)(3)-1(a)(2)(i).

Von einem öffentlichen Auftritt als Investmentberater geht die SEC immer dann aus, wenn die betreffende Person in Telefonbüchern oder fachspezifischen Verzeichnissen aufgelistet ist. Als weiteres Indiz gilt zudem die Absichtsäußerung gegenüber bestehenden Klienten oder der Öffentlichkeit, neue Klienten aufnehmen zu wollen, oder aber die Benutzung eines Briefkopfs, der auf die Tätigkeit als Investmentberater schließen lässt.[293] Nach der Rule 203(b)(3)-1(c) IAA[294] liegt ein öffentlicher Auftritt als Investmentberater allerdings dann nicht vor, wenn dieser an einem nicht öffentlichen Wertpapierangebot beteiligt ist.[295]

c) Zwischenergebnis

Die „general manager" von Hedgefonds sind demnach in der Lage, durch die spezielle Gestaltung ihrer Geschäftstätigkeit die Voraussetzungen des Befreiungstatbestandes in Section 203(b)(3) IAA zu erfüllen. Dadurch kann die im IAA normierte Registrierungspflicht für „investment adviser" vermieden werden.

5. Securities Exchange Act von 1934

Während sich der SA lediglich mit dem Angebot und dem Vertrieb von Wertpapieren befasst, erstreckt sich der Securities Exchange Act von 1934 (SEA) auf sämtliche Transaktionen mit Wertpapieren.[296] Nach der Vorschrift in Section 15(a) SEA müssen sowohl „broker" als auch „dealer" eine Registrierung bei der SEC vornehmen und die von ihnen gehaltenen Wertpapiere offenlegen.[297]

a) Registrierungspflicht in Section 15(a) SEA

Hedgefonds und ihre Manager könnten nach den Bestimmungen der Section 15(a) SEA registrierungspflichtig sein. Der Begriff „broker" wird dabei definiert als jede Person, deren Geschäftstätigkeit in der Ausführung von Wertpapiertransaktionen für fremde Rechnung besteht.[298] Die Hedgefonds und ihre „general partner" sind allerdings nur für eigene Rechnung tätig. Eine Qualifizierung als „broker" scheidet damit aus.[299]

---

[293] Vgl. dazu Gibson, Temple Law Review 2000, S. 698.
[294] 17 C.F.R. § 275.203(b)(3)-1(c).
[295] Vgl. 17 C.F.R. § 275.203(b)(3)-1(c).
[296] Vgl. Gibson, Temple Law Review 2000, S. 691.
[297] Vgl. 15 U.S.C. § 78o.
[298] Vgl. U.S.C. 78c(a)(4), der unter anderem ausführt: *"The term "broker" means any person engaged in the business of effecting transactions in securities for the account of others."*.
[299] Vgl. dazu speziell Roth, in: Lederman/Klein, Hedge Funds, S. 149; Gibson, Temple Law Review, S. 692.

Der Begriff „dealer“ bezeichnet eine Person, die für eigene Rechnung durch einen „broker“ oder auf andere Weise Wertpapiere kauft bzw. verkauft.[300] Von dieser Begriffsbestimmung sind jedoch Personen ausgenommen, die zwar für eigene Rechnung entweder im eigenen Namen oder treuhänderisch Wertpapiere kaufen bzw. verkaufen, bei denen dies aber nicht als Teil ihrer regelmäßigen Geschäftstätigkeit anzusehen ist.[301] Diese Bestimmung wird auch als „trader exception“ bezeichnet.[302] Hedgefonds und ihre Manager betreiben den Handel mit Wertpapieren lediglich für eigene Rechnung. Dies ist jedoch nicht als Teil ihrer regulären Geschäftsausübung zu werten. Hedgefonds sind daher typischerweise von der Registrierungspflicht in Section 15(a) SEA ausgenommen, zumal sie auch die von der SEC angeführten Voraussetzungen für die Einordnung als „dealer“ nicht erfüllen.[303]

b) Zwischenergebnis

Es bleibt demnach festzuhalten, dass Hedgefonds ebenso wie auch ihre Manager weder als „broker“ noch als „dealer“ zu qualifizieren sind. Die in Section 15(a) SEA normierte Registrierungspflicht ist demnach für Hedgefonds und ihre Manager nicht einzuhalten. Die meisten Hedgefondsmanager können daher jegliche Form der Registrierung nach den Vorschriften des U.S.-Kapitalmarktrechts durch Ausnahmetatbestände vermeiden.

6. Anlegerschutz unter den Gesichtspunkten von Schutzbedürftigkeit und Selbstschutzfähigkeit

a) Konzept des „sophisticated investor“

Maßgebend für die Beurteilung des Anlegerschutzes im Kapitalmarktrecht der U.S.A. war nach der bisherigen Rechtslage das Konzept des sogenannten „sophisticated investor“. Dieses bezeichnet einen erfahrenen Investor und betrifft

---

[300] Vgl. 15 U.S.C. § 78c(a)(5)(A): *"The term "dealer" means any person engaged in the business of buying and selling securities for such person's own account through a broker or otherwise."*.

[301] Vgl. 15 U.S.C. § 78c(a)(5)(B): *"The term "dealer" does not include a person that buys or sells securities for such person's own account, either individually or in a fiduciary capacity, but not as part of a regular business."*.

[302] Vgl. dazu Report of the President's Working Group on Financial Markets, Hedge Funds, Leverage, and the Lessons of Long-Term Capital Management, S. B-4.

[303] Vgl.Roth, in: Lederman/Klein, Hedge Funds, S. 149 f.; Gibson, Temple Law Review 2000, S. 692.

allgemein die Schutzbedürftigkeit von Anlegern.[304] Im Rahmen der Einordnung als „sophisticated investor" wird dabei zwischen Publikumsanlegern und institutionellen Anlegern unterschieden.[305]

Ihren Ursprung hatte diese Form der Anlegerklassifizierung in der Entscheidung *SEC v. Ralston Purina Co.*[306] des U.S. Supreme Court. Diese beinhaltete die Befreiung von der Registrierungspflicht für ein sogenanntes „non public offering" im Sinne der Section 4(2) SA[307]. Die Richter stellten dabei für die in Rede stehende Ausnahmevorschrift zwei Voraussetzungen heraus:

Die Empfänger des jeweiligen Angebots mussten einerseits zur Vertretung ihrer Interessen in der Lage sein und andererseits sollten den Investoren dieselben Informationen zur Verfügung stehen, die bei einem sogenannten „public offering" zu veröffentlichen waren.[308]

Die Einordnung als „sophisticated investor" führt dazu, dass lediglich von einer verminderten Schutzbedürftigkeit auf Anlegerseite ausgegangen wird.[309] Dieser Ansatz hat an verschiedenen Stellen Eingang in die U.S.-Kapitalmarktregeln gehalten. Die Definitionen für das Konzept des „sophisticated investor" sind jedoch verschieden. Im SA hat der U.S. Kongress, wie bereits dargestellt,[310] mehrere Kriterien für die Einordnung als sogenannter „accredited investor" genannt.[311] Die SEC setzt demgegenüber derzeit nach den Bestimmungen des NSMIA von 1996 die Bezeichnung des „qualified purchaser" um und zielt damit auf eine einheitliche Regelung im Sinne des in Rule 501(a) der Regulation D aufgeführten Begriffs des „accredited investor".[312]

---

[304] Vgl. Luttermann/Backmann, ZIP 2002, S. 1021; Spindler/Bednarz, WM 2006, S. 560; Edwards, in. Baums/Cahn, Hedge Funds, Risks and Regulation, S. 30.

[305] Vgl. Luttermann, Unternehmen, Kapital und Genußrechte – Eine Studie über Grundlagen der Unternehmensfinanzierung und zum internationale Kapitalmarktrecht, S. 544 ff.; Luttermann, ZIP 2001, S. 1906.

[306] 346 U.S. 119 (1953).

[307] 15 U.S.C. § 77d(2).

[308] Vgl. dazu Elben, RIW 1998, S. 109 f.; Luttermann/Backmann, ZIP 2002, S. 1021.

[309] Vgl. Luttermann/Backmann, ebd.; Deutsche Bundesbank, Monatsbericht März 1999 – Hedge-Fonds und ihre Rolle auf den Finanzmärkten, S. 42 f.; Luttermann, Unternehmen, Kapital und Genußrechte – Eine Studie über Grundlagen der Unternehmensfinanzierung und zum internationale Kapitalmarktrecht, S. 545; Edwards, in. Baums/Cahn, Hedge Funds, Risks and Regulation, S. 30.

[310] Vgl. oben, I. 3. a).

[311] Vgl. Section 2(a)(15)(i) und (ii) SA, in der unter anderem von *„such factors as financial sophistication, net worth, knowledge, and experience in financial matters, or amount of assets under management"* gesprochen wird.

[312] Vgl. dazu oben, I. 3. a); 17 C.F.R. § 230.501(a) und 17 C.F.R. § 230.215.

Grundlage der einzelnen Bestimmungen ist jeweils die Überzeugung des Gesetzgebers, wonach eine Schutzbedürftigkeit der Investoren mit zunehmendem Wohlstand abnimmt.[313] Die Klientel der Hedgefonds bestand bisher fast ausschließlich aus vermögenden Privatanlegern und institutionellen Investoren. Dies wiederum wirft die Frage auf, ob finanzstarke Publikumsanleger und institutionelle Anleger in den Kreis der schutzwürdigen Personen einzubeziehen sind oder aber ihr Vermögen ein Indiz für ihre Selbstschutzfähigkeit darstellt.[314] Ein öffentliches Interesse für den Schutz von Kapitalanlagen in Hedgefonds würde zumindest dann bestehen, wenn eine ausgeprägte Informationsasymmetrie zwischen Emittentin und Anleger zu bejahen wäre, wie sie etwa bei Banken und wenig informierten Kleinanlegern zu unterstellen ist.[315]

b) Ökonomische Erwägungen und Anlegerschutz im U.S.-amerikanischen Kapitalmarktrecht

aa) Deregulierungsmaßnahmen des NSMIA von 1996

Speziell die Deregulierungsmaßnahmen des NSMIA von 1996 im Rahmen des ICA erleichtern die Tätigkeit von Hedgefonds. Ziel des Gesetzgebers war es dabei, durch weniger Reglementierung für Entlastung im Bereich der sogenannten erfahrenen Anleger zu sorgen, die Liquidität zu steigern und zugleich mehr ausländische Teilnehmer für den U.S.-amerikanischen Kapitalmarkt zu gewinnen.[316] Einerseits wurde die Rechtsunsicherheit der 100-Personen-Grenze im Zusammenhang mit Section 3(c)(1) ICA[317] verringert, andererseits erlaubt die eingeführte Section 3(c)(7) ICA[318], wie bereits ausgeführt,[319] eine unbeschränkte Investorenzahl. Falls daher die Anlagestrategie des jeweiligen Hedgefonds eine Vergrößerung des zugrundeliegenden Fondsvermögens erfordert, sind dessen Manager nicht mehr auf zusätzliche Mittel der bisherigen Investoren angewie-

---

[313] Vgl. Steck, Regulierung von U.S.-amerikanischen Investmentgesellschaften (Investment Companies), S. 199.

[314] Vgl. Deutsche Bundesbank, Monatsbericht März 1999 – Hedge-Fonds und ihre Rolle auf den Finanzmärkten, S. 42 f; Steck, ebd.; von Livonius, WM 2004, S. 61.

[315] Vgl. Kremer, Politikoptionen zur Begrenzung von Hedge-Fonds-Risiken, S. 226, in: Conrad/Stahl, Risikomanagement an internationalen Finanzmärkten, Systemrisiken – Crashpotential – Anlagemanagement - Risikosteuerung; Deutsche Bundesbank, Monatsbericht März 1999 – Hedge-Fonds und ihre Rolle auf den Finanzmärkten, S. 42 f.

[316] Vgl. dazu Steck, Regulierung von U.S.-amerikanischen Investmentgesellschaften (Investment Companies), S. 198 f.

[317] 15 U.S.C. 80a-3(c)(1).

[318] 15 U.S.C. 80a-3(c)(7).

[319] Vgl. oben, I. 2. c) bb).

sen. Der jeweilige Manager kann vielmehr neue Anleger in Form eines nichtöffentlichen Angebots anwerben.[320]

Der amerikanische Gesetzgeber ging speziell bei seiner Novellierung von einer gesteigerten ökonomischen Bedeutung der regelungsfreien Investmentgesellschaften aus, denen ein überdurchschnittliches Wachstum bescheinigt wurde. Durch die vorgenommene Deregulierung sollte die Abwanderung von Hedgefonds in sogenannte Offshore Märkte und eine damit einhergehende Kapitalflucht zumindest verringert werden. Angestrebt wird dadurch eine Verbesserung der Liquidität des U.S.-amerikanischen Kapitalmarktes, was wiederum zu einer Verbesserung der Refinanzierungsmöglichkeiten junger Wachstumsunternehmen führen kann, die von der überdurchschnittlichen Risikobereitschaft von Hedgefonds profitieren.[321] Als Ausprägung des Anlegerschutzes ist auf die Qualifikation der einzelnen Investoren einzugehen, deren zentrales Merkmal die jeweilige Vermögensbeschaffenheit darstellt. Dies führt zu der bereits angesprochenen Abwägung zwischen Schutzbedürftigkeit und Selbstschutzfähigkeit. In diesem Zusammenhang ist jedoch fraglich, ob eine auf dem Vermögen des jeweiligen Investors basierende Differenzierung sachgemäß ist und die Teilnahmeentscheidung über den Zugang zu Märkten nicht vielmehr eigenverantwortlich getroffen werden sollte.[322]

bb) Abwägung zwischen der Schutzbedürftigkeit und der Selbstschutzfähigkeit bei institutionellen Anlegern

Die Selbstschutzfähigkeit institutioneller Anleger ist anhand der Frage zu beurteilen, inwiefern sie aufgrund ihrer Investitionserfahrung zu einer sachgerechten Bewertung der zugrundeliegenden Risiken in der Lage sind. Dabei muss es ihnen möglich sein, ihre Interessen gegenüber dem Emittenten aufgrund einer vergleichbaren Verhandlungsstärke selbst zu wahren.[323]

Unter den Bestimmungen des ICA unterfällt ein institutioneller Investor immer nur dann der Anlegerqualifikation des sogenannten „qualified purchaser", wenn er Anlagepositionen im Umfang von mindestens 25 Millionen U.S.-Dollar vor-

---

[320] Vgl. Steck, Regulierung von U.S.-amerikanischen Investmentgesellschaften (Investment Companies), S. 198.

[321] Vgl. Steck, Regulierung von U.S.-amerikanischen Investmentgesellschaften (Investment Companies), S. 198 f.

[322] Vgl. Luttermann/Backmann, ZIP 2002, S. 1022; Luttermann, ZIP 2001, S. 1906.

[323] Vgl. dazu Luttermann, Unternehmen, Kapital und Genußrechte – Eine Studie über Grundlagen der Unternehmensfinanzierung und zum internationale Kapitalmarktrecht, S. 545; Elben, RIW 1998, S. 108 ff.

weisen kann.[324] Es ist daher unter Zugrundelegung rein quantitativer Definitionskriterien davon auszugehen, dass der jeweilige institutionelle Anleger nicht nur in der Lage ist, sich das erforderliche Fachwissen für die zugrundeliegende Risikoanlage zu verschaffen, sondern dass er auch über ein eigenes Risikomanagement verfügt.[325]

Zumindest für den Anlageprozess von Banken, Versicherungs- und Industrieunternehmen ist eine die Schutzbedürftigkeit übersteigende Selbstschutzfähigkeit zu bejahen. Dies geht auch auf die Tatsache zurück, dass selbst beträchtliche Verluste grundsätzlich nicht zu einem sofortigen Konkurs des jeweiligen Unternehmens führen. In diesem Zusammenhang ist jedoch zu beachten, dass die U.S.-amerikanischen Pensionsfonds und Versicherungen die am schnellsten wachsende Gruppe im Bereich der institutionellen Investoren sind.[326] Das Vermögen eines Pensionsfonds verkörpert dabei die Alterssicherung einer beträchtlichen Anzahl von Arbeitnehmern. Es ist daher zwar grundsätzlich von einer Selbstschutzfähigkeit institutioneller Anleger auszugehen, der mögliche Verlust von Sozialkapital wie beispielsweise im Landkreis Orange County sollte aber eine differenziertere Betrachtung der Schutzwürdigkeit in diesem Anlegersegment anregen.[327]

cc) Abwägung zwischen der Schutzbedürftigkeit und der Selbstschutzfähigkeit bei Privatanlegern

Fraglich ist weiterhin, ob auch Privatanleger, wie es dem Konzept des „sophisticated investor" entspricht, zum Selbstschutz fähig sind. Die in Rule 501(a) der Regulation D aufgeführte Definition des „accredited investor"[328] mit den für diese Anlegerqualifikation erforderlichen Einkommensuntergrenzen bzw. dem

---

[324] Vgl. 15 U.S.C. § 80a-2(a)(51)(A)(iv).

[325] Vgl. Steck, Regulierung von U.S.-amerikanischen Investmentgesellschaften (Investment Companies), S. 199 f.

[326] Vgl. Cottier, Hedge Funds and Managed Futures, S. 111; Spindler/Bednarz, WM 2006, S. 555.

[327] Vgl. Steck, Regulierung von U.S.-amerikanischen Investmentgesellschaften (Investment Companies), S. 190; die Gebietskörperschaft Orange County hatte in einen durch ihren Schatzmeister verwalteten Hedgefonds 7,5 Milliarden U.S.-Dollar eingebracht. Das Fondsvermögen wurde mit Hilfe von kurzfristigem Fremdkapital auf ca. 20 Milliarden U.S.-Dollar aufgestockt, wobei der Anlageschwerpunkt aus Derivaten bestand. Durch Fehleinschätzungen des Marktes kam es in kürzester Zeit zu einem Verlust von 1,5 Milliarden U.S.-Dollar, der den Landkreis dazu zwang, Gläubigerschutz nach Kapitel 9 des U.S. Bundeskonkursgesetzes zu beantragen. Der anschließende Konkurs des Investmentfonds führte zu finanziellen Beeinträchtigungen von mehr als 180 staatlichen Körperschaften.

[328] Vgl. 17 C.F.R. § 230.501(a).

mindestens geforderten Nettovermögen lässt keinen Rückschluss auf das persönliche Fachwissen der Investoren zu. Auch die im Rahmen des ICA für einen sogenannten „qualified purchaser" geforderten Anlagepositionen in Höhe von 5 Millionen U.S.-Dollar geben keinen Aufschluss, ob der jeweilige Anleger unmittelbar auf eigene Investmentexperten zurückgreifen kann.[329] Nach dem Ansatz des U.S.-amerikanischen Kapitalmarktrechts ist jedoch die bloße Fähigkeit des jeweiligen Investors zum Selbstschutz unabhängig vom persönlichen Kenntnisstand ausreichend. Dies wird dabei höher bewertet als der Gesichtspunkt der Schutzbedürftigkeit vor einem möglichen Vermögensverlust.[330] Durch ihre Finanzkraft werden auch Privatanleger in die Lage versetzt, sich der qualitativ hochwertigen Beratung Dritter zu versichern.[331] Eine informierte Anlageentscheidung ist demnach trotz teilweise beträchtlicher Informationskosten zumindest möglich. Ob der damit erreichte Schutz der Anleger als ausreichend gewertet werden kann, ist jedoch zweifelhaft, zumal auch vermögende Privatinvestoren, die über mindestens 5 Millionen U.S.-Dollar verfügen, in eine existenzgefährdende Situation geraten können. Darüber hinaus verfolgen die hinzugezogenen externen Berater zumeist auch wirtschaftliche Eigeninteressen, so dass sich das von ihnen bezüglich der Anlage vermittelte Wissen von dem institutioneller Anleger unterscheidet.[332]

Im U.S.-amerikanischen Kapitalmarktrecht wird anhand quantitativer Definitionskriterien eine Einordnung bezüglich der Anlegerqualifikation getroffen. Dies führt zu der Sichtweise, dass lediglich vermögende Einzelpersonen oder aber bestimmte institutionelle Anleger in der Lage sind, die Risiken einer Hedgefondsinvestition zu tragen und zu verstehen. Unabhängig von der Einordnung als sogenannter „sophisticated investor", verblieb nach der bisherigen Rechtslage ein erhebliches Informationsdefizit bezüglich der Aktivitäten der zumeist unregistrierten Hedgefonds. Über einen Zeitraum von fünf Jahren hat die SEC 51 Betrugsfälle mit einem Gesamtvolumen von 1,1 Milliarden U.S.-Dollar verfolgt.[333] Auch wenn diese Zahlen zunächst vergleichsweise gering erscheinen, verraten sie dennoch signifikante Schwachstellen im Bereich des Anlegerschut-

[329] Vgl. dazu Steck, Regulierung von U.S.-amerikanischen Investmentgesellschaften (Investment Companies), S. 200.
[330] Vgl. dazu Steck, Regulierung von U.S.-amerikanischen Investmentgesellschaften (Investment Companies), S. 201.
[331] Vgl. Steck, Regulierung von U.S.-amerikanischen Investmentgesellschaften (Investment Companies), S. 200.
[332] Vgl. Steck, ebd.
[333] Vgl. „SEC Adopting Release", S. 72056; Spindler/Bednarz, WM 2006, S. 555; zu den jüngsten Betrugsfällen vgl. oben, A.

zes. Dieser Ausbeutung und Irreführung von Investoren durch Hedgefondsmanager versuchte die SEC durch eine teilweise Neuregelung des IAA entgegenzuwirken.

7. Die Einführung von Rule 203(b)(3)-2 IAA und die Registrierungspflicht als „investment adviser" für bestimmte Hedgefondsmanager

a) Überblick

Nach langwierigen Untersuchungen durch die Mitarbeiter der SEC kam es am 29. September 2003 zur Veröffentlichung eines Berichts, der sich eingehend mit dem Erfordernis einer verschärften Regulierung von Hedgefonds im U.S.-Kapitalmarktrecht befasste.[334] Dabei wurden von der SEC mehrere Kritikpunkte an der bis dahin bestehenden Rechtslage besonders hervorgehoben. Dazu gehörten vor allem die mangelnden Informationen bezüglich der Anlageaktivitäten von Hedgefonds und die im Vergleich zu registrierten Investmentgesellschaften („investment companies") und Investmentberatern („investment advisers) fehlenden Untersuchungsbefugnisse der Aufsichtsbehörde.[335] Nach Ansicht der SEC stellte dies ein großes Hindernis für den frühzeitigen Schutz der Hedgefondsinvestoren vor betrügerischen Verhaltensweisen des jeweiligen Fondsmanagers dar. Zwar sind auch die nicht registrierten Fonds den Betrugsvorschriften des U.S.-Kapitalmarktrechts unterworfen; im Gegensatz zu registrierten Investmentberatern, die periodisch überprüft werden, konnten Maßnahmen für die erstgenannte Fondskategorie jedoch erst dann ergriffen werden, wenn bereits hohe Anlageverluste auf Seiten der Investoren aufgetreten waren. Darüber hinaus war es unter diesen Umständen kaum möglich, Anleger anderer Investmentfonds in Konstellationen zu schützen, in denen Hedgefonds selbst als Investoren auftreten.[336]

Diese von der SEC aufgezeigten Problempunkte führten am 20. Juli 2004 zu einem Regelungsvorschlag („Proposal")[337], der schwerpunktmäßig die Einführung der neuen Rule 203(b)(3)-2 IAA[338] („New Rule") und damit die Registrierungspflicht bestimmter Fondsmanager als „investment adviser" vorsah. Diese

---

[334] SEC's Staff Report regarding the "Implications of the Growth of Hedge Funds".
[335] SEC's Staff Report regarding the "Implications of the Growth of Hedge Funds", S. 77 ff.; Sano, Alternatives to the Increased Regulation of Hedge Funds, The Investment Lawyer 2004, Vol. 11, No. 7, S. 3.
[336] Vgl. Sano, ebd.
[337] Das „SEC-Proposal" ist im Internet abrufbar unter: http://www.sec.gov/rules/proposed/ia-2266.htm (Datum des Abrufs: 6. August 2006).
[338] 17 C.F.R. § 275.203(b)(3)-2.

zunächst nur vorgeschlagene Regelung wurde am 26. Oktober 2004 zusammen mit Neuerungen bei bereits bestehenden Vorschriften des IAA beschlossen.[339] Am 2. Dezember 2004 folgte daraufhin noch der sogenannte „Adopting Release" der Behörde, der neben Ausführungen zur Zielsetzung des Gesetzes auch die neuen bzw. überarbeiteten Regelungen des IAA enthält.[340]

Anstoß der neuen Regelung war dabei nicht nur das immer stärkere Wachstum der U.S.-Hedgefondsbranche, sondern auch das immer größere Anlagevolumen kleinerer Investoren, die indirekt durch Dach-Hedgefonds oder durch Pensionsfonds an derartigen Fonds beteiligt sind.[341] Während im Anschluss an die LTCM-Krise noch der Schutz vor systemischen Risiken im Vordergrund stand, wurde nun zusätzlich der Gesichtspunkt des Anlegerschutzes besonders betont.[342] Darüber hinaus war der beschriebene Ausnahmetatbestand in Section 203(b)(3) IAA[343] i. V. m. Rule 203(b)(3)-1 (a. F.) IAA[344] nach dem Gesetzeszweck lediglich für Investmentberater mit einer kleinen Zahl von Klienten bestimmt.[345] Der Sinn und Zweck der Ausnahmeregelung spricht daher gegen eine Anwendung auf Hedgefonds.

b) Das neue „look-through"-Erfordernis bei „private funds" im Sinne von Rule 203(b)-2(a) IAA

Wie bereits ausgeführt, konnten die jeweiligen Hedgefondsmanager einer Registrierungspflicht als „investment adviser" durch die sogenannte „small advisers exception" gemäß Section 203(b)(3) IAA[346] i. V. m. Rule 203(b)(3)-1 (a. F.) IAA[347] entgehen.[348] Dadurch war der jeweilige Fondsmanager in der Lage, in einem Zeitraum von 12 Monaten bis zu vierzehn unterschiedliche private Fonds

339 Vgl. dazu Miller/Haskin/Bergman, The Investment Lawyer 2005, Vol. 12, No. 2, S. 7.
340 „SEC Adopting Release", S. 72054 ff.
341 Vgl. „SEC Adopting Release", S. 72057 ff.; Miller/Haskin/Bergman, The Investment Lawyer 2005, Vol. 12, No. 2, S. 8.
342 Vgl. MacHarg, in: Baums/Cahn, Hedge Funds, Risks and Regulation, S. 74; Spindler/Bednarz, WM 2006, S. 601.
343 15 U.S.C. § 80b-3(b)(3).
344 17 C.F.R. § 275.203(b)(3)-1.
345 Vgl. „SEC Adopting Release", S. 72054; Miller/Haskin/Bergman, The Investment Lawyer 2005, Vol. 12, No. 2, S. 8.
346 15 U.S.C. § 80b-3(b)(3).
347 17 C.F.R. § 275.203(b)(3)-1.
348 Vgl. oben, I. 4. b).

zu beraten, solange die Voraussetzungen von Section 203(b)(3) IAA[349] erfüllt waren.[350]

Die neu eingeführte Rule 203(b)(3)-2 IAA[351], die am 10. Februar 2005[352] in Kraft getreten ist und deren Bestimmungen bis zum 1. Februar 2006[353] umgesetzt sein mussten, modifiziert die Berechnungsmethode für die Anzahl der Klienten des jeweiligen Investmentberaters für sogenannte „private funds".[354] Nach Rule 203(b)(3)-2(a) IAA[355] ist für die Bestimmung der Klientenzahl eines Investmentberaters im Rahmen des Ausnahmetatbestandes von Section 203(b)(3) IAA[356] ein „look through" durchzuführen. Dabei sind alle Anleger des Fonds einzeln in die Berechnung der 14-Personen-Grenze von Section 203(b)(3) IAA[357] aufzunehmen. Durch die neu eingeführte Rule 203(b)(3)-2(a) IAA[358] wird allerdings klargestellt, dass im Rahmen dieser Berechnung weder der Investmentberater selbst noch bestimmte besonders qualifizierte Angestellte zu berücksichtigen sind, die unter die Begriffsbestimmung eines sogenannten „qualified client" im Sinne von Rule 205-3(d)(1)(iii) IAA[359] fallen.[360]

Ein Hedgefonds in Form einer „limited partnership", der die Merkmale eines „private fund" erfüllt, wird daher nicht mehr wie bisher als ein Klient des Investmentberaters gesehen. Eine Einordnung des jeweiligen Fonds als „private fund" ergibt sich dabei aus den Bestimmungen der neu eingeführten Rule 203(b)(3)-1(d) IAA[361]. Danach liegt ein „private fund" immer dann vor, wenn der zugrunde liegende Fonds die Ausnahmetatbestände in Section 3(c)(1) ICA[362] oder Section 3(c)(7) ICA[363] heranzieht, um eine Registrierung nach dem ICA zu vermeiden, und die Anleger keiner Mindesthaltefrist von zwei Jahren unterlie-

---

349 15 U.S.C. § 80b-3(b)(3).
350 Vgl. dazu Miller/Haskin/Bergman, The Investment Lawyer 2005, Vol. 12, No. 2, S. 8.
351 17 C.F.R. § 275.203(b)(3)-2.
352 Vgl. dazu „SEC Adopting Release", S. 72077.
353 Vgl. dazu „SEC Adopting Release", ebd.
354 Vgl. Miller/Haskin/Bergman, The Investment Lawyer 2005, Vol. 12, No. 2, S. 8.
355 17 C.F.R. § 275.203(b)(3)-2(a).
356 15 U.S.C. § 80b-3(b)(3).
357 Ebd.
358 17 C.F.R. § 275.203(b)(3)-2.
359 17 C.F.R. § 275.205-3(d)(1)(iii).
360 Vgl. Miller/Haskin/Bergman, The Investment Lawyer 2005, Vol. 12, No. 2, S. 9; „SEC Adopting Release", S. 72070.
361 17 C.F.R. § 275.203(b)(3)-1(d).
362 15 U.S.C. 80a-3(c)(1).
363 15 U.S.C. 80a-3(c)(7).

gen. Darüber hinaus muss das Angebot der Fondsanteile unter besonderer Betonung der Fähigkeiten und Expertise des jeweiligen Investmentberaters erfolgt sein. Dabei erstreckt sich das „look-through"-Erfordernis auf sämtliche Berater des Fonds. Der jeweilige Investmentberater hat daher keine Möglichkeit, die Voraussetzungen von Rule 203(b)(3)-1(d) IAA[364] durch die Delegation der Beratungsfunktion zu umgehen.[365]

Der Ausnahmetatbestand für Investmentberater mit weniger als vierzehn Klienten erfordert einen Rückblick auf die vorangegangenen zwölf Monate. Dabei ist jedoch zu beachten, dass die neue „look-through"-Regelung nicht rückwirkend gilt.[366] Der jeweilige Investmentberater muss den Rückblick auf die vorangegangenen zwölf Monate daher erst seit dem 1. Februar 2006 vornehmen.

Die Einführung von Rule 203(b)(3)-2 IAA[367] ergab allerdings keine Änderung der Bestimmungen in Rule 203A-1 IAA[368]. Die Schwelle der Anlagebeträge für das Registrierungserfordernis sind nach Rule 203A-1(a)(1)(i) IAA 30 Millionen U.S.-Dollar. Liegt allerdings in einem U.S.-Bundesstaat eine gesetzliche Regelung für die Aktivitäten von Investmentverwaltern vor, so ist eine Registrierungspflicht des Beraters bei einer Anlagesumme zwischen 25 und 30 Millionen U.S.-Dollar gemäß den Bestimmungen von Rule 203A-1(a)(2) IAA lediglich optional.[369] Besonders qualifizierte Angestellte werden mit ihrem Investitionsbeitrag nicht in die Gesamtanlagesumme eingerechnet.[370]

c) Ausnahmetatbestände

aa) Fonds mit einer Haltefrist („lock-up") von mindestens 2 Jahren

Nach Rule 203(b)(3)-1 IAA[371] fallen Fonds mit einer Mindesthaltefrist ab zwei Jahren nicht unter die Begriffsbestimmung eines „private fund". Dadurch sollen Private-Equity- und Venture-Capital-Fonds von einer möglichen Registrie-

---

364 17 C.F.R. § 275.203(b)(3)-1(d).
365 Vgl. „SEC Adopting Release", S. 72075, speziell Fußnote 243.
366 Vgl. „SEC Adopting Release", S. 72077, speziell Fußnote 273; Miller/Haskin/Bergman, The Investment Lawyer 2005, Vol. 12, No. 2, S. 9.
367 17 C.F.R. § 275.203(b)(3)-2.
368 17 C.F.R. § 275.203A-1.
369 Vgl. Steinwurtzel/Salter/Barletta/Barshay/Forbes/Raviv/Morris, Banking & Financial Services Policy Report 2005, Vol. 24, No. 1, S. 2, speziell Fußnote 2; Miller/Haskin/Bergman, The Investment Lawyer 2005, Vol. 12, No. 2, S. 11.
370 Vgl. Miller/Haskin/Bergman, The Investment Lawyer 2005, Vol. 12, No. 2, S. 9; „SEC Adopting Release", S. 72071.
371 17 C.F.R. § 275.203(b)(3)-1.

rungspflicht ausgenommen werden.[372] Hedgefondsmanager könnten daher auch nach der neuen Rechtslage die Einordnung als „private fund" und damit ein „look through" vermeiden, indem sie die Haltefristen innerhalb ihrer Fonds auf mindestens zwei Jahre festsetzen.

Da die „look-through"-Berechnungsmethode erst seit dem 1. Februar 2006 von der SEC durchgeführt wird, ist Rule 203(b)(3)-2 IAA[373] nur auf die Berater derjenigen Fonds anwendbar, die nach diesem Datum zusätzliches Kapital von bereits bestehenden oder neuen Investoren angenommen haben bzw. annehmen.[374] Darüber hinaus muss die zweijährige Mindesthaltefrist auf jede Kapitalanlage eines Investors in einem bestimmten Fonds gesondert angewandt werden. Darunter fallen allerdings gemäß Rule 203(b)(3)-1(d)(2)(ii) IAA nicht die Reinvestition von Gewinnen oder sonstige Einkünfte aus der Kapitalanlage.[375] Aus dem Regelungsinhalt von Rule 203(b)(3)-2 IAA geht zudem hervor, dass der Wechsel des Kapitalanlegers von einem Fonds zu einem anderen Fonds desselben Beraters die Mindesthaltefrist von zwei Jahren erneut beginnen lässt.[376] Weiterhin muss sich die Haltefrist auf alle Anleger beziehen. Sogenannte „side letter agreements", bei denen einige Investoren ihre Anteile innerhalb der Zweijahresfrist zurückgeben können, bringen den Fonds nicht außerhalb der Begriffsbestimmung eines „private fund".[377]

Der jeweilige Fonds ist allerdings in der Lage, bestimmte Kapitalausschüttungen an sämtliche Anleger innerhalb der Mindesthaltefrist vorzunehmen. Derartige Ausschüttungen von Seiten des Fonds werden dabei von einem Rückgaberecht der Anleger unterschieden.[378] Auch im Falle einer zweijährigen Mindesthaltefrist kann der jeweilige Fonds zudem gemäß Rule 203(b)(3)-1(d)(2)(i) IAA[379] die Rückgabe von Anteilen durch die Investoren erlauben, wenn nach eingehender Prüfung das Vorliegen außergewöhnlicher Umstande bestätigt wird. In solchen Fällen kommt es nicht zu einer Einordnung des Fonds als „private fund".[380]

---

[372] Vgl. Hellrung, 9 North Carolina Banking Institute 2005, S. 337.
[373] 17 C.F.R. § 275.203(b)(3)-2.
[374] Vgl. „SEC Adopting Release", S. 72077.
[375] Vgl. Miller/Haskin/Bergman, The Investment Lawyer 2005, Vol. 12, No. 2, S. 9; „SEC Adopting Release", S. 72074.
[376] Vgl. Miller/Haskin/Bergman, The Investment Lawyer 2005, Vol. 12, No. 2, S. 9.
[377] Vgl. „SEC Adopting Release", S. 72074, speziell Fußnote 233.
[378] Vgl. „SEC Adopting Release", S. 72075, speziell Fußnote 241.
[379] 17 C.F.R. § 275.203(b)(3)-1(d)(2)(i).
[380] Vgl. dazu SEC Adopting Release", S. 72074.

bb) Rechtslage für Offshore-Hedgefonds

Die Investmentberater von Offshore-Hedgefonds fallen unter bestimmten Voraussetzungen ebenfalls unter das Regelungsregime des IAA. Dies ist immer dann gegeben, wenn sie mehr als 14 Investoren in einem „private fund" betreuen, die in den Vereinigten Staaten ansässig sind („U.S. residents").[381] Die SEC führt in diesem Zusammenhang klarstellend aus, dass sich die Einordnung als „U.S. resident" bei natürlichen Personen nach deren Wohnsitz bemisst, während bei juristischen Personen der Geschäftssitz heranzuziehen ist.[382] Dabei ist auf den Zeitpunkt der Investmententscheidung des einzelnen Anlegers abzustellen, so dass spätere Verlagerungen des Wohn- bzw. Geschäftssitzes unbeachtlich sind.[383]

Die Qualifizierung als „private fund" und damit das „look-through"-Erfordernis entfällt, wenn die Anteile des zugrundeliegenden Offshore-Hedgefonds öffentlich angeboten und in den Investmentgesetzen des jeweiligen Sitzstaates reguliert werden.[384] Das Registrierungserfordernis von Offshore-Investmentberatern ist darüber hinaus von keiner Gesamtanlagesumme abhängig. Die Registrierung richtet sich vielmehr ausschließlich nach der 14-Personen-Grenze für die vorangegangenen zwölf Monate.[385] Dadurch sollen ausgeglichene Verhältnisse für alle Marktteilnehmer geschaffen und der Schutz der amerikanischen Investoren gewährleistet werden.[386]

Rule 203(b)(3)-2(c) IAA[387] begrenzt die extraterritoriale Anwendbarkeit des IAA, so dass Offshore-Investmentberater nicht dem gesamten Regelungsbereichs des Gesetzes unterworfen sind. Danach ist es dem jeweiligen Hedgefonds gestattet, den Gesamtfonds und nicht die einzelnen Anleger als Klient im Sinne des IAA zu behandeln, solange es sich nicht um die Berechnung der 14-

---

381 Vgl. Miller/Haskin/Bergman, The Investment Lawyer 2005, Vol. 12, No. 2, S. 10; Fried Frank Memorandum, SEC Releases Final Rule Requiring Hedge Fund Manager Registration, S. 3 f.; SEC Adopting Release", S. 72071.

382 Vgl. 17 C.F.R. § 275.203(b)(3)-1(b)(5).

383 Vgl. 17 C.F.R. § 275.203(b)(3)-1(b)(7); Miller/Haskin/Bergman, The Investment Lawyer 2005, Vol. 12, No. 2, S. 10; Fried Frank Memorandum, SEC Releases Final Rule Requiring Hedge Fund Manager Registration, S. 4.

384 Vgl. „SEC Adopting Release", S. 72072; Miller/Haskin/Bergman, The Investment Lawyer 2005, Vol. 12, No. 2, S. 9.

385 Vgl. Miller/Haskin/Bergman, The Investment Lawyer 2005, Vol. 12, No. 2, S. 10; Fried Frank Memorandum, SEC Releases Final Rule Requiring Hedge Fund Manager Registration, S. 3 f.; Spindler/Bednarz, WM 2006, S. 601.

386 Vgl. „SEC Adopting Release", S. 72071.

387 17 C.F.R. § 275.203(b)(3)-2(c).

Personen-Grenze oder um die Anwendung bestimmter Betrugsvorschriften handelt.[388] Diese Ausnahmevorschrift findet jedoch nur dann Anwendung, wenn sich der Geschäftssitz des jeweiligen Investmentberaters außerhalb der Vereinigten Staaten befindet und der zugrundeliegende Fonds in einer Jurisdiktion außerhalb der Vereinigten Staaten gegründet wurde. Die registrierten Offshore-Investmentberater unterliegen allerdings periodischen Überprüfungen der SEC und müssen daher bestimmten Archivierungspflichten nachkommen.[389]

d) Zusätzliche Konkretisierungen der Rule 203(b)(3)-1 IAA

aa) Einschränkungen für das Werben mit sogenannten „track records"

Nach Rule 204-2(e)(3) IAA[390] ist es einem registrierten Investmentberater nur dann erlaubt, mit der vergangenen Wertentwicklung des jeweiligen Fonds zu werben, wenn diese durch entsprechende Unterlagen dokumentiert ist. Die Aufbewahrungszeit für derartige Akten beträgt fünf Jahre.[391] Dies könnte das Werben mit „track records" für Hedgefondsmanager, die seit dem 10. Februar 2005 der Registrierungspflicht des IAA unterliegen, erheblich erschweren. Die neu geschaffene Vorschrift in Rule 204-2(e)(3)(ii) IAA[392] normiert jedoch, dass der jeweilige Investmentberater mit den vor dem 10. Februar 2005 erzielten Ergebnissen seiner Fonds auch dann werben kann, wenn die nach Rule 204-2 IAA erforderliche Dokumentation nicht erfolgt war. Die Aufbewahrungspflicht besteht somit erst seit dem 10. Februar 2005.[393] Diese Ausnahmeregelung gilt dabei nicht nur für die von den Investmentberatern verwalteten „private funds" im Sinne von Rule 203(b)(3)-1(d) IAA[394], sondern für sämtliche anderen privaten Anlageformen. Dies geht auf die Erwägung zurück, dass der Berater eines Hedgefonds unter Umständen auch andere Anlagen, wie beispielsweise Private E-

---

[388] Vgl. Miller/Haskin/Bergman, The Investment Lawyer 2005, Vol. 12, No. 2, S. 10; Fried Frank Memorandum, SEC Releases Final Rule Requiring Hedge Fund Manager Registration, S. 4; nach 17 C.F.R. § 275.203(b)(3)-2(c) sind unter anderem die Vorschriften in Rule 206(4)-2 IAA (Custody Rule), Rule 206(4)-6 (Proxy Voting Rule) und Rule 206(4)-7 (Compliance Rule) nicht anwendbar.

[389] Vgl. „SEC Adopting Release", S. 72072 f.; Miller/Haskin/Bergman, The Investment Lawyer 2005, Vol. 12, No. 2, S. 10.

[390] 17 C.F.R. § 275.204-2.

[391] Vgl. Miller/Haskin/Bergman, The Investment Lawyer 2005, Vol. 12, No. 2, S. 10; „SEC Adopting Release", S. 72075.

[392] 17 C.F.R. § 275.204-2(e)(3)(ii).

[393] Vgl. Miller/Haskin/Bergman, The Investment Lawyer 2005, Vol. 12, No. 2, S. 10 f.

[394] 17 C.F.R. § 275.203(b)(3)-1(d).

quity Fonds, verwaltet.[395] Zu beachten bleibt allerdings, dass die Ausnahmeregelung in Rule 204-2(e)(3)(ii) IAA auf Investmentberater von „private funds" begrenzt ist, die nach Inkrafttreten der Gesetzesänderung am 10. Februar 2005 registrierungspflichtig wurden. Dies schließt allerdings keine Investmentverwalter ein, die bereits vor diesem Datum auf freiwilliger Basis registriert waren.[396]

bb) Das Verbot von Erfolgsvergütungen („performance fees")

Gemäß Rule 205-3 IAA[397] darf ein registrierter Investmentberater eine Erfolgsvergütung („performance fee") nur dann berechnen, wenn es sich bei den einzelnen Anlegern um sogenannte „qualified clients" handelt.[398] Eine Begriffsbestimmung ergibt sich dabei aus den Vorschriften in Rule 205-3(d)(1) IAA[399]. Als „qualified clients" werden danach unter anderem Investoren mit einer Anlagesumme von mindestens 750.000 U.S.-Dollar oder einem Nettovermögen ab 1.500.000 U.S.-Dollar angesehen. Durch die Gesetzesänderung in Rule 205-3(c)(3) IAA[400] wurde eine „grandfather provision" geschaffen, die sich auf Anlagen in „private funds" vor dem 10. Februar 2005 bezieht. Die Ausnahmevorschrift ist allerdings nur auf diejenigen Investmentberater anwendbar, die nicht bereits vor diesem Datum einer Registrierungspflicht unterlagen.[401] Ohne diese Ausnahmevorschrift wären Anleger, die nicht die Voraussetzungen eines „qualified investor" erfüllen, gezwungen, ihre Fondsanteile zurückzugeben oder aber der jeweilige Investmentberater müsste bei diesen Investoren auf eine Erfolgsvergütung verzichten.[402] Dabei ist zu beachten, dass sich das Erfolgsvergütungsverbot nicht auf Fonds bezieht, die dem Ausnahmetatbestand in Section 3(c)(7) ICA unterfielen.[403]

Nicht qualifizierten Anlegern („non-qualified clients"), die die Voraussetzungen in Rule 205-3(c)(3) IAA erfüllen, ist es gestattet, ihre bestehenden Anlagepositionen zu erhöhen. Eine weitere Anlage in demselben Hedgefonds bzw. einem

---

395 Vgl. „SEC Adopting Release", S. 72076; Miller/Haskin/Bergman, The Investment Lawyer 2005, Vol. 12, No. 2, S. 11.

396 Vgl. Miller/Haskin/Bergman, ebd.

397 17 C.F.R. § 275.205-3.

398 Vgl. dazu Miller/Haskin/Bergman, The Investment Lawyer 2005, Vol. 12, No. 2, S. 11; „SEC Adopting Release", S. 72076.

399 17. C.F.R. § 275.205-3(d)(1).

400 17 C.F.R. § 275.205-3(c)(3).

401 Vgl. Miller/Haskin/Bergman, The Investment Lawyer 2005, Vol. 12, No. 2, S. 11.

402 Vgl. Miller/Haskin/Bergman, ebd.

403 Vgl. „SEC Adopting Release", S. 72076; Miller/Haskin/Bergman, ebd., speziell Fußnote 37.

anderen Hedgefonds des Investmentberaters ist dagegen nicht möglich.[404] Der Geltungsbereich der Ausnahmevorschrift ist erneut auf diejenigen Berater begrenzt, die nach dem 10. Februar 2005 registrierungspflichtig wurden. Eine Anwendung auf Investmentberater, die bereits vor diesem Datum freiwillig eine Registrierung vorgenommen haben, scheidet dagegen aus.[405]

cc) Erweiterung der sogenannten „Custody Rule“

Nach Rule 206(4)-2(b)(3) IAA (a. F.)[406] unterfielen Berater von privaten Investmentpools bisher nicht den Rechnungslegungs- und Mitteilungspflichten in Rule 206(4)-2(a)(3) IAA[407] („Custody Rule“), wenn sie ihre Bilanzen 120 Tage nach Ende des jeweiligen Steuerjahres im Einklang mit den Bestimmungen der GAAP („generally accepted accounting principles“) veröffentlichten.[408] Die geänderte Version der Rule 206(4)-2(b)(3)[409] IAA erweitert diesen Ausnahmetatbestand für Dachfonds.[410] Dieser Begriff wird dabei in Rule 206(4)-2(c)(4) IAA[411] als Anlagefonds definiert, der mindestens 10 Prozent seines Kapitals in andere unabhängige Fonds investiert. Nach Inkrafttreten der Änderung am 10. Februar 2005 haben Dach-Hedgefonds nun statt 120 bis zu 180 Tage nach Ende des Steuerjahres Zeit, um die Rechnungslegung zu veröffentlichen.[412] Dies geht auf die Erwägung zurück, dass es besonders für Dachfonds schwierig ist, die 120-Tage-Frist einzuhalten, da sie selbst von der rechtzeitigen Rechnungslegung der Fonds abhängig sind, in die sie investiert haben.[413]

e) Regelungskompetenz der SEC

Die SEC stützte sich bei der Einführung der Rule 203(b)(3)-2 IAA auf die in Section 211(a) IAA normierte Regelungskompetenz.[414] Danach ist die SEC ermächtigt, alle Regelungen zu erlassen, die erforderlich und angemessen sind, um

---

[404] Vgl. „SEC Adopting Release“, S. 72076, speziell Fußnote 264.
[405] Vgl. dazu Miller/Haskin/Bergman, The Investment Lawyer 2005, Vol. 12, No. 2, S. 11.
[406] 17 C.F.R. § 275.206(4)-2(b)(3) (a. F.).
[407] 17 C.F.R. § 275.206(4)-2(a)(3).
[408] Vgl. Miller/Haskin/Bergman, The Investment Lawyer 2005, Vol. 12, No. 2, S. 11.
[409] 17 C.F.R. § 275.206(4)-2(b)(3).
[410] Vgl. „SEC Adopting Release“, S. 72076; Miller/Haskin/Bergman, The Investment Lawyer 2005, Vol. 12, No. 2, S. 11.
[411] 17 C.F.R. § 275.206(4)-2(c)(4)
[412] Vgl. „SEC Adopting Release“, S. 72076; Miller/Haskin/Bergman, The Investment Lawyer 2005, Vol. 12, No. 2, S. 11.
[413] Vgl. „SEC Adopting Release“, ebd.; Miller/Haskin/Bergman, ebd.
[414] Vgl. „SEC Adopting Release“, S. 72068; Bolter, 57 Administrative Law Review 2005, S. 600.

die ihr nach dem IAA zugewiesenen Aufgaben zu erfüllen. Diese sehr weite Regelungsbefugnis hält einer gerichtlichen Überprüfung allerdings immer nur dann Stand, wenn die Aufsichtsbehörde bei Erlass der jeweiligen Regel im Einklang mit dem gesetzgeberischen Willen des Kongresses handelt.[415]

Die äußerst umstrittene Rule 203(b)(3)-2 IAA war von den Kommissaren der SEC noch unter dem Präsidium von William Donaldson mit drei gegen zwei republikanische Stimmen verabschiedet worden.[416] Der neue Vorsitzende der SEC, Christopher Cox, hatte zwar nach seinem Amtsantritt erklärt, die Regel nicht rückgängig machen zu wollen.[417] Die Regelung wurde allerdings durch eine Klage des Hedgefondsmanagers Philip Goldstein von Opportunity Partners L.P. angegriffen, die der United States Court of Appeals for the District of Columbia Circuit am 9. Dezember 2005 angenommen hatte.[418] Am 23. Juni 2006 erfolgte nun die Entscheidung des Gerichts. Dabei wurde Rule 203(b)(3)-2 IAA außer Kraft gesetzt und zur Überarbeitung an die SEC zurückverwiesen. Nach Auffassung der Richter hat die Behörde bei der Neudefinition des Begriffs „client" im Rahmen von Rule 203(b)(3)-2 IAA willkürlich und gesetzeswidrig gehandelt.[419]

Gemäß Section 706 Administrative Procedure Act (APA) sind die von einer Behörde erlassenen Regeln immer dann aufzuheben, wenn eine Überschreitung der Regelungsbefugnis vorliegt. Der United States Court of Appeals for the District of Columbia Circuit hat im Rahmen seiner Entscheidung sowohl den Wortlaut als auch den Gesetzeszweck von Section 203(b)(3) IAA gewürdigt.[420] Eine Definition des Begriffs „client" im Rahmen der Bestimmungen des IAA liegt zwar nicht vor. Die von der SEC zum Ausfüllen der Gesetzeslücke erlassene Regelung muss sich allerdings am Sinn und Zweck der Bestimmungen des

[415] Vgl. Bolter, ebd.
[416] Vgl. Scannell/Solomon/Zuckerman, The Wall Street Journal, June 24, 2006, A. 1; NZZ 26. Juni 2006, Nr. 145, S. 9; Bolter, 57 Administrative Law Review 2005, S. 602.
[417] NZZ 26. Juni 2006, Nr. 145, ebd.
[418] Vgl. Goldstein et al. v. Securities Exchange Commission, United States Court of Appeals - District of Columbia Circuit, No. 04-1434, June 23, 2006, S. 1 ff.
[419] Vgl. Goldstein et al. v. Securities Exchange Commission, United States Court of Appeals - District of Columbia Circuit, No. 04-1434, June 23, 2006, S. 19; NZZ 26. Juni 2006, Nr. 145, S. 9.
[420] Vgl. Goldstein et al. v. Securities Exchange Commission, United States Court of Appeals - District of Columbia Circuit, No. 04-1434, June 23, 2006, S. 8 ff.

IAA orientieren.[421] Nach Rule 203(b)(3)-1(a)(2)(i) (a. F.) IAA zählte der jeweilige Fonds in seiner Gesamtheit als ein Klient. Diese Praxis wurde von der SEC nach Einführung der Regelung am 12. Juli 1985 durch die Erweiterung des Wortlauts im Jahre 1997 bestätigt. Im Anschluss daran erfolgte keine weitere Überarbeitung von Rule 203(b)(3)-1(a)(2)(i) (a. F.) IAA.[422] Im Rahmen von Rule 203(b)(3)-2 IAA definiert die SEC den Terminus „client" neu. Dabei wird jeder Investor eines sogenannten „private fund" als einzelner Klient gewertet. Der gesetzgeberische Wille des Kongresses spricht allerdings nach Ansicht des Gerichts gegen eine Ausweitung des Begriffs „client" auf sämtliche Investoren eines Fonds. Dies wird unter anderem mit dem Verweis auf die im Jahre 1970 erfolgte Anpassung von Section 203(b) IAA begründet. Dabei nahm der Gesetzgeber erstmals Investmentberater registrierungspflichtiger „investment companies" im Sinne des ICA von der Ausnahmevorschrift in Section 203(b)(2) IAA aus. Zudem wurde die sogenannte „small advisers exception" in Section 203(b)(3) IAA für derartige „investment adviser" ausgeschlossen.[423] Nach Ansicht des Gerichts spricht besonders Letzteres für den gesetzgeberischen Willen, den jeweiligen Fonds in seiner Gesamtheit und nicht den einzelnen Investor als Klient einzuordnen.[424] Im Jahre 1980 kam es zu einer weiteren gesetzgeberischen Anpassung in Section 203(b)(3) IAA. Danach durften nur diejenigen Investoren als Klient gezählt werden, die eine individuelle Investitionsberatung erhalten. Der einzelne Anleger spielt im Rahmen eines Fonds eine lediglich passive Rolle. Eine individuelle Beratung durch den Fondsmanager erfolgt nicht.[425] Die Klienteneigenschaft des einzelnen Investors ist folglich zu verneinen.

Die SEC hält die Einschaltung des Supreme Court für aussichtslos, zumal sich das Urteil auf verschiedene Gründe bezog und einstimmig erging.[426] Vor der

---

[421] Vgl. Goldstein et al. v. Securities Exchange Commission, United States Court of Appeals - District of Columbia Circuit, No. 04-1434, June 23, 2006, ebd.; Bolter, 57 Administrative Law Review 2005, S. 600 f.

[422] Vgl. Bolter, 57 Administrative Law Review 2005, S. 603.

[423] Vgl. Goldstein et al. v. Securities Exchange Commission, United States Court of Appeals - District of Columbia Circuit, No. 04-1434, June 23, 2006, S. 9 ff.

[424] Vgl. Goldstein et al. v. Securities Exchange Commission, United States Court of Appeals - District of Columbia Circuit, No. 04-1434, June 23, 2006, S. 11; Bednarz, RIW 2007, S. 39.

[425] Vgl. Goldstein et al. v. Securities Exchange Commission, United States Court of Appeals - District of Columbia Circuit, No. 04-1434, June 23, 2006, S. 11 f.; Bolter, 57 Administrative Law Review 2005, S. 605.

[426] Vgl. Statement of Chairman Cox Concerning the Decision of the U.S. Court of Appeals in Phillip Goldstein, et al. v. SEC, im Internet abrufbar unter: http://www.sec.gov/news/press/2006/2006-135.htm (Datum des Abrufs: 8. August 2006).

Einführung einer Rule 203(b)(3)-2 IAA entsprechenden Registrierungspflicht durch die SEC muss der Gesetzgeber diese zunächst mit weitergehenden behördlichen Regelungsbefugnissen ausstatten.[427] Den bereits registrierten Hedgefondsmanagern steht es nun frei, sich bei der SEC wieder abzumelden.[428]

f) Fazit

Nach Ansicht des Vorsitzenden der SEC ist eine strengere gesetzliche Regulierung für Hedgefonds auch weiterhin erforderlich.[429]

Im Falle der Einführung einer Rule 203(b)(3)-2 IAA entsprechenden Registrierungspflicht werden die beschriebenen Neuregelungen die Registrierungspflicht einer beachtlichen Anzahl von Hedgefondsmanagern auslösen. Diese sind dann dem gesamten Regelungsbereich des IAA unterworfen.[430] Dadurch sind auch die Regelungen nach Rule 206(4)-7 IAA zur Vermeidung von Interessenkonflikten anwendbar, was zur Entwicklung strengerer Compliance-Regelungen und zur Bestellung eines Compliance-Beauftragten verpflichtet.[431]

Neben der Vermeidung von Betrugsfällen verspricht sich die SEC von der Registrierungspflicht nähere Informationen über die Hedgefondsbranche. Durch die Beschränkung von erfolgsabhängigen Vergütungen auf „qualified clients" sollen zudem weniger erfahrene Anleger von einer direkten Beteiligung in Hedgefonds abgehalten werden.[432] Weiterhin wird die Behörde in die Lage versetzt, regelmäßige Kontrollen und Einzelfallprüfungen vorzunehmen.[433]

Im Lichte der gestiegenen Regulierungsanforderungen für registrierte Investmentberater werden allerdings viele Hedgefonds das Regelungsregime des IAA zu vermeiden suchen, indem sie die Mindesthaltefrist für ihre Anleger auf zwei Jahre erhöhen. Darüber hinaus haben viele Fonds nicht zuletzt aufgrund der dargestellten Übergangsregelungen mit ihrer Registrierung bis zum 10. Febru-

---

[427] NZZ 26. Juni 2006, Nr. 145, S. 9; Goldstein et al. v. Securities Exchange Commission, United States Court of Appeals - District of Columbia Circuit, No. 04-1434, June 23, 2006, S. 17 ff.

[428] NZZ 26. Juni 2006, Nr. 145, ebd.

[429] Vgl. Buchter/Atzler, FTD 26. Juli 2006, S. 17.

[430] Vgl. Blumberg/Fetzer/Matteson, The Journal of Alternative Investments 2005, S. 98; Steinwurtzel/Salter/Barletta/Barshay/Forbes/Raviv/Morris, Banking & Financial Services Policy Report 2005, Vol. 24, No. 1, S. 1.

[431] Vgl. O'Halloran, 79 Tulane Law Review 2004, S. 474.

[432] Vgl. Spindler/Bednarz, WM 2006, S. 601.

[433] Vgl. O'Halloran, 79 Tulane Law Review 2004, S. 473 f.; Garbaravicius/Dierick, Hedge Funds and their Implications for Financial Stability, European Central Bank, Occasional Paper Series 34/2005, S. 52.

ar 2005 gewartet, um sich so die Anwendbarkeit der Ausnahmeregelungen in Rule 204-2(e)(3)(ii) IAA und Rule 205-3(c)(3) IAA zu sichern.[434]

Die überarbeitete Regelung der SEC kann daher unabhängig vom Bestand des dargestellten Urteils lediglich als positiver Ansatz gewertet werden. Es erscheint allerdings aufgrund der leichten Umgehungsmöglichkeiten höchst zweifelhaft, ob zukünftige Betrugsfälle verhindert werden können.[435] Die Position der Anleger wird dabei durch das neue Registrierungserfordernis nur scheinbar gestärkt, zumal die SEC in erheblichem Maße auf die Kooperation des einzelnen Hedgefondsmanagers angewiesen ist.[436] Ein möglicher Anreiz für eine Registrierung als „investment adviser“ könnte dabei das Bestreben des jeweiligen Fondsmanagers sein, das Anlegervertrauen in Hedgefondsinvestments zu fördern. Durch das Urteil vom 23. Juni 2006 ist die Registrierung der Hedgefondsmanager als „investment adviser“ zunächst in weite Ferne gerückt. Es wird nun abzuwarten sein, inwiefern sowohl Gesetzgeber als auch die Behörde auf die gestiegenen Regulierungsanforderungen für Hedgefonds regieren werden. Die gerichtliche Aufhebung von Rule 203(b)(3)-2 IAA hat zwar zu einem Wegfall des Registrierungserfordernisses für Hedgefondsmanager geführt, dies umfasst allerdings auch die dort normierten Sonderregelungen und Befreiungstatbestände. So können sich bereits registrierte Hedgefondsmanager insbesondere nicht mehr auf die in Rule 205-3(c)(3) IAA geschaffene „grandfather provision“ berufen, die sich auf vor Inkrafttreten der Rule 203(b)(3)-2 IAA vereinbarte Erfolgsvergütungen bezog.[437] Die registrierten Hedgefondsmanager sind folglich dem kompletten Regelungsregime des IAA ausgesetzt, sofern sie sich nicht für eine Deregistrierung entscheiden. Die SEC möchte diese unbeabsichtigten Konsequenzen des Urteils vermeiden und die entsprechenden Befreiungstatbestände wiederherstellen.[438] Als erster Schritt wurde ein sogenannter „No-Action Letter“ erlassen, der klarstellt, dass insbesondere Verstöße gegen das Verbot erfolgsabhängiger Vergütungen dann nicht verfolgt werden, wenn der jeweilige Hedgefondsmanager durch die inzwischen unwirksame Rule 205-3(c)(2) oder (3) IAA befreit gewesen wäre.[439] Es ist allerdings zu beachten, dass ein No-Action Letter keine förm-

---

434 Vgl. dazu Miller/Haskin/Bergman, The Investment Lawyer 2005, Vol. 12, No. 2, S. 13.
435 Vgl. Spindler/Bednarz, WM 2006, S. 602; Vgl. Hellrung, 9 North Carolina Banking Institute 2005, S. 345.
436 Vgl. O'Halloran, 79 Tulane Law Review 2004, S. 490.
437 Vgl. oben D. I. 7. d) bb)
438 Vgl. Bednarz, RIW 2007, S. 40.
439 Vgl. SEC-No-Action Letter, Division of Investment Management, 10 August 2006, im Internet abrufbar unter: http://www.sec.gov/divisions/investment/noaction/aba081006.pdf (Datum des Abrufs: 11. März 2007).

liche Verfahrensmaßnahme der SEC darstellt, sondern lediglich eine Interpretation des Personals der Behörde, der nur sehr begrenztes präjudizielles Gewicht zukommt.[440]

Die Regulierungsdiskussion in den U.S.A. beschränkt sich bisher auf die Finanzmarktstabilität und den Anlegerschutz. Fragen der Corporate Governance und der Rolle von Hedgefonds im Rahmen von „corporations" spielen dagegen keine größere Rolle.[441] Die besonders im Anschluss an die Vorgänge um die Deutsche Börse AG entflammte Corporate Governance Diskussion soll daher im Rahmen dieser Arbeit nicht weiter vertieft werden,[442] zumal diese Problematik nicht auf Hedgefonds beschränkt ist, sondern den gesamten Asset-Management-Sektor betrifft.[443]

II. Die Regulierung von Hedgefonds im Investmentrecht von Luxemburg

1. Das Rundschreiben CSSF 02/80 der Commission de Surveillance du Secteur Financier

a) Überblick

Der Anteil der alternativen Investments an der Gesamtfondsindustrie Luxemburgs ist als eher gering anzusehen. Dennoch kam es in den letzten Jahren als Folge der schwachen Aktienmärkte zu einem regen Anstieg der Zulassungsanträge von luxemburgischen Hedgefonds bei der dortigen Aufsichtsbehörde Commission de Surveillance du Secteur Financier (CSSF).[444]

Der gesetzliche Rahmen für in Luxemburg ansässige Investmentfonds ergibt sich hauptsächlich aus den Bestimmungen des Gesetzes vom 30. März 1988 über die Organismen für gemeinschaftliche Anlagen[445] (Investmentgesetz von

[440] Vgl. Bednarz, ebd.
[441] Spindler/Bednarz, WM 2006, S. 602.
[442] Investoren um den Hedgefonds TCI hatten die Übernahme der London Stock Exchange durch die Deutsche Börse AG verhindert und den Rücktritt des Vorstandschefs Seifert erzwungen. Ein abgestimmtes Verhalten („acting in concert") konnte die BaFin allerdings nicht nachweisen; vgl. Jahn, AG Report 2005, R 507.
[443] Vgl. Spindler/Bednarz, WM 2006, 607; Sachverständigenrat zur Begutachtung der gesamtwirtschaftlichen Entwicklung, Die Chance nutzen – Reformen mutig voranbringen, Jahresgutachten 2005/06, S. 455.
[444] Vgl. Rückel, Absolutreport 02/2003, S. 47.
[445] Memorial, Journal Officiel du Grand-Duché de Luxembourg, Recueil de Legislation, A-N 13, 31 mars 1999, S. 140 ff.

30. März 1988) und aus den Vorschriften des Gesetzes vom 19. Juli 1991 über die Organismen für gemeinschaftliche Anlagen, deren Anteile nicht der Öffentlichkeit angeboten werden[446] (Gesetz vom 19. Juli 1991). Eine ausdrückliche Regelung für Hedgefonds existierte dagegen zunächst nicht.[447] Auf Fonds, die hauptsächlich in Derivate investieren, waren die flexiblen Vorschriften des Rundschreibens IML 91/75 vom 21. Januar 1991[448] anwendbar. Danach sind Beschränkungen im Bereich der vom jeweiligen Fonds zu hinterlegenden Garantieleistungen, der maximalen Verschuldung und des Umfangs von OTC-Derivaten im Hinblick auf das Gesamtvolumen der einzelnen Positionen zu beachten.[449]

Die Regulierung für sonstige Fonds, die eine sogenannte alternative Anlagestrategie verfolgten, wurde dagegen anfänglich von der CSSF als Einzelfallentscheidung getroffen.[450] Mit der Veröffentlichung des Rundschreibens CSSF 02/80 am 5. Dezember 2002[451] trug die CSSF der gestiegenen Nachfrage nach Anlagen in Hedgefonds Rechnung.[452] Dieses behördliche Rundschreiben stellt eine Verwaltungsvorschrift dar und dient der Konkretisierung des Investmentgesetzes von 1988.[453] Es legt die Voraussetzung für die Verfolgung alternativer Anlagestrategien durch den Einsatz von Derivaten, Leerverkäufen und Fremdfinanzierungen fest.[454] Von herausragender Bedeutung sind für die CSSF besonders die Promotoren von Hedgefonds. Dabei werden insbesondere die berufliche Qualifikation und die Erfahrung der führenden Verwaltungsorgane sowie der Anlageverwalter und -berater einbezogen.[455]

Es gilt jedoch auch weiterhin die Praxis, dass die Manager eines neu zu gründenden Hedgefonds in Luxemburg den Kontakt zur Aufsichtsbehörde suchen

---

446 Memorial, Journal Officiel du Grand-Duché de Luxembourg, Recueil de Legislation, A-N 49, 2 aout 1991, 996 ff.

447 Vgl. Elvinger, Hoss & Prussen, Luxembourg Hedge Funds and Fund of Hedge Funds, April 2005, S. 1.

448 Im Internet abrufbar unter: http://www.cssf.lu/uploads/media/iml91_75_modifiee_01.pdf (Datum des Abrufs: 6. August 2006).

449 Vgl. Rückel, Absolutreport 02/2003, S. 47.

450 Vgl. Rückel, ebd.

451 Im Internet abrufbar unter: http://www.cssf.lu/docs/iml91_75.pdf (Datum des Abrufs: 6. August 2006).

452 Vgl. Rückel, ebd.

453 Vgl. Pütz/Schmies, BKR 2/2004, S. 54, speziell Fußnote 13; Berger/Steck, ZBB 2003, S. 199.

454 Vgl. Berger/Steck, ebd.; Rückel, Absolutreport 02/2003, S. 47.

455 Vgl. Rundschreiben CSSF 02/80, Präambel.

sollten, um mit dieser die Anlagestrategie, die Vertriebskanäle und die Zielinvestoren des jeweiligen Projekts zu besprechen.[456]

b) Begrenzung von Leerverkäufen und Aktivbeständen

Das Rundschreiben enthält unter anderem Bestimmungen bezüglich der Risikostreuung bei Leerverkäufen. Ein Hedgefonds kann danach Leerpositionen auf nicht börsennotierte Wertpapiere eingehen, soweit diese einen hohen Grad an Liquidität aufweisen und nicht mehr als 10 Prozent der Aktiva des Fonds ausmachen.[457] Darüber hinaus ist sowohl für Long- als auch für Short-Positionen zu beachten, dass nicht mehr als 10 Prozent der Wertpapiere desselben Emittenten ge- bzw. verkauft werden dürfen.[458] Im Rahmen der Regelungen bezüglich der Short-Positionen wurde zudem ein sogenanntes „Stop-Loss-Limit" festgesetzt. Dieses greift immer dann, wenn die unrealisierten Verluste aus einer Position mehr als 5 Prozent der Aktiva des jeweiligen Fonds betragen.[459] Daneben darf die Summe der Verpflichtungen aus Leerverkäufen zu keinem Zeitpunkt 50 Prozent der Aktiva des Hedgefonds überschreiten.[460]

c) Darlehensaufnahme

Der Fremdfinanzierungshebel ist durch die Beschränkung der Darlehensaufnahme im Verhältnis zu den Netto-Aktiva des jeweiligen Fonds limitiert. Die Aufnahme eines Darlehens ist dabei grundsätzlich auf maximal 200 Prozent der Netto-Aktiva beschränkt. Allerdings können Fonds, deren Strategie eine enge Verbindung zwischen Long-Positionen und Leerverkäufen aufweist, Darlehen in Höhe von bis zu 400 Prozent ihrer Netto-Aktiva aufnehmen.[461]

d) Derivate

Nach den Bestimmungen des zugrundeliegenden Rundschreibens ist der Einsatz sämtlicher Derivate wie beispielsweise Finanzterminkontrakte, Optionen, Zinsswaps und Aktienswaps zulässig. Fonds, die derivative Finanzinstrumente und Techniken einsetzen, müssen allerdings im Fondsprospekt den maximalen Hebeleffekt angeben, der aus der Kombination von Darlehensaufnahme und Derivaten entstehen kann.[462] Das Rundschreiben ist hinreichend flexibel, um

---

456 Vgl. dazu Rückel, Absolutreport 02/2003, S, 47 f.
457 Vgl. Rundschreiben CSSF 02/80, A.1.a).
458 Vgl. Rundschreiben CSSF 02/80, A.1.b) und A.1.c)(i).
459 Vgl. Rundschreiben CSSF 02/80, A.1.c)(ii).
460 Vgl. Rundschreiben CSSF 02/80, A.3.
461 Vgl. dazu Rundschreiben CSSF 02/80, B.
462 Vgl. Rundschreiben CSSF 02/80, E.

dem jeweiligen Fondsmanager das Erreichen seiner Anlagestrategie zu ermöglichen. Dies kann durch die Nutzung von Darlehensaufnahmen, Leerverkäufen und sowohl standardisierten als auch freihändig gehandelten Derivaten bzw. einer Kombination dieser Anlagemöglichkeiten geschehen. Die sich aus diesen Geschäften ergebenden Verpflichtungen dürfen den Wert der Netto-Aktiva des Fonds allerdings nicht überschreiten.[463] Die im Rundschreiben aufgeführten Beschränkungen bezüglich der Nutzung von Derivaten dienen dabei dem Grundsatz der Risikostreuung.[464]

So dürfen die Einschuss- und Nachschusszahlungen im Zusammenhang mit auf einem geregelten Markt gehandelten derivaten Finanzinstrumenten sowie die Verpflichtungen aus freihändigen Geschäften nicht mehr als 50 Prozent der Aktiva des Fonds betragen.[465] Darüber hinaus ist es dem jeweiligen Fonds untersagt, auf einem standardisierten Markt gehandelte Einzelpositionen oder Verpflichtungen für einzelne OTC-Finanzinstrumente zu halten, deren Einschuss- und/oder Nachschusszahlungen 5 Prozent oder mehr der Aktiva entsprechen.[466] Prämien, die für den Erwerb von valutierenden Optionen gezahlt wurden, werden auf die 5 Prozent- bzw. auf die 50 Prozent-Grenze angerechnet.[467]

Weiterhin sieht das Rundschreiben auch die mögliche Nutzung von Wertpapierleihen, Pensionsgeschäften sowie Geschäften unter Vorbehalt des Rückkaufsrechts vor.[468]

e) Anlagen in anderen Fonds

Die Konstruktion eines luxemburgischen Dach-Hedgefonds ist nach den Bestimmungen des Rundschreibens ebenfalls möglich. Danach dürfen Anlagen in Hedge-Zielfonds die Schwelle von 20 Prozent der Netto-Aktiva nicht überschreiten. In diesem Zusammenhang ist zu beachten, dass die angeführte 20 Prozent-Grenze auf die einzelnen Teilfonds eines Umbrellafonds berechnet wird, soweit eine gesamtschuldnerische Haftung dieser Teilfonds untereinander ausgeschlossen ist. Bei dieser Struktur ist allerdings eine Begrenzung auf 50 Prozent der verbrieften Rechte des Umbrellafonds einzuhalten.[469] Unter einem Umbrellafonds versteht man die Ansammlung mehrerer Teilfonds mit zent-

---

[463] Vgl. Rundschreiben CSSF 02/80, E; Rückel, Absolutreport 02/2003, S. 48.
[464] Vgl. Rückel, ebd.
[465] Vgl. Rundschreiben CSSF 02/80, E.1.1.
[466] Vgl. Rundschreiben CSSF 02/80, E.1.6.
[467] Vgl. Rundschreiben CSSF 02/80, E.1.4. und E.1.7.
[468] Vgl. Rundschreiben CSSF 02/80, E.2. und E.3.
[469] Vgl. Rundschreiben CSSF 02/80, C.

raler Administration unter einer gemeinsamen Dachmarke.[470] Dadurch hat der jeweilige Anleger die Möglichkeit, in verschiedene Einzelfonds (sogenannte Teilfonds) derselben Investmentgruppe zu investieren. Jeder Teilfonds hat dabei eine gesonderte Anlagestrategie und ein eigenes Fondsvermögen. Den Investoren werden nur die Erträge der Teilfonds zugerechnet, an denen sie beteiligt sind. Sie können allerdings ohne zusätzliche bzw. zu minimalen Gebühren innerhalb der Teilfonds des Umbrellafonds wechseln. Lediglich beim Einstieg in den Umbrellafonds wird ein einmaliger Ausgabeaufschlag fällig.[471]

Der luxemburgische Rechtsrahmen trifft allerdings eine Unterscheidung zwischen regulierten und nicht regulierten Zielfonds.[472] Unterliegen die offenen Zielfonds Risikostreuungsregeln, die denen in Teil II des Investmentgesetzes vom 30. März 1988 entsprechen und ist eine ständige behördlichen Aufsicht in dem jeweiligen Ursprungsland gewährleistet, entfallen die dargstellten Anlagebeschränkungen gänzlich.[473] Bei der Anlage in regulierte Zielfonds ist es demnach für den jeweiligen Dach-Hedgefonds möglich, bis zu 100 Prozent eines Zielfonds zu halten.[474]

f) Ergänzende Bestimmungen

Der jeweilige Verkaufsprospekt muss eine Beschreibung des Hedgefonds sowie der mit der Anlagepolitik assoziierten Risiken enthalten.[475] Für den Fall, dass durch einen Dach-Hedgefonds Zielfonds erworben werden, deren Anlagestrategie die Aufnahme von Leverage und die Durchführung von Leerverkäufen einschließt, ist dies als Hinweis im Verkaufsprospekt aufzunehmen. Eine genaue Angabe des Umfangs ist dabei jedoch entbehrlich.[476] Zudem ist im Rahmen des Verkaufsprospekts ein Hinweis auf das überdurchschnittliche Risiko der Kapitalanlage zu geben.[477]

Eine Begrenzung der zugelassenen Anlegerzahl besteht dagegen nicht, so dass luxemburgische Hedgefonds auch als Retailprodukt gestaltet werden können.[478]

---

[470] Vgl. Fano-Leszczynski, Hedgefonds für Einsteiger, S. 79.
[471] Vgl. Fano-Leszczynski, ebd.
[472] Vgl. Rundschreiben CSSF 02/80, ebd.
[473] Vgl. Rundschreiben CSSF 02/80, ebd.
[474] Vgl. dazu Rückel, Absolutreport 02/2003, S. 49.
[475] Vgl. Rundschreiben CSSF 02/80, H.1.
[476] Vgl. Rückel/Niehl, Absolutreport 12/2003, S. 54.
[477] Vgl. Rundschreiben CSSF 02/80, H.2.
[478] Vgl. dazu Berger/Steck, ZBB 2003, 199.

2. Fazit

Durch das Rundschreiben CSSF 02/80 ist die luxemburgische Aufsichtsbehörde auf das gestiegene Interesse an alternativen Investmentprodukten eingegangen. Der Regelungsrahmen ist dabei flexibel genug, um die meisten von Hedgefondsmanagern entwickelten Strategien abzubilden und daneben den Ruf Luxemburgs als Finanzplatz mit festen Anlageregeln zu schützen.

Durch das neue Regelungsregime wird eine zusätzliche Rechtssicherheit erzeugt, die letztlich auch zu einer beschleunigten Bearbeitung der Zulassungsanträge von Hedgefonds bei der CSSF führt.

E. Notwendigkeit der Regulierung von Hedgefonds

I. Spezifische Risikopotentiale

1. Einleitung

Hedgefonds wurden im Zusammenhang mit volkswirtschaftlichen Krisen und dem erheblichen Kursverfall von Einzeltiteln bereits mehrfach verdächtigt, Marktverwerfungen mit starken Preissprüngen und hoher Volatilität ausgelöst zu haben und dadurch Hauptverursacher von Finanzmarktturbulenzen zu sein.[479] Dies ist besonders für die Krise des Europäischen Währungssystems (EWS) im Jahre 1992, die Bondmarktturbulenzen des Jahres 1994, die Mexiko-Krise von 1994/95 sowie die Währungskrisen Ostasiens im Jahre 1997 zu bejahen.[480] Verschiedene empirische Studien führen in diesem Zusammenhang zwar aus, dass Hedgefondstransaktionen während der EWS-Krise 1992 eine maßgebliche Rolle gespielt haben könnten, die Beweislage bleibt allerdings nicht zuletzt aufgrund der geringen Transparenz im Hedgefondssegment schwach.[481] Im Zusammenhang mit den anderen angeführten Turbulenzphasen gibt es dagegen deutliche Anzeichen dafür, dass Kreditinstitute und Pensionsfonds erheblich höhere Volumina als Hedgefonds bewegt haben.[482]

Hedgefonds wurden darüber hinaus auch für den zeitweise drastischen Wertverlust der Deutschen Telekom AG und der MLP AG verantwortlich gemacht.[483] Seit dem Beinahe-Zusammenbruch von LTCM sind zudem Befürchtungen aufgekommen, die Insolvenz von Hedgefonds könne die Bestandfestigkeit des Finanzsektors in Frage stellen.[484] Dies wird als systemisches Risiko bezeichnet.[485]

---

[479] Vgl. dazu oben, B. I.; Kaiser, Absolutreport 14/2003, S. 39; Deutsche Bundesbank, Monatsbericht März 1999 – Hedge-Fonds und ihre Rolle auf den Finanzmärkten, S. 37; Lim, The Australian Economic Review 1999, S. 191.

[480] Vgl. Lähn, Hedge Fonds, Banken und Finanzkrisen, S. 332; Deutsche Bundesbank, ebd.

[481] Vgl. Deutsche Bundesbank, Monatsbericht März 1999 – Hedge-Fonds und ihre Rolle auf den Finanzmärkten, S. 38; Kaiser, Absolutreport 14/2003, S. 40 f.; Lähn, Hedge Fonds, Banken und Finanzkrisen, S. 30 ff.; Fung/Hsieh, Journal of Empirical Finance 7 (2000), S. 35; Eichengreen/Mathieson, Hedge Funds and Financial Market Dynamics, S. 15 ff.

[482] Deutsche Bundesbank, ebd.; Kaiser, ebd.; Lähn, Hedge Fonds, Banken und Finanzkrisen, ebd.

[483] Vgl. Lähn, Hedge Fonds, Banken und Finanzkrisen, S. 254, speziell Fußnote 447.

[484] Vgl. Deutsche Bundesbank, Monatsbericht März 1999 – Hedge-Fonds und ihre Rolle auf den Finanzmärkten, S. 37.

[485] Vgl. Kremer, Politikoptionen zur Begrenzung von Hedge-Fonds-Risiken, S. 229; Deutsche Bundesbank, Monatsbericht März 1999 – Hedge-Fonds und ihre Rolle auf den Finanzmärkten, S. 39.

Die immer deutlicheren Forderungen nach einer Regulierung des Hedgefonds-Sektors waren daher eine logische Konsequenz. Bei der Regulierung von Finanzmärkten und Finanzintermediären, wie vor allem Banken, werden zumeist drei Bereiche betont, die von einem möglichen Marktversagen bedroht sind. Die öffentliche Regulierung zielt dabei auf den Anlegerschutz, die Sicherung der Marktintegrität und die Stabilität des Finanzsystems ab.[486]

Ein öffentliches Interesse am Schutz von Kapitalanlagen in Hedgefonds wird im Allgemeinen verneint.[487] Dies geht auf den Anlegerkreis von Hedgefonds zurück. Meist handelt es sich um eine beschränkte Anzahl von Investoren, die sich fast ausschließlich aus vermögenden Privatpersonen („High Net Worth Individuals") und institutionellen Anlegern zusammensetzt.[488] Bedeutende Informationsasymmetrien, wie sie etwa zwischen Kleinanlegern und Banken bestehen, werden daher verneint. Dies erklärt die dargestellten Ausnahmetatbestände im U.S.-Investmentrecht, die es erst ermöglichen, dass Hedgefonds ohne direkte Regulierung und Beaufsichtigung agieren können.[489] Aufgrund der wachsenden Beteiligung von Pensionsfonds und Versicherungen betrifft das Verlustrisiko mittlerweile allerdings auch viele Kleinanleger zumindest mittelbar. Ein öffentliches Interesse an einem erhöhten Anlegerschutz ist zudem eng mit der Frage verknüpft, in welchem Umfang es den einzelnen Privatinvestoren erlaubt ist, in Hedgefonds zu investieren. Dabei gewinnt besonders die Anlagemöglichkeit in Dach-Hedgefonds und strukturierte Produkte wie Indexzertifikate immer mehr an Bedeutung.[490] Das stetige Wachstum der Hedgefondsbranche hat darüber hinaus zu einem Anstieg der Betrugsfälle in diesem Segment mit teilweise erheblichen Verlusten von Anlegergeldern geführt.[491] Eine Beurteilung der These, dass sich Großinvestoren selbst gegen ein Verlustrisiko schützen können, muss an dieser Stelle allerdings nicht vorgenommen werden. Auch die vermehrte Beteiligung von Kleinanlegern muss im Zusammenhang mit einem öffentlichen Regulierungsinteresse nicht näher erläutert werden.

---

[486] Vgl. Eichengreen, International Finance 2:3, 1999, S. 427; Kremer, ebd.; Lähn, Hedge Fonds, Banken und Finanzkrisen, S. 331.

[487] Vgl. oben, D. I. 6. a); Kremer, Politikoptionen zur Begrenzung von Hedge-Fonds-Risiken, S. 226.

[488] Vgl. Lähn, Hedge Fonds, Banken und Finanzkrisen, S. 332; von Livonius, WM 2004, S. 61.

[489] Vgl. dazu oben, D. I.

[490] Vgl. Spindler/Bednarz, WM 2006, S. 555.

[491] Vgl. oben A.

Eine staatliche Einflussnahme auf Hedgefonds lässt sich zumindest mit der Sicherung des Wettbewerbs auf den Finanzmärkten und der Begrenzung systemischer Risiken begründen.[492]

Die Bewertung jeglicher Regulierung verlangt allerdings zunächst eine eingehende Analyse der Rolle von Hedgefonds auf den Finanzmärkten. Dabei sind sowohl die Stabilität finanzieller Institutionen und Märkte als auch das Kriterium der Finanzmarkteffizienz zu beachten.[493] Ein zu behebendes Regulierungsdefizit ist dabei immer dann gegeben, wenn die von Hedgefonds allgemein ausgehenden Finanzmarktrisiken systematisch zu hoch sind und durch staatliche Intervention angemessen begrenzt werden können.[494]

2. Einzelwirtschaftliche Risikopotentiale

Die Anlagestrategien der einzelnen Hedgefonds zielen darauf ab, bestehende Marktunvollkommenheiten und die daraus resultierenden zeitlich begrenzten Preisanomalien schneller als andere zu erkennen und gewinnbringend auszunutzen.[495] Das Ziel, eine systematisch überlegene „Performance" zu erzielen, erfordert allerdings die Anwendung dynamischer Handelsstrategien sowie ein hohes Maß an Handlungsfreiheiten, individuellen Fähigkeiten und ökonomischen Anreizen auf Seiten der Manager. Diese starke Abhängigkeit des Fondserfolgs von der Managerqualität beinhaltet ein generell hohes Betriebsrisiko in der Gestalt individueller Managementfehler.[496] Die LTCM-Krise ist daher nicht als Einzelfall anzusehen, sondern enthält vielmehr zu verallgemeinernde Ursachen, die auf eine grundsätzlich hohe Risikoübernahme bzw. Fragilität von Hedgefonds schließen lassen.

Das Risikoprofil der einzelnen Hedgefonds ist je nach strategischer Ausrichtung sehr verschieden. Zielt die Anlagestrategie des Fonds auf die Ausnutzung von Fehlbewertungen einzelner Finanzinstrumente, dominieren die sogenannten unsystematischen Risiken.[497] Diese hängen nicht oder zumindest nur wenig mit

---

[492] Vgl. Kremer, Politikoptionen zur Begrenzung von Hedge-Fonds-Risiken, S. 226.

[493] Vgl. Deutsche Bundesbank, Monatsbericht März 1999 – Hedge-Fonds und ihre Rolle auf den Finanzmärkten, S. 37; Spindler/Bednarz, WM 2006, S. 554.

[494] Vgl. Kremer, Politikoptionen zur Begrenzung von Hedge-Fonds-Risiken, S. 226; Lähn, Hedge Fonds, Banken und Finanzkrisen, S. 331.

[495] Vgl. von Livonius, WM 2004, S. 60 f.; Deutsche Bundesbank, Monatsbericht März 1999 – Hedge-Fonds und ihre Rolle auf den Finanzmärkten, S. 33.

[496] Vgl. Kremer, Politikoptionen zur Begrenzung von Hedge-Fonds-Risiken, S. 227; Deutsche Bundesbank, ebd.

[497] Vgl. Deutsche Bundesbank, Monatsbericht März 1999 – Hedge-Fonds und ihre Rolle auf den Finanzmärkten, S. 34.

der Entwicklung des Gesamtmarktes zusammen.[498] Zielt ein Fonds dagegen auf die Neubewertung kompletter Märkte ab, setzt er sich dem Risiko aus, gleichermaßen von Kursschwankungen betroffen zu werden wie der Gesamtmarkt.[499] Dies wird als systematisches Risiko bezeichnet.[500] Besonders spezialisierte Hedgefonds müssen dabei teilweise bewusst auf die Vorteile der Diversifikation unsystematischer Risiken verzichten, wodurch sich das Gesamtrisiko ihrer Portfolios tendenziell erhöht.[501] Unerwartet starke Bewegungen von Vermögenspreisen können vor diesem Hintergrund dazu führen, dass derartige Fonds zur Erfüllung von Nachschusspflichten an Derivatemärkten in größerem Umfang Positionen auflösen müssen. Dies führt zu einer Verstärkung der Preisbewegungen an den Finanzmärkten.[502]

Darüber hinaus gehen einige Hedgefonds zur Steigerung der Eigenkapitalrendite ein hohes finanzielles Leverage ein.[503] Dies geht allerdings mit einem Anstieg des erwarteten Ertragsrisikos einher und kann dazu führen, dass Hedgefonds kurzfristige Kredite zurückführen müssen, wenn die Werthaltigkeit der als Sicherheit benutzten Wertpapiere nicht mehr ausreicht.[504] Hedgefonds weisen demnach vergleichsweise hohe Marktrisiken („Value-at-Risk") je Einheit Eigenkapital auf, die schnell zu einem Kreditrisiko der Geschäftspartner der Fonds werden können.[505] Aufgrund ihrer Schockanfälligkeit ist die Gefahr von Illiquidität und Insolvenz bei Hedgefonds größer als bei anderen finanziellen Unternehmen.[506]

Signifikant erhöhte Risiken, wie beispielsweise im Fall von LTCM, dürften jedoch nur bei Hedgefonds mit einem hohen Leverage auftreten.[507] Aus den verfügbaren Statistiken ergibt sich allerdings, dass lediglich 29,8 Prozent der

---

498 Zum Begriff unsystematisches Risiko vgl. Ross/Westerfield/Jaffe, Corporate Finance, S. 299.

499 Vgl. Deutsche Bundesbank, Monatsbericht März 1999 – Hedge-Fonds und ihre Rolle auf den Finanzmärkten, S. 34.

500 Zum Begriff systematisches Risiko vgl. Ross/Westerfield/Jaffe, Corporate Finance, S. 299.

501 Vgl. Kremer, Politikoptionen zur Begrenzung von Hedge-Fonds-Risiken, S. 227.

502 Vgl. Deutsche Bundesbank, Monatsbericht März 1999 – Hedge-Fonds und ihre Rolle auf den Finanzmärkten, S. 39.

503 Vgl. von Livonius, WM 2004, S. 60; Kremer, Politikoptionen zur Begrenzung von Hedge-Fonds-Risiken, S. 227 f.

504 Vgl. Lähn, Hedge Fonds, Banken und Finanzkrisen, S. 324; Deutsche Bundesbank, Monatsbericht März 1999 – Hedge-Fonds und ihre Rolle auf den Finanzmärkten, S. 39.

505 Vgl. Kremer, Politikoptionen zur Begrenzung von Hedge-Fonds-Risiken, S. 228.

506 Vgl. Deutsche Bundesbank, Monatsbericht März 1999 – Hedge-Fonds und ihre Rolle auf den Finanzmärkten, S. 39; Kremer, ebd.

507 Vgl. Kremer, ebd.

Fonds ein Leverage von größer als 2:1 aufweisen. Die restlichen Hedgefonds verwenden entweder ein Leverage im Verhältnis von 2:1 und weniger oder sogar überhaupt kein Leverage.[508] Im Rahmen von Investmentbanken ist ein meist deutlich höheres Leverage üblich.[509] Eine umfassende Beurteilung bleibt allerdings aufgrund der lediglich begrenzten Offenlegungspraxis der Hedgefondsbranche erschwert. Das starke Wachstum des Hedgefonds-Sektors hat die Marktineffizienzen und damit die Gewinnmargen der einzelnen Fonds erheblich reduziert. Es gibt daher Hinweise, dass die geringeren Erfolgsaussichten im aktuellen Marktumfeld Hedgefonds dazu veranlassen könnten, wieder verstärkt Hebeleffekte einzusetzen und in illiquide Anlagen zu investieren.[510]

Zusammenfassend lässt sich sagen, dass es sich bei Hedgefonds um spekulative Anlagevehikel handelt, die hinsichtlich ihrer Anlageinstrumente und ihrer Anlagepolitik bisher nur geringen aufsichtsrechtlichen Beschränkungen und Offenlegungspflichten unterliegen. Diese mangelnde Transparenz führt teilweise dazu, dass Kapitalgeber und Geschäftspartner die mit ihrem Hedgefondsengagement eingegangenen Risiken nur schwierig einschätzen können.[511]

3. Gefahren für Marktverfassung und Finanzmarktstabilität

Die vergleichsweise hohen einzelwirtschaftlichen Risikopotentiale der Hedgefonds sind aus regulatorischer Sicht nur dann problematisch, wenn sie die Funktionsfähigkeit wichtiger Finanzmarktsegmente bedrohen oder die systematischen Risiken im Finanzsektor wesentlich erhöhen.[512] Bevor jedoch eine Analyse der einzelnen Destabilisationsrisiken erfolgen kann, ist zunächst auf die Möglichkeit der Einflussnahme von Hedgefonds einzugehen.

Eine Investorengruppe kann immer dann Finanzmarktturbulenzen auslösen bzw. ihren Verlauf beeinflussen, wenn sie in der Lage ist, auf den Preisbildungspro-

---

508 Vgl. Van Hedge Fund Advisors, http://www.hedgefund.com/abouthfs/attributes/Leverage/leverage.htm. (Datum des Abrufs: 28 Mai 2006).

509 Vgl. Kremer, Politikoptionen zur Begrenzung von Hedge-Fonds-Risiken, S. 228; Report of the President's Working Group on Financial Markets (1999), Hedge Funds, Leverage, and the Lessons of Long-Term Capital Management, S. VIII und 29.

510 Garbaravicius/Dierick, Hedge Funds and their Implications for Financial Stability, European Central Bank, Occasional Paper Series 34/2005, S. 56; Europäische Zentralbank, Monatsbericht Januar 2006 – Hedgefonds: Entwicklungen und wirtschaftspolitische Implikationen, S. 78.

511 Vgl. Kremer, ebd.; von Livonius, WM 2004, S. 61.

512 Vgl. Kremer, Politikoptionen zur Begrenzung von Hedge-Fonds-Risiken, S. 229.

zess einzuwirken.[513] Im Rahmen von Hedgefonds wird dabei die direkte Einflussnahme von der indirekten Beeinflussung unterschieden. Erstere erfolgt durch den Auf- und Abbau von Vermögenswerten, während bei Letzterer die Investitionsentscheidung anderer Marktteilnehmer durch die Anlagestrategie des jeweiligen Fonds bestimmt wird.[514] Durch die Reputation und Erfolge einiger Hedgefondsmanager ist ein sogenanntes Herdenverhalten oder „Herding" möglich.[515] Die verschiedenen Einflusskanäle sind allerdings bisher mangels Daten nur schwierig zu belegen. Verallgemeinernde Urteile sind daher auf Plausibilitätsüberlegungen und Einzelfälle zu stützen.[516] Gegen die Annahme eines direkten Preiseinflusses von Hedgefonds sprechen ihre im Vergleich zu anderen institutionellen Anlegern geringen Vermögensbestände.[517] Dies schließt jedoch nicht aus, dass die Transaktionen einiger dieser Fonds in bestimmten Situationen preisbestimmend sein können. Ein derartiger Einfluss ist etwa zu beobachten, wenn Hedgefonds auf engen, wenig liquiden Märkten operieren.[518] Darüber hinaus sind Hedgefonds in der Lage, über Derivate Marktpositionen aufzubauen, die ihre Vermögensbasis um ein Vielfaches übersteigen.[519] Aufgrund der Reputation einiger Hedgefondsmanager liegt es zwar nahe, dass andere Marktakteure den einzelnen Strategien bewusst folgen, eindeutig belegbar ist dies allerdings nicht.[520] Die beschriebene Einflussnahme der Hedgefonds muss zudem nicht zwangläufig zu einer Beeinträchtigung der Finanzmarktpreise führen. Zu destabilisierenden Effekten kommt es dabei immer dann, wenn in einen fallenden Markt zusätzliche Verkaufsorders platziert werden. Man spricht in diesem Zusammenhang auch von „positive feedback trading".[521] Wenn Hedgefonds dagegen in fallenden Märkten auf der Käuferseite auftreten, üben sie einen tendenziell stabilisierenden Einfluss aus. Dies wird auch als „negative feedback trading" bezeichnet.[522]

---

[513] Vgl. Kaiser, Absolutreport 14/2003, S. 39; Deutsche Bundesbank – Hedge-Fonds und ihre Rolle auf den Finanzmärkten, Monatsbericht März 1999, S. 38.
[514] Vgl. Deutsche Bundesbank, Monatsbericht März 1999 – Hedge-Fonds und ihre Rolle auf den Finanzmärkten, S. 38; Kaiser, Absolutreport 14/2003, S. 39.
[515] Vgl. Deutsche Bundesbank, ebd.; Kaiser, ebd.; Spindler/Bednarz, WM 2006, S. 555.
[516] Vgl. Kaiser, ebd.; Deutsche Bundesbank, ebd.
[517] Vgl. Kaiser, ebd.
[518] Vgl. Deutsche Bundesbank, Monatsbericht März 1999 – Hedge-Fonds und ihre Rolle auf den Finanzmärkten, S. 38.
[519] Vgl. Deutsche Bundesbank, ebd.
[520] Vgl. Kaiser, Absolutreport 14/2003, S. 39; Deutsche Bundesbank, ebd.
[521] Vgl. Deutsche Bundesbank, ebd.; Kaiser, ebd.; Spindler/Bednarz, WM 2006, S. 555.
[522] Vgl. Deutsche Bundesbank, ebd.; Kaiser, ebd.

Aufgrund der Heterogenität der jeweiligen Anlagestrategien können die einzelwirtschaftlichen Risiken als weitgehend unabhängig voneinander betrachtet werden. Dies führt dazu, dass spezifische Marktschocks nur wenige Hedgefonds gleichzeitig treffen. Eine globale Hedgefondskrise aufgrund bestimmter Finanzmarktschocks ist daher nahezu ausgeschlossen.[523] Anlass zur Besorgnis gibt allerdings die Tatsache, dass in jüngster Zeit eine Zunahme der Korrelation von Hedgefondsrenditen innerhalb einzelner Strategien zu beobachten ist. Die gleichgerichtete Positionierung einzelner Marktteilnehmer sowie ein ähnliches Risikomanagement können dabei eine preisbeeinflussende Wirkung entfalten.[524] Am stärksten sind die Korrelationen bei Convertible-Bond-Arbitrage- und Fixed-Income-Arbitrage-Strategien, bei denen der Fremdkapitalanteil in der Regel am höchsten ist.[525]

Der Ausfall eines Hedgefonds als Teil des Marktmechanismus ist nur dann ein Problem für die Stabilität des internationalen Finanzsystems, wenn durch dessen wirtschaftliche Verflechtung die Bestandsfestigkeit des Finanzsektors in Frage gestellt wird.[526] Grundlage dafür ist, dass die finanziellen Schwierigkeiten einiger großer Hedgefonds über die eingeräumten Kreditlinien oder die Investition von Treasury-Geldern so stark auf den Bankensektor wirken, dass die Intermediationsfähigkeit des Systems und die reibungslose Abwicklung des Zahlungsverkehrs gefährdet werden.[527] Die finanzielle Verflechtung des jeweiligen Fonds mit dem Bankensystem ist daher von maßgeblicher Bedeutung. Die hohe Ausfallwahrscheinlichkeit kleinerer Fonds ist demgegenüber aus regulatorischer Sicht unbeachtlich. Von der Insolvenz derartiger Fonds gehen lediglich geringe negative Effekte auf das Finanzsystem aus.[528]

---

[523] Vgl. dazu Kremer, Politikoptionen zur Begrenzung von Hedge-Fonds-Risiken, S. 228.

[524] Vgl. Spindler/Bednarz, WM 2006, S. 555; Europäische Zentralbank, Monatsbericht Januar 2006 – Hedgefonds: Entwicklungen und wirtschaftspolitische Implikationen, S. 78 f.

[525] Vgl. Europäische Zentralbank, Monatsbericht Januar 2006 – Hedgefonds: Entwicklungen und wirtschaftspolitische Implikationen, S. 79.

[526] Vgl. Deutsche Bundesbank, Monatsbericht März 1999 – Hedge-Fonds und ihre Rolle auf den Finanzmärkten, S. 39; Kaiser, Absolutreport 14/2003, S. 39; Kremer, Politikoptionen zur Begrenzung von Hedge-Fonds-Risiken, S. 229; Lähn, Hedge Fonds, Banken und Finanzkrisen, S. 323.

[527] Vgl. Kaiser, ebd.; Deutsche Bundesbank, ebd.; Kremer, Politikoptionen zur Begrenzung von Hedge-Fonds-Risiken, S. 229 f.

[528] Vgl. Kremer, Politikoptionen zur Begrenzung von Hedge-Fonds-Risiken, S. 229.

Besonders groß ist das Destabilisierungspotential der jeweiligen Fonds immer dann, wenn sie eine hohe Fremdkapitalquote aufweisen.[529] Dies führt zu der Annahme, dass sich das mit Hedgefonds verbundene Destabilisierungsrisiko auf eine lediglich kleine Anzahl von Fonds erstreckt. Die Liquiditätsprobleme einiger großer Hedgefonds können dabei allerdings beträchtliche Externalitäten auslösen. Dies ist immer dann gegeben, wenn der schlagartige Abbau umfangreicher gehebelter Positionen dazu führt, dass einzelne Segmente ansonsten liquider Märkte „austrocknen" und andere Akteure ihre Positionen nicht mehr schließen können. Der ursprüngliche Preisschock in einem fallenden Markt kann dadurch noch verstärkt und über weit gestreute Domino-Effekte auf andere Marktsegmente übertragen werden.[530] Ein systemisches Risiko dürfte von der Insolvenz eines Hedgefonds, der eine enge Verflechtung mit Kreditinstituten aufweist, jedoch nur dann ausgehen, wenn Abschreibungen auf eine derartige Investition Solvenzprobleme bei der jeweiligen Bank hervorrufen würden. Eine Gefährdung der Finanzmarktstabilität ist daher besonders dann gegeben, wenn der Ausfall eines Hedgefonds das Bankensystem in einem bereits labilen Zustand trifft.[531]

4. Steigerung der Finanzmarkteffizienz

Hedgefonds sind Anlageprodukte, die typischerweise hohe, volatile und mit der allgemeinen Marktentwicklung nur wenig oder sogar negativ korrelierte Erträge aufweisen.[532] Dieses spezifische Ertragsprofil führt dazu, dass Einlagen bei Hedgefonds vielfältige Möglichkeiten zur Portfoliodiversifizierung besonders für institutionelle Anleger bieten. Durch die Beimischung derartiger Anlagen können günstigere Ertrags-Risiko-Verhältnisse und somit effizientere Portfolios

---

[529] Vgl. Kaiser, Absolutreport 14/2003, S. 39; Deutsche Bundesbank, Monatsbericht März 1999 – Hedge-Fonds und ihre Rolle auf den Finanzmärkten, S. 39; Kremer, ebd.; Spindler/Bednarz, WM 2006, S. 554.

[530] Vgl. Deutsche Bundesbank, Monatsbericht März 1999 – Hedge-Fonds und ihre Rolle auf den Finanzmärkten, S. 40; Kremer, ebd.; Lähn, Hedge Fonds, Banken und Finanzkrisen, S. 324; Spindler/Bednarz, WM 2006, S. 555.

[531] Vgl. Deutsche Bundesbank, ebd.; Kremer, Politikoptionen zur Begrenzung von Hedge-Fonds-Risiken, S. 229 f.; Kaiser, Absolutreport 14/2003, S. 39 f.

[532] Vgl. Kaiser, Absolutreport 14/2003, S. 40; Deutsche Bundesbank, Monatsbericht März 1999 – Hedge-Fonds und ihre Rolle auf den Finanzmärkten, S. 41 f.; Kremer, Politikoptionen zur Begrenzung von Hedge-Fonds-Risiken, S. 230.

erreicht werden.[533] Hedgefonds leisten daher einen wichtigen Beitrag zur Vervollständigung des Finanzsystems.[534]

Darüber hinaus tragen sie immer dann zu einer Steigerung der Informations- und Transaktionseffizienz bei, wenn es ihnen gelingt, durch Arbitragetechniken und andere Spekulationsgeschäfte Finanzpreise schneller in die Nähe ihres Fundamentalwertes zu bringen und dort zu stabilisieren.[535] Hedgefonds treten auch in fallenden Märkten auf der Käuferseite auf, wenn sie konträre Positionen zu einer Preisentwicklung aufbauen, die sie für eine lediglich temporäre Übertreibung halten.[536] Dieses „negative-feedback-trading" übt einen stabilisierenden Einfluss auf die Finanzmärkte aus. Durch ihr Engagement in Derivaten und den Kauf von notleidenden Krediten übernehmen sie darüber hinaus Risiken, die andere Marktteilnehmer nicht mehr eingehen wollen. Dadurch können sie unter anderem auch zur Rettung angeschlagener Unternehmen beitragen.[537] Der Kauf derartiger Kredite erfolgt dabei oftmals unter der Bedingung, dass der Hedgefonds über einen Debt-Equity-Swap am jeweiligen Unternehmen beteiligt wird.[538]

Das Wirken der Hedgefonds birgt allerdings die Gefahr, dass durch große Transaktionen in engen Märkten wie etwa in Schwellenländern bestimmte Politikreaktionen erzwungen werden. Diese können etwa in Währungsabwertungen oder Zinsmaßnahmen der Notenbanken bestehen, die volkswirtschaftlich zu Wachstumseinbußen führen können.[539] Jede Form der Regulierung ist daher an dem Bestreben auszurichten, das systemische Risiko derartiger Fonds durch staatliche Eingriffe reduzierbar zu machen, ohne aber gleichzeitig die positiven

---

[533] Vgl. von Livonius, WM 2004, S. 60; Deutsche Bundesbank, Monatsbericht März 1999 – Hedge-Fonds und ihre Rolle auf den Finanzmärkten, S. 41; Kremer, ebd.

[534] Vgl. Deutsche Bundesbank, Monatsbericht März 1999 – Hedge-Fonds und ihre Rolle auf den Finanzmärkten, S. 42; Kremer, Politikoptionen zur Begrenzung von Hedge-Fonds-Risiken, S. 230; Kaiser, Absolutreport 14/2003, S. 40.

[535] Vgl. Kremer, Politikoptionen zur Begrenzung von Hedge-Fonds-Risiken, S. 230; Kaiser, Absolutreport 14/2003, S. 40; Deutsche Bundesbank, Monatsbericht März 1999 – Hedge-Fonds und ihre Rolle auf den Finanzmärkten, S. 42.

[536] Vgl. Spindler/Bednarz, WM 2006, S. 555; Garbaravicius/Dierick, Hedge Funds and their Implications for Financial Stability, European Central Bank, Occasional Paper Series 34/2005, S. 44.

[537] Vgl. Garbaravicius/Dierick, Hedge Funds and their Implications for Financial Stability, European Central Bank, Occasional Paper Series 34/2005, S. 25; Europäische Zentralbank, Monatsbericht Januar 2006 – Hedgefonds: Entwicklungen und wirtschaftspolitische Implikationen, S. 76.

[538] Vgl. Spindler/Bednarz, WM 2006, S. 555 f.

[539] Vgl. Kaiser, ebd.; Deutsche Bundesbank, ebd.

Wirkungen von Hedgefonds auf den Kapitalmärkten überproportional zu verringern.

II. Indirekte Maßnahmen zur Begrenzung von Hedgefonds-Risiken

1. Überblick

Bisher ist eine breit angelegte Initiative zur direkten Regulierung von Hedgefonds auf internationaler Ebene noch nicht absehbar. Auch in Europa existiert bisher kein einheitlicher Regulierungsrahmen für Hedgefonds oder deren Manager.[540] Unterschiedliche nationale Regelungen bergen dabei die Gefahr einer regulatorischen Fragmentierung, die sich langfristig als hinderlich für das weitere Wachstum der Branche erweisen kann. Die Forderungen nach einer kohärenten europäischen Regelung werden daher zunehmend lauter.[541] Einem nationalen Regulierungsansatz, der beispielsweise den Gestaltungsfreiraum derartiger Fonds im Bereich von Leerverkäufen und kreditfinanzierten Wertpapiergeschäften einschränkt, könnten daher indirekte Maßnahmen zur Beeinflussung von Hedgefonds vorzuziehen sein.[542] Mit einem solchen indirekten Ansatz könnte einer Geschäftsverlagerung derartiger Fonds in Offshore-Finanzzentren begegnet werden.[543] Darüber hinaus sind besonders Hedgefonds aufgrund der hohen Umschlaghäufigkeit ihrer Positionen auf geringe Transaktionskosten angewiesen. Die mögliche Erhebung von Steuern auf Spekulationsgeschäfte, insbesondere bei kurzfristigen Kapitalbewegungen, ist daher als nicht zweckmäßig anzusehen. Derartige Steuern könnten unter Umständen sogar zu einem völligen Verzicht der Hedgefondsmanager auf bestimmte Handelsaktivitäten in den betroffenen Märkten führen.[544]

---

540 Vgl. Spindler/Bednarz, WM 2006, S. 602; Europäische Zentralbank, Monatsbericht Januar 2006 – Hedgefonds: Entwicklungen und wirtschaftspolitische Implikationen, S. 81.

541 Vgl. Kommission der Europäischen Gemeinschaften, Grünbuch – Ausbau des europäischen Rahmens für Investmentfonds, 12.7.2005, S. 10; im Rahmen des Grünbuchs wurde allerdings nicht auf besondere Initiativen der EU Kommission im Hinblick auf Hedgefonds hingewiesen, vgl. Europäische Zentralbank, Monatsbericht Januar 2006 – Hedgefonds: Entwicklungen und wirtschaftspolitische Implikationen, S. 82.

542 Vgl. Harmes, The Trouble with Hedge Funds, The Review of Policy Research, Spring 2002 19:1, S. 172; Kremer, Politikoptionen zur Begrenzung von Hedge-Fonds-Risiken, S. 232.

543 Vgl. Spindler/Bednarz, WM 2006, S. 604.

544 Vgl. Lähn, Hedge Fonds, Banken und Finanzkrisen, S. 333 f.

Verschiedene Studien verweisen auf die Möglichkeit, bei der Kreditvergabe und dem Risikomanagement bereits regulierter Finanzinstitute anzusetzen. Besonders im Vordergrund stehen die Überwachungsmöglichkeiten der in Hedgefonds engagierten Banken.[545] Dabei müssen die einzelnen Kreditinstitute allerdings eine über das eigene Risikomanagement hinausgehende de facto Risikoüberwachung für Dritte übernehmen. Weiterhin gibt es auch Kooperationen von Hedgefonds mit mehreren Banken, die eine Bündelung der Daten im Rahmen einer indirekten Regulierung erschweren.[546] Der Vorteil eines derartigen Regelungsansatzes besteht allerdings in der kurzfristigen Implementierbarkeit, die fundamentale Änderungen im regulatorischen Rahmen der einzelnen Staaten entbehrlich macht.[547]

2. Erhöhung der Transparenz über Hedgefonds-Risiken

Eine Stärkung der Marktdisziplin wird unter anderem durch die Erhöhung der Transparenz über Hedgefondsaktivitäten angestrebt. Ziel ist es dabei, den einzelnen Vertragspartnern des jeweiligen Hedgefonds eine genauere Beurteilung des Gesamtmarktes unter Berücksichtigung bestimmter Kreditrisiken zu ermöglichen.[548] Dies soll nicht nur in Form von detaillierten Informationen, sondern vor allem auch durch deren frühzeitige Verfügbarkeit erreicht werden.[549] Als mögliche Maßnahme wurde dabei unter anderem die Schaffung einer internationalen Evidenz- oder Risikozentrale für Großkredite und Geschäfte mit einem

---

[545] Vgl. Report of the President's Working Group on Financial Markets, Hedge Funds, Leverage, and the Lessons of Long-Term Capital Management, S. 29 ff.; Basle Committee on Banking Supervision, Banks' Interactions with Highly Leveraged Institutions, January 1999, S. 24; Basle Committee on Banking Supervision, Sound Practices for Banks' Interactions with Highly Leveraged Institutions, January 1999, S. 1 ff; Basle Committee on Banking Supervision, A new Capital Adequacy Framework, June 1999, S. 8 ff.; Report of the Technical Committee of the International Organization of Securities Commissions, Hedge Funds and Other Highly Leveraged Institutions, November 1999, S. 9 ff.

[546] Vgl. Spindler/Bednarz, WM 2006, S. 604.

[547] Vgl. Kremer, Politikoptionen zur Begrenzung von Hedge-Fonds-Risiken, S. 232; Report of the Technical Committee of the International Organization of Securities Commissions, Hedge Funds and Other Highly Leveraged Institutions, November 1999, S. 30.

[548] Vgl. Basle Committee on Banking Supervision, Banks' Interactions with Highly Leveraged Institutions, January 1999, S. 4 und 27; Report of the President's Working Group on Financial Markets, Hedge Funds, Leverage, and the Lessons of Long-Term Capital Management, S. 32; Report of the Technical Committee of the International Organization of Securities Commissions, Hedge Funds and Other Highly Leveraged Institutions, November 1999, S. 28; Lähn, Hedge Fonds, Banken und Finanzkrisen, S. 335.

[549] Vgl. Kremer, Politikoptionen zur Begrenzung von Hedge-Fonds-Risiken, S. 230; Report of the President's Working Group on Financial Markets, Hedge Funds, Leverage, and the Lessons of Long-Term Capital Management, S. 32.

bestimmten Mindestvolumen angeführt.[550] Die Meldepflicht sollte sich dabei außer auf Banken auch auf andere Finanzinstitute erstrecken und bilanzunwirksame Positionen wie beispielsweise Derivativgeschäfte einschließen.[551] Die von der Risikozentrale für den jeweiligen Geschäftspartner der meldenden Institute ausgewerteten Informationen sollten den jeweiligen Marktakteuren, aber auch Aufsichtsbehörden und Notenbanken zugänglich sein. Die so gesammelten Daten wären dann im Rahmen der Bewertung des Verschuldensgrades und des jeweiligen Marktrisikos eines bestimmten Hedgefonds heranzuziehen.[552] Eine Prüfung des bei der Bank für internationalen Zahlungsausgleich (BIZ) angesiedelten „Euro-Currency Standing Committee" mit dem Ziel, das Konzept einer Evidenzzentrale für Bankkredite auf sogenannte „Highly Leveraged Institutions" (HLIs) auszuweiten, verlief allerdings bisher ergebnislos.[553] Als HLIs werden dabei diejenigen Finanzinstitutionen bezeichnet, die keiner oder einer lediglich geringen Aufsicht unterworfen sind, begrenzten Offenlegungspflichten unterliegen und einen nicht unerheblichen Umfang von Leverage aufweisen. Diese Definition trifft auf eine große Zahl von Hedgefonds zu, ist jedoch auch auf andere Finanzinstitutionen anwendbar.[554] Möglich wäre auch, speziell die sogenannten „Prime Broker" zur Meldung größerer Positionen mit einzelnen Hedge Fonds zu verpflichten.[555] Bei diesen handelt es sich um Dienstleister, die für die einzelnen Hedgefonds ein vielgestaltiges Leistungsspektrum erfüllen. Dies umfasst unter anderem die Bereitstellung von Fremdkapital gegen Wertpapiersicherheiten („margin financing"), die Unterstützung bei der Bereitstellung von Wertpapieren für Leerverkäufe („securities lending") sowie einzelne Dienste bei der Abwicklung von Wertpapiergeschäften („clearing and settlement"). „Prime Broker" übernehmen weiterhin auch Aufgaben im Bereich der Verwahrung zumindest von Teilen des Fondsvermögens. Daneben kommen auch Hilfestellungen bei der Aufbringung von Kapital für neu gegründete Hedgefonds („capital introduction") oder bei der Erstellung von Risikoberichten in Betracht.

[550] Vgl. Basle Committee on Banking Supervision, Banks' Interactions with Highly Leveraged Institutions, January 1999, S. 6 und 28.

[551] Vgl. Kremer, Politikoptionen zur Begrenzung von Hedge-Fonds-Risiken, S. 232; Basle Committee on Banking Supervision, Banks' Interactions with Highly Leveraged Institutions, January 1999, S. 28.

[552] Vgl. Kremer, ebd.

[553] Vgl. Basle Committee on Banking Supervision, Banks' Interactions with Highly Leveraged Institutions, January 1999, S. 6 und S. 27 f.

[554] Vgl. dazu Basle Committee on Banking Supervision, Sound Practices for Banks' Interactions with Highly Leveraged Institutions, January 1999, S. 3.

[555] Vgl. Spindler/Bednarz, WM 2006, S. 604.

Möglich ist zudem auch eine rein administrative oder technologische Unterstützung.[556]

Ein weiterer Ansatz besteht zudem darin, die einzelnen Marktteilnehmer mit umfangreichen und zeitnahen Makro-Finanzdaten zu versorgen. Durch diese Informationen über die Größe und das Handelsvolumen eines Markt- bzw. Produktsegments könnten die einzelnen Akteure die Liquiditätssituation im Verhältnis zu ihrer eigenen Marktposition besser bewerten.[557] Eine Verpflichtung der einzelnen Marktteilnehmer, ihre mit materiellen Risiken behafteten Positionen gegenüber HLIs zu veröffentlichen, erfordert jedoch zunächst das Wirken der jeweiligen Gesetzgeber. Dies gilt auch für die Meldepflicht von Leerverkäufen in der Form, dass das allgemeine Verhältnis zwischen Long- und Short-Positionen auf anonymisierter Basis für den Geldmarkt transparent gemacht wird.[558] Dabei ist zu beachten, dass zu den sogenannten HLIs neben Hedgefonds auch Banken, Wertpapierhäuser und Versicherungsunternehmen gehören können.[559]

In einer Zeit zunehmender Produktvielfalt und steigender Unübersichtlichkeit der konkurrierenden Hedgefondsstrategien ist zudem an die Einführung standardisierter Qualitätsindikatoren für das Anlegerpublikum zu denken. Dies wäre beispielsweise in Form eines speziellen Fonds-Rating für die Kategorie Hedgefonds möglich.[560] Ein derartiges Hedgefonds-Rating wäre dabei nicht nur für die bessere Nachvollziehbarkeit und Transparenz bei der Auswahl von Dach-Hedgefonds hilfreich, sondern zudem auch bei der Selektion von Hedgefonds einzelner Manager. Bisher fehlt allerdings ein aussagekräftiges Beurteilungsraster, was besonders durch die extreme Heterogenität der einzelnen Anlagestrategien bedingt ist. Erschwerend kommt hinzu, dass eine Vielzahl der Fondsmanager keine Einblicke in die jeweilige Hedgefondsstrategie gewährt.[561] Ein zentrales Problem von Informationen über Hedgefonds ist dabei zudem das strikte Werbeverbot im Rahmen der Privatplatzierungen. Die Parameter eines eventuellen Hedgefonds-Rating sind daher zunächst nach inhaltlichen Aspekten wie unter anderem Anlagestrategie, Personen, Leverage, Volumen und Performance zu differenzieren. Entsprechende Konzepte von Bewertungsspezialisten wie Standard & Poor's, Lipper oder Morningstar befinden sich zwar nach Aussage

---

556 Vgl. Lindemann, BB 2004, S. 2137; Pütz/Schmies, BKR 2004, S. 55.
557 Vgl. dazu Kremer, Politikoptionen zur Begrenzung von Hedge-Fonds-Risiken, S. 233.
558 Vgl. Spindler/Bednarz, WM 2006, S. 603.
559 Vgl. Kremer, ebd.
560 Vgl. Rutsch, Die Bank 1/2004, S. 44.
561 Vgl. Rutsch, ebd.

dieser Agenturen bereits in Vorbereitung, die Einführung eines Hedgefonds-Rating ist aber bisher nicht absehbar.[562] Eine solche wird zudem von der U.S.-amerikanischen Notenbank („Federal Reserve“) kritisiert.[563]

3. Steigerung der Effizienz des Risikomanagements regulierter Finanzinstitute

Ein weiterer Anknüpfungspunkt der indirekten Regulierung von Hedgefonds sind Maßnahmen, die darauf abzielen, die jeweiligen Kreditrisiken der regulierten Finanzinstitute in ihrer Beziehung zu HLIs genauer zu erfassen und zu kontrollieren.[564] In diesem Zusammenhang wurden vom Baseler Ausschuss für Bankenaufsicht bei der BIZ Wohlverhaltensrichtlinien veröffentlicht.[565] Dadurch sollte ein sachgerechter Prüfungsumfang der Banken im Umgang mit ihren Kreditrisiken sichergestellt werden. Der Schwerpunkt lag auf der Schaffung einheitlicher Standards für die Entwicklung bestimmter Mess- und Steuerungssysteme als Reaktion auf die LTCM-Krise.[566]

Die Verhaltensrichtlinien betonen dabei, dass die jeweiligen Bankmanager bereits vor der Geschäftsbeziehung mit HLIs explizite Leitlinien für den Umgang mit Kreditrisiken entwickeln sollten, die das Ergebnis einer eingehenden Analyse ihrer Risikopräferenzen sind.[567] Darüber hinaus wird die Notwendigkeit für Banken unterstrichen, sich diejenigen Informationen zu beschaffen, die für eine sachgerechte Beurteilung der zugrundeliegenden Kreditrisiken notwendig sind. Im Rahmen der Maßnahmen für ein effizientes Risikomanagement werden weiterhin auch verbesserte Techniken zur Messung von Kreditrisiken angeführt.[568] Dabei ist sowohl auf die möglichst genaue Erfassung von Markt-, Kredit- und

---

562 Vgl. Rutsch, Die Bank 1/2004, S. 45; Atzler/Jennen, FTD 18. Mai 2006, S. 19.

563 Vgl. Atzler/Jennen, ebd.

564 Vgl. Basle Committee on Banking Supervision, Banks' Interactions with Highly Leveraged Institutions, January 1999, S. 4.

565 Vgl. dazu Basle Committee on Banking Supervision, Sound Practices for Banks' Interactions with Highly Leveraged Institutions, January 1999, S. 3 ff.

566 Vgl. Kremer, Politikoptionen zur Begrenzung von Hedge-Fonds-Risiken, S. 233; Basle Committee on Banking Supervision, Banks' Interactions with Highly Leveraged Institutions, January 1999, S. 4; Basle Committee on Banking Supervision, Sound Practices for Banks' Interactions with Highly Leveraged Institutions, January 1999, S. 1.

567 Vgl. Basle Committee on Banking Supervision, Sound Practices for Banks' Interactions with Highly Leveraged Institutions, January 1999, S. 4.

568 Vgl. Basle Committee on Banking Supervision, Banks' Interactions with Highly Leveraged Institutions, January 1999, S. 4 f.; Kremer, Politikoptionen zur Begrenzung von Hedge-Fonds-Risiken, S. 233 f.; Basle Committee on Banking Supervision, Sound Practices for Banks' Interactions with Highly Leveraged Institutions, January 1999, S. 5 ff.

Liquiditätsrisiken als auch auf die Bewertung zukünftiger Risikopotentiale („Potential Future Exposure") zu achten.[569] Darüber hinaus werden sogenannte Stress-Tests empfohlen, die den Einfluss verschiedener Turbulenzszenarien in die jeweilige Risikoanalyse einbeziehen.[570] Im Rahmen einer derartigen Prüfung kommt es zu einer Simulation von Finanzmarktkrisen, die die Korrelationen zwischen bestimmten Finanzmarktpreisen stören und daher zu einer Beeinträchtigung von Diversifikations- und Hedgingstrategien führen können.[571] Potentielle Verluste auf Seiten der Banken lassen sich zudem durch Obergrenzen des jeweiligen Engagements einschränken. Möglich ist auch eine bessere Anpassung der jeweiligen Vertragsbestimmungen an die für HLIs typischen Eigenschaften. So können beispielsweise Anfangssicherheitsleistungen oder aber Zusatzklauseln zur vorzeitigen Vertragsbeendigung vereinbart werden. Letztere wären immer dann relevant, wenn sich die Bonität eines HLI erheblich verschlechtert.[572]

Zu einer breiten Akzeptanz derartiger Verhaltensrichtlinien kann es allerdings nur dann kommen, wenn neben einer verbesserten Marktdisziplin der einzelnen Teilnehmer entsprechende Anreize durch die jeweiligen Aufsichtsbehörden gesetzt werden. Diese können sowohl in Form einer moralischen Einwirkung („moral suasion") als auch in Sanktionen im Falle der Nichtbefolgung der Standards bestehen.[573]

Eine Verbesserung des Risikomanagements erhoffte man sich zudem durch eine Neuregelung der Eigenkapitalausstattung der Banken in Verbindung mit periodischen Überprüfungen durch die Aufsichtsbehörden.[574] Durch diese internationalen Eigenkapitalregelungen („Basel II") ergaben sich strengere Kapitalanforderungen für Hedgefonds-Exposures, da die jeweilige Bank ihre Geschäfte mit einer bestimmten Höhe mit Eigenmitteln unterlegen muss, um das Risiko einer Insolvenz einzuschränken.[575] Mit dem Gesetz zur Umsetzung der neu gefassten Bankenrichtlinie und der neu gefassten Kapitaladäquanzrichtlinie vom 17. November 2006 wurden die neuen internationalen Eigenkapitalstandards durch Änderung der §§ 10 ff. KWG in das deutsche Bankenaufsichtsrecht über-

---

[569] Vgl. Basle Committee on Banking Supervision, Sound Practices for Banks' Interactions with Highly Leveraged Institutions, January 1999, S. 5 f. und 7 ff.

[570] Vgl. Basle Committee on Banking Supervision, Banks' Interactions with Highly Leveraged Institutions, January 1999, S. 5.

[571] Vgl. Kremer, Politikoptionen zur Begrenzung von Hedge-Fonds-Risiken, S. 234.

[572] Vgl. EZB, Monatsbericht Januar 2006, S. 83.

[573] Vgl. Kremer, ebd.

[574] Vgl. dazu Basler Ausschuss für Bankenaufsicht, Internationale Konvergenz der Eigenkapitalmessung und der Eigenkapitalanforderungen, Juni 2004, S. 12 ff.

[575] Vgl. EZB, Monatsbericht Januar 2006, S. 84 f.

nommen. Dieses ist am 1. Januar 2007 in Kraft getreten und hat die Richtlinien 2006/48/EG[576] und 2006/49/EG[577] des Europäischen Parlaments und des Rates fristgerecht umgesetzt. Weiterhin wurden drei Rechtsverordnungen aufgrund des Gesetzes zur Umsetzung der neu gefassten Bankenrichtlinie und der neu gefassten Kapitaladäquanzrichtlinie vom 17. November 2006 erlassen. Diese sind die Solvabilitätsverordnung[578] vom 14. Dezember 2006, die Groß- und Millionenkreditverordnung[579] vom 14. Dezember 2006 und die Liqiditätsverordnung[580] vom 14. Dezember 2006. Die Umsetzung der internationalen Eigenkapitalregelungen in den U.S.A. ist dagegen auf Anfang 2009 verschoben.[581]

Die von den beschriebenen Studien aufgeführten Ansätze einer indirekten Regulierung können nur ergänzend wirken. Die lediglich als Empfehlung ausgearbeiteten Standardrichtlinien des Baseler Ausschusses für Bankenaufsicht können das regulatorische Wirken der einzelnen Gesetzgeber nicht ersetzen.[582] Für eine breite Regulierung von Hedgefonds ist zudem eine multilaterale Zusammenarbeit erforderlich, die nicht zuletzt wegen der aufgezeigten Ausnahmetatbestände im U.S.-Kapitalmarktrecht bisher nicht ersichtlich ist.[583] Die einzelnen Wohlverhaltensrichtlinien, die auf eine Stärkung der Marktdisziplin abzielen, können nur als bedingt effektiv angesehen werden. Zwar kam es im Anschluss an das LTCM-Debakel zu einer erheblichen Verbesserung des Riskomanagements der einzelnen Kreditinstitute, die Gefahr der Nichteinhaltung der lediglich empfohlenen Standards bleibt jedoch ohne das Eingreifen des Gesetzgebers groß. Das Banking Supervision Committee (BSC) der Europäischen Zentralbank (EZB), das sich aus Vertretern der einzelnen Aufsichtsbehörden und den Zentralbanken der Mitgliedstaaten der Europäischen Union zusammensetzt, hat in einem jüngst erschienenen Bericht erneut Schwachstellen im Risikomanagement der Banken

---

576 Vgl. Amtsblatt der Europäischen Gemeinschaften vom 14. Juni 2006, Nr. L 177, S.1.
577 Vgl. Amtsblatt der Europäischen Gemeinschaften vom 14. Juni 2006, Nr. L 177, S. 201.
578 BGBl. 2006 I, S. 2926.
579 BGBl. 2006 I, S. 3065.
580 BGBl. 2006 I, S. 3117.
581 Vgl. Schieritz/Jennen/Buchter/Lebert, FTD 19.09.2006, im Internet abrufbar unter: http://www.ftd.de/unternehmen/finanzdienstleister/145638.html (Datum des Abrufs: 20. September 2006).
582 Vgl. dazu Harmes, The Trouble with Hedge Funds, The Review of Policy Research, Spring 2002 19:1, S. 172 f.; Greithner, Hedge Funds and Their Implications for the Financial System, 17 November 2004, S. 4.
583 Vgl. dazu Harmes, The Trouble with Hedge Funds, The Review of Policy Research, Spring 2002 19:1, S. 174.

ausgemacht.[584] Der Grund dafür sind die immer komplexer werdenden Verflechtungen zwischen Hedgefonds und Banken. Trotz des grundsätzlich guten Risikomanagements der Bankinstitute sind besonders große Hedgefonds durch den verschärften Wettbewerb der „Prime Broker“ in der Lage, immer günstigere Kreditbedingungen auszuhandeln. Darüber hinaus stehen oftmals nur unzureichende Informationen über die Hebelung des Eigenkapitals der einzelnen Fonds zur Verfügung.[585] Beim Einsatz von spekulativen Finanzinstrumenten ist zudem zu beobachten, dass sich einzelne „Prime Broker“ mit geringeren Hinterlegungen zufrieden geben.[586]

Die Bankinstitute treten jedoch nicht immer nur als Kreditgeber auf. Sie sind vielmehr neben ihrer Aufgabe als „Prime Broker“ oft im Rahmen des sogenannten „proprietary trading“ selbst Investoren in derartigen Fonds. Zusammen mit dem verschärften Wettbewerb zwischen den Banken kann dies zu einer schleichenden Abmilderung der ohnehin uneinheitlichen Standards führen.[587] Vor diesem Hintergrund ist es zudem angebracht, nicht allein auf die Marktdisziplin zu vertrauen. Initiativen zur Selbstregulierung der Vermögensverwaltungsbranche, beispielsweise in Form von Verhaltenskodizes, sind daher zwar zu begrüßen, als regulatorischer Ansatz jedoch unzureichend.[588] Um Manipulationen oder erhöhten systemischen Risiken vorzubeugen, muss die jeweilige Regulierung direkt bei den Handelsaktivitäten der einzelnen Hedgefonds ansetzen.[589]

---

[584] Vgl. European Central Bank, Large EU Banks' Exposures to Hedge Funds, November 2005, S. 5.

[585] Vgl. European Central Bank, Large EU Banks' Exposures to Hedge Funds, November 2005, S. 6; Spindler/Bednarz, WM 2006, S. 603.

[586] Vgl. Spindler/Bednarz, WM 2006, S. 603.

[587] Greithner, Hedge Funds and Their Implications for the Financial System, 17. November 2004, S. 4 und 5.

[588] Vgl. Europäische Zentralbank, Monatsbericht Januar 2006 – Hedgefonds: Entwicklungen und wirtschaftspolitische Implikationen, S. 80; Spindler/Bednarz, WM 2006, S. 604.

[589] Vgl. dazu Harmes, The Trouble with Hedge Funds, The Review of Policy Research, Spring 2002 19:1, S. 172 f.

F. Hedgefonds in Deutschland nach dem Investmentmodernisierungsgesetz

I. Zielsetzung des Gesetzes und europarechtliche Vorgaben

Am 1. Januar 2004 ist das Investmentmodernisierungsgesetz[590] in Kraft getreten. Die ursprünglichen Gesetzentwürfe wurden am 20. August 2003 mit minimalen Änderungen vom Kabinett beschlossen und gingen als Regierungsentwürfe in das Gesetzgebungsverfahren ein. Die erste Lesung im Bundestag fand am 25. September 2003 statt. Die zweite und dritte Lesung folgten dann am 7. November 2003. Die abschließende Beratung des Bundesrates schloss sich am 28. November 2003 an.[591]

Das Gesetz besteht im Wesentlichen aus dem Investmentgesetz (InvestmG) und dem Investmentsteuergesetz (InvestmStG). Durch seine Einführung werden die Regelungsbereiche des KAGG und des AuslInvestmG zusammengefasst und die alten Vorschriften abgelöst.[592] Die steuerlichen Vorschriften der ursprünglichen Gesetze sind im InvestmStG zusammengeführt. Der Gesetzgeber bezweckt damit eine Gleichbehandlung in- und ausländischer Investmentfonds.[593] Gleichzeitig werden zwei Änderungsrichtlinien[594] zur OGAW-Richtlinie[595] in nationales Recht umgesetzt. Ziel des Investmentmodernisierungsgesetzes ist es dabei, neben der Schaffung eines europäischen Binnenmarktes attraktive Rahmenbedingungen für die Investmentbranche in der Bundesrepublik Deutschland zu schaffen, ohne jedoch den Anlegerschutz und eine effektive Aufsicht zu vernachlässigen.[596] In diesem Zusammenhang hat sich der deutsche Gesetzgeber zudem

---

590 Gesetz zur Modernisierung des Investmentwesens und zur Besteuerung von Investmentvermögen vom 15.12.2003, BGBl. I, S. 2767.

591 Vgl. Lang, WM 2004, S. 53.

592 Vgl. Art. 17 Abs. 1 S. 2 InvestmG; Kaune/Oulds, ZBB 2004, S. 114; Pütz/Schmies, BKR 2004, S. 51; Lang, WM 2004, S. 53.

593 Vgl. Entwurf Investmentmodernisierungsgesetz, Begründung, Allgemeiner Teil, Bundestagsdrucksache 15/1553, S. 65; Lang, ebd.

594 Richtlinie 2001/107/EG und Richtlinie 2001/108/EG vom 21. Januar 2002 zur Änderung der Richtlinie 85/611/EWG des Rates zur Koordinierung der Rechts- und Verwaltungsvorschriften betreffend bestimmte Organismen für gemeinsame Anlagen in Wertpapieren (O-GAW-Richtlinie), Amtsblatt der Europäischen Gemeinschaften vom 13. Februar, Nr. L 41/20 und Nr. L 41/35.

595 Richtlinie 85/611/EWG des Rates vom 20. Dezember 1985 zur Koordinierung der Rechts- und Verwaltungsvorschriften betreffend bestimmte Organismen für gemeinsame Anlagen in Wertpapieren (OGAW), Amtsblatt der Europäischen Gemeinschaften, 31. Dezember 1985, Nr. L 375/3.

596 Vgl. Kaune/Oulds, ZBB 2004, S. 114; Entwurf Investmentmodernisierungsgesetz, Begründung, Allgemeiner Teil, Bundestagsdrucksache 15/1553, S. 65.

dazu entschlossen, einen rechtlichen und steuerlichen Rahmen für Hedgefonds zu schaffen. Dadurch sollte die Attraktivität des Investmentstandortes Deutschland im Vergleich zu Ländern wie Luxemburg und Irland erhalten und der Einfluss unregulierter Hedgefondsprodukte zurückgedrängt werden.[597] In den Vorschriften des InvestmG wurde daher ein eigener Abschnitt über „Sondervermögen mit zusätzlichen Risiken" aufgenommen. Bei diesen handelt es sich inhaltlich um Single- bzw. Dach-Hedgefonds.[598] Auch der deutsche Gesetzgeber hat dabei bewusst auf eine Definition des Begriffs Hedgefonds bzw. „Sondervermögen mit zusätzlichen Risiken" verzichtet.[599] Nach § 112 Abs. 1 InvestmG ist das einzige Abgrenzungskriterium von „Sondervermögen mit zusätzlichen Risiken" zu Investmentfonds im Sinne des § 2 Abs. 1 InvestmG, dass Erstere hinsichtlich der Zusammenstellung ihres Portfolios grundsätzlich keinen Beschränkungen unterworfen sind. Derartige Fonds besitzen demnach die Möglichkeit, sowohl mit Leverage zu arbeiten als auch Leerverkäufe zu tätigen.[600]

Im Gegensatz zum U.S.-amerikanischen ICA erfasst das neue deutsche InvestmG ebenso wenig wie das bisherige KAGG[601] sämtliche nach heimischem Recht begründete Anlagevehikel. Dies eröffnet auch nach der neuen Rechtslage die Möglichkeit, außerhalb des Regelungsbereiches des InvestmG nach allgemeinem Gesellschaftsrecht Unternehmen zu gründen, deren Geschäftszweck auf die Umsetzung von Hedgefonds-Anlagestrategien gerichtet ist.[602] Dabei ist allerdings zu beachten, dass derartige Gesellschaften den Bestimmungen des KWG hinsichtlich der Erbringung von Bankgeschäften oder Finanzdienstleistungen sowie dem allgemeinen Steuerrecht unterliegen.[603]

Die nachfolgenden Ausführungen sollen die neuen gesetzlichen Rahmenbedingungen für Hedgefonds in Deutschland unter besonderer Beachtung der für die praktische Umsetzung des Investmentmodernisierungsgesetzes maßgeblichen Rechtsfragen näher darstellen.

---

597 Vgl. von Livonius, WM 2004, S. 63; Kestler, Die Bank 10/2003, S.675; Entwurf Investmentmodernisierungsgesetz, Begründung, Allgemeiner Teil, Bundestagsdrucksache 15/1553, S. 65 f.

598 Vgl. von Livonius, WM 2004, S. 63; Pütz/Schmies, BKR 2004, S. 51.

599 Vgl. Entwurf Investmentmodernisierungsgesetz, Begründung, Besonderer Teil, Bundestagsdrucksache 15/1553, S. 107.

600 Vgl. von Livonius, WM 2004, S. 63.

601 Vgl. oben, C. I. 2.

602 Vgl. Pütz/Schmies, BKR 2004, S. 51, speziell Fußnote 2; Spindler/Bednarz, WM 2006, S. 556.

603 Vgl. Pütz/Schmies, ebd.; Spindler/Bednarz, ebd.; speziell Fußnote 61.

II. Aufsichtsrechtliche Regulierung inländischer Hedgefonds nach dem Investmentgesetz

1. Allgemeines

Das neue Investmentgesetz regelt in seinem vierten Kapitel (§§ 112 - 120 InvestmG) erstmals die Auflegung deutscher Hedgefonds.[604] Diese werden in Anlehnung an den Schweizer Gesetzgeber als „Sondervermögen mit zusätzlichen Risiken" bezeichnet.[605] Bei den in den §§ 112 - 120 InvestmG aufgeführten Bestimmungen handelt es sich allerdings nicht um einen eigenständigen, abgeschlossenen Normenkomplex. Gemäß § 114 InvestmG finden vielmehr sämtliche Vorschriften des Investmentgesetzes mit Ausnahme der für bestimmte Arten von Sondervermögen geltenden Bestimmungen auf Hedgefonds Anwendung, sofern sich aus den §§ 112 - 120 InvestmG nichts Gegenteiliges ergibt.

Die §§ 112 - 120 InvestmG unterscheiden dabei, wie bereits ausgeführt,[606] zwischen Single-Hedgefonds (Sondervermögen mit zusätzlichen Risiken) und Dach-Hedgefonds (Dach-Sondervermögen mit zusätzlichen Risiken).[607] Die ursprüngliche Absicht der Bundesregierung, die Auflegung von Single-Hedgefonds nur als Spezialsondervermögen zuzulassen, wurde vom Gesetzgeber nicht verwirklicht.[608] Nach § 2 Abs. 3 InvestmG handelt es sich bei derartigen Spezialsondervermögen um Investmentvermögen, deren Anteile satzungsgemäß von nicht mehr als 30 Anlegern gehalten werden, bei denen es sich nicht um natürliche Personen handelt. Die ursprünglich geplante Einschränkung hätte nicht nur die Vermarktung deutscher Single-Hedgefonds im Ausland erschwert, sondern auch zu einer Benachteiligung gegenüber ausländischen Single-Hedgefonds geführt, die im Wege von aufsichtsrechtlich nicht vom InvestmG erfassten Privatplatzierungen an deutsche Anleger vertrieben werden können.[609] Die Beschränkung deutscher Single-Hedgefonds auf Spezialsondervermögen wurde dabei besonders auch auf Drängen von Verbraucherschützern verworfen,

[604] Vgl. Pütz/Schmies, BKR 2004, S. 51; Köndgen/Schmies, WM Sonderbeilage Nr. 1/2004, S. 14.

[605] Vgl. Pütz/Schmies, ebd.; Art. 35 des Schweizer Anlagefondsgesetzes bezeichnet derartige Fonds als „übrige Investmentfonds mit besonderen Risiken", im Internet abrufbar unter: http://www.admin.ch/ch/d/sr/9/951.31.de.pdf (Datum des Abrufs: 6. August 2006).

[606] Vgl. oben, I.

[607] Vgl. von Livonius, WM 2004, S. 63; Köndgen/Schmies, WM Sonderbeilage Nr. 1/2004, S. 14.

[608] Vgl. Beschlußempfehlung des Finanzausschusses (7. Ausschuß), Bundestagsdrucksache 15/1896, S. 78.

[609] Vgl. Köndgen/Schmies, WM Sonderbeilage Nr. 1/2004, S. 15.

die sich gegen die komplette Verlagerung auf potentiell gebührenträchtige Dachfonds wandten.[610]

Nach den Bestimmungen des InvestmG können daher auch Single-Hedgefonds als von einer Kapitalanlagegesellschaft verwaltetes Publikumsvermögen sowie als Investmentaktiengesellschaft gegründet werden. Dabei sind gewisse Vertriebsbeschränkungen zu beachten, auf die im Folgenden noch näher einzugehen ist.[611]

2. Sondervermögen einer Kapitalanlagegesellschaft

Hedgefonds können zunächst gemäß § 30 Abs. 1 InvestmG von einer Kapitalanlagegesellschaft als Sondervermögen errichtet werden. Dieses wird vom eigenen Vermögen der Kapitalanlagegesellschaft getrennt gehalten, wobei dessen Vermögensgegenstände entweder im Eigentum der Kapitalanlagegesellschaft (Treuhandlösung)[612] oder im Miteigentum der Anleger (Miteigentumslösung)[613] stehen.[614] Unerheblich ist insoweit, ob die Kapitalanlagegesellschaft nur zu diesem Zweck aufgelegt wurde oder ob sie im Übrigen auch gewöhnliche Sondervermögen verwaltet. Bereits bestehende Kapitalanlagegesellschaften können Hedgefonds nach einer entsprechenden Satzungsänderung und nach auftragsgemäß erteilter Erweiterung ihrer Bankerlaubnis auflegen.[615]

Gemäß § 6 Abs. 1 S. 1 i. V. m. § 7 Abs. 2 InvestmG handelt es sich bei Kapitalanlagegesellschaften, wie bereits im Rahmen der Bestimmungen des KAGG ausgeführt,[616] um Kreditinstitute, welche Sondervermögen verwalten bzw. neben der Verwaltung von Sondervermögen auch individuelle Vermögensverwaltung betreiben.[617] Als Kreditinstitute im Sinne des § 1 Abs. 1 S. 2 Nr. 6 KWG bedürfen Kapitalanlagegesellschaften zur Aufnahme ihres Geschäftsbetriebes einer

---

[610] Vgl. Stellungnahme der Verbraucherzentrale Bundesverband (vzbv) zum Diskussionsentwurf des Bundesministeriums der Finanzen eines Gesetzes zur Modernisierung des Investmentwesens und zur Besteuerung von Investmentvermögen (Investmentmodernisierungsgesetz), 10. Oktober 2003, S. 5 f.

[611] Vgl. Pütz/Schmies, BKR 2004, S. 51; Köndgen/Schmies, WM Sonderbeilage Nr. 1/2004, S. 15.

[612] Vgl. oben, C. I. 1.

[613] Vgl. oben, C. I. 1.

[614] Vgl. dazu von Livonius, WM 2004, S. 63.

[615] Vgl. Zeller in: Brinkhaus/Scherer, Gesetz über Kapitalanlagegesellschaften Auslandinvestment-Gesetz, § 1 KAGG, Rdn. 22 ff.

[616] Vgl. oben, C. I. 1.

[617] Vgl. von Livonius, WM 2004, S. 63; Köndgen/Schmies, WM Sonderbeilage Nr. 1/2004, S. 6.

schriftlichen Erlaubnis seitens der BaFin. Die in § 32 KWG normierte Erlaubnispflicht wurde dabei in § 7 Abs. 1 InvestmG auch spezialgesetzlich verankert.[618] Es bedarf daher vor Aufnahme des Geschäftsbetriebes der jeweiligen Kapitalanlagegesellschaft zunächst einer entsprechenden Erlaubniserteilung.

Für Hedgefonds verwaltende Kapitalanlagegesellschaften gelten die allgemeinen Mindestkapitalanforderungen gemäß § 11 Abs. 1 Nr. 1 InvestmG.[619] Die Erlaubnisvoraussetzungen wurden allerdings richtlinienbedingt besonders im Bereich der Kapitalanforderungen geändert. Im Rahmen der Umsetzung der Verwaltungsrichtlinie 2001/107/EG[620] war der deutsche Gesetzgeber dazu angehalten, die Eigenkapitalanforderungen an Kapitalanlagegesellschaften zu modifizieren.[621] Im Ergebnis gehen die von § 11 InvestmG normierten Voraussetzungen über die Anforderungen der Richtlinie hinaus, bleiben aber andererseits unter den ursprünglichen Regelungen des KAGG. So wurde in § 11 Abs. 1 Nr. 1 InvestmG das erforderliche Mindestkapital einer Kapitalanlagegesellschaft von den ursprünglich in § 2 Abs. 2 a KAGG aufgeführten 2.500.000 Euro auf 730.000 Euro gesenkt.[622] Wertpapierhandelsbanken im Sinne des § 1 Abs. 3 d KWG sind mit Kapitalanlagegesellschaften im Sinne des § 6 InvestmG vergleichbar. Die Mindestkapitalanforderungen für Kapitalanlagegesellschaften gemäß § 11 InvestmG wird daher entsprechend § 33 Abs. 1 Nr. 1 c KWG i. V. m. § 1 Abs. 3 d KWG auf den Betrag von 730.000 Euro festgelegt.[623]

Darüber hinaus werden in § 11 Abs. 1 Nr. 2 InvestmG erstmals dynamische Kapitalanforderungen in Abhängigkeit von dem in einer Kapitalanlagegesellschaft verwalteten Vermögen aufgestellt.[624] In diesem Zusammenhang ist daher festzuhalten, dass sich nach § 11 Abs. 1 Nr. 2 InvestmG das bereitzustellende Kapital um mindestens 0,02 Prozent der verwalteten Beträge erhöht, sobald diese 3 Milliarden Euro übersteigen. Die geforderte Summe des Anfangskapitals und der zusätzlichen Eigenmittel darf jedoch 10 Millionen Euro nicht überschreiten. Zudem verlangt § 11 Abs. 3 InvestmG in Anlehnung an § 10 Abs. 9 KWG, dass die Kapitalanlagegesellschaft stets Eigenmittel in Höhe von mindes-

---

[618] Vgl. Köndgen/Schmies, ebd.
[619] Vgl. Pütz/Schmies, BKR 2004, S. 51.
[620] Vgl. Amtsblatt der Europäischen Gemeinschaften vom 13 Februar 2002, L 41/20.
[621] Vgl. Köndgen/Schmies, WM Sonderbeilage Nr. 1/2004, S. 6.
[622] Lediglich für Kapitalanlagegesellschaften, die Immobilien-Sondervermögen verwalten oder die Nebendienstleistung der Anteilsverwahrung und –verwaltung für andere (beschränktes Depotgeschäft) ausüben, wurde die Mindestkapitalausstattung auf dem ursprünglichen Niveau gehalten; vgl. § 11 Abs. Nr. 1, 2. Hs. InvestmG.
[623] Vgl. Köndgen/Schmies, WM Sonderbeilage Nr. 1/2004, S. 7.
[624] Vgl. Pütz/Schmies, BKR 2004, S. 51 f.; Köndgen/Schmies, ebd.

tens einem Viertel ihrer im letzten Jahresabschluss ausgewiesenen Kosten vorhält.[625]

Eine weitere Verschärfung des InvestmG gegenüber der Richtlinie ist darin zu sehen, dass der deutsche Gesetzgeber den Kapitalanlagegesellschaften nicht gestattet, Eigenkapitalanforderungen zumindest teilweise durch Garantien von Kreditinstituten zu erfüllen.[626] Aufgrund der vergleichsweise hohen Kapitalanforderungen dürfte der bewusste Verzicht auf diese Option eine deutliche Benachteiligung deutscher Investmentgesellschaften darstellen. Die Errichtung einer Kapitalanlagegesellschaft, die lediglich der Verwaltung eines neu gegründeten Hedgefonds dient, wird sich daher für den einzelnen Hedgefondsmanager kaum empfehlen.[627]

Für Kapitalanlagegesellschaften als Spezialkreditinstitute im Sinne des § 6 Abs. 1 S. 1 InvestmG i. V. m. § 1 Abs. 1 S. 2 Nr. 6 KWG finden weiterhin auch die Bestimmungen über die Geschäftsleiterqualifikation Anwendung.[628] Gemäß § 33 Abs. 1 Nr. 4 i. V. m. § 33 Abs. 2 i. V. m. § 1 Abs. 2 S. 1 KWG bedarf eine Kapitalanlagegesellschaft, die einen Hedgefonds als Sondervermögen verwaltet, mindestens zweier zuverlässiger und fachlich geeigneter Geschäftsleiter. Die fachliche Eignung setzt nach § 33 Abs. 2 KWG sowohl theoretische und praktische Kenntnisse in den einschlägigen Geschäften als auch Leitungserfahrung voraus.[629] Gemäß § 33 Abs. 2 S. 2 KWG wird sie immer dann angenommen, wenn eine zumindest dreijährige Tätigkeit in einem vergleichbaren Institut gegeben ist. Aufgrund der vormals starken Beschränkungen für Hedgefonds im deutschen Investmentrecht sind berufliche Erfahrungswerte im Rahmen der Verwaltung derartiger Fonds vergleichsweise selten. Eine besondere Betonung der praktischen Kenntnisse würde den Kreis der potentiellen Geschäftsleiter daher übermäßig einengen. Entsprechende Kenntnisse sowohl im Bereich des aktiven Wertpapierhandels als auch im Rahmen von dessen Überwachung im Risikomanagement dürften folglich unter der neuen deutschen Regulierung für die fachliche Eignung ausschlaggebend sein.[630] Dies geht auf die Erwägung zurück, dass besonders der Eigenhandel von Investmentbanken im Hinblick auf die Handelsstrategien und eingesetzten Finanzinstrumente mit der Geschäftstätigkeit vieler Hedgefonds verwandt ist. Diese Ähnlichkeit ist von besonderer

---

625 Vgl. Köndgen/Schmies, ebd.; Pütz/Schmies, BKR 2004, S. 52.
626 Vgl. Köndgen/Schmies, ebd.
627 Vgl. dazu Pütz/von Sonntag/Fock, Absolutreport 08/2003, S. 27.
628 Vgl. Pütz/Schmies, BKR 2004, S. 52.
629 Vgl. Pütz/von Sonntag/Fock, Absolutreport 08/2003, S. 27; Pütz/Schmies, ebd.
630 Vgl. Pütz/Schmies, ebd.

Bedeutung, zumal viele Hedgefondsmanager vor der Gründung des jeweiligen Fonds in derartigen Banken mit dem Eigenhandel des Instituts betraut waren.[631]

3. Sondervermögen einer Investmentaktiengesellschaft

a) Überblick

Hedgefonds können gemäß §§ 96 ff. InvestmG auch als Investmentaktiengesellschaft errichtet werden. Aufgrund der hohen Anforderungen für den Einsatz einer Kapitalanlagegesellschaft stand für die Investmentbranche bei den Vorberatungen für das InvestmentmodernisierungsG eine Verbesserung der Rahmenbedingungen für die Investmentaktiengesellschaft im Vordergrund.[632] Die Investmentaktiengesellschaft als Rechtsträgerin eines Sondervermögens in der Rechtsform einer AG war zwar seit dem 3. Finanzmarktförderungsgesetz[633] in den §§ 51 - 67 KAGG vorgesehen. Der deutsche Fondsmarkt machte von diesem Anlagevehikel vor Inkrafttreten des InvestmentmodernisierungsG jedoch keinen Gebrauch.[634] Dies ging besonders auf die Tatsache zurück, dass Investmentaktiengesellschaften und ihre Aktionäre wie bei jeder anderen AG nach den allgemeinen Bestimmungen des Körperschaftsteuer- und Einkommensteuergesetzes besteuert wurden.[635] Darüber hinaus kam die Investmentaktiengesellschaft im Geltungsbereich des KAGG wegen ihres fixen Kapitals nicht als Publikumsfonds in Betracht. Investmentaktiengesellschaften waren nicht zur Rücknahme der von ihnen ausgegebenen Investmentanteile verpflichtet. Die Anleger konnten ihre Anteile vielmehr nur über einen Sekundärmarkt veräußern.[636] § 61 Abs. 1 KAGG normierte daher, dass die Einlagen in einer Investmentaktiengesellschaft innerhalb einer Frist von sechs Monaten nach Erteilung der Erlaubnis zum Geschäftsbetrieb zu 90 Prozent öffentlich angeboten werden mussten. § 61 Abs. 3 KAGG verlangte zudem die Zulassung der Aktien zum amtlichen oder geregelten Markt an einer inländischen Börse, um dadurch dem jeweiligen Investor einen leichteren Ausstieg zu ermöglichen.[637]

---

[631] Vgl. Pütz/Schmies, ebd.

[632] Vgl. Pütz/von Sonntag/Fock, Absolutreport 08/2003, S. 27.

[633] Vgl. BGBl. 1998 I, S. 529.

[634] Vgl. Köndgen/Schmies, WM Sonderbeilage Nr. 1/2004, S. 16 f.; Pütz/Schmies, BKR 2004, S. 51; Kaune/Oulds, ZBB 2004, S. 123.

[635] Vgl. Köndgen/Schmies, WM Sonderbeilage Nr. 1/2004, S. 17; Kaune/Oulds, ebd.

[636] Vgl. Kaune/Oulds, ebd.; Thoma/Steck, AG 2001, S. 331.

[637] Vgl. Pütz/von Sonntag/Fock, Absolutreport 08/2003, S. 27 f.; Köndgen/Schmies, WM Sonderbeilage Nr. 1/2004, S. 17.

Durch die Neuregelung im Investmentmodernisierungsgesetz soll nun die Rechtsform der Investmentaktiengesellschaft attraktiver werden und zukünftig auch Hedgefonds zur Verfügung stehen.[638]

b) Allgemeiner regulatorischer Rahmen

Das neue InvestmG hat die Investmentaktiengesellschaft als alternatives Vehikel für kollektive Vermögensanlage beibehalten, senkt allerdings in § 97 Abs. 1 Nr. 1 InvestmG das Mindestanfangskapital von ursprünglich 1.000.000 Euro[639] auf 300.000 Euro.[640] Weiterhin werden nun auch die Investmentaktiengesellschaften in die investmentrechtlichen Besteuerungsvorschriften einbezogen. Dadurch wurde die ursprüngliche Ungleichbehandlung von Kapitalanlagegesellschaften und Investmentaktiengesellschaften beseitigt und somit auch dieser Fondstyp sowohl von der Körperschaftsteuer als auch von der Gewerbesteuer befreit.[641]

Gemäß § 99 Abs. 1 InvestmG sind die allgemeinen Vorschriften des Aktienrechts immer dann anwendbar, wenn die Bestimmungen des InvestmG nichts anderes normieren. Nach § 96 Abs. 2 S. 2 InvestmG ist als Unternehmensgegenstand einer Investmentaktiengesellschaft lediglich die Anlage und Verwaltung des Gesellschaftsvermögens nach dem Grundsatz der Risikomischung mit dem Ziel der Gewinnbeteiligung der Anteilinhaber gestattet. Dabei ist die Investmentaktiengesellschaft allerdings auf speziell aufgeführte Anlageobjekte beschränkt,[642] so dass beispielsweise der Erwerb von Immobilien und Immobilienbeteiligungen (§ 2 Abs. 4 Nr. 5 InvestmG) ausscheidet.[643] Im Gegensatz zu Kapitalanlagegesellschaften handelt es sich bei Investmentaktiengesellschaften nicht um aufsichtspflichtige Kreditinstitute im Sinne des § 1 KWG. Investmentaktiengesellschaften erbringen auch keine Finanzdienstleistungen im Sinne des § 1 Abs. 1 a S. 2 KWG. Eine Einordnung als Finanzdienstleistungsinstitute im Sinne des § 1 Abs. 1 a KWG ist daher ebenfalls zu verneinen.[644] Die Schutzbe-

---

638 Vgl. Kaune/Oulds, ZBB 2004, S. 123; Pütz, Schmies, BKR 2004, S. 51; Köndgen/Schmies, ebd.

639 § 51 Abs. 5 Nr. 1 KAGG.

640 Vgl. von Livonius, WM 2004, S. 63; Pütz/Schmies, BKR 2004, S. 51 f.; Köndgen/Schmies, WM Sonderbeilage Nr. 1/2004, S. 17; Pütz/von Sonntag/Fock, Absolutreport 08/2003, S. 27 f.

641 Vgl. Pütz/von Sonntag/Fock, Absolutreport 08/2003, S. 28; Köndgen/Schmies, ebd.

642 Vgl. § 2 Abs. 4 Nr. 1 - 4, 7 - 9 InvestmG.

643 Vgl. Köndgen/Schmies, WM Sonderbeilage Nr. 1/2004, S. 17; von Livonius, WM 2004, S. 63.

644 Vgl. Kaune/Oulds, ZBB 2004, S. 124; Köndgen/Schmies, ebd.

dürftigkeit der Aktionäre einer Investmentaktiengesellschaft ist jedoch der von Anteilinhabern offener Investmentfonds vergleichbar. Nach § 99 Abs. 2 InvestmG finden die für Finanzdienstleistungsinstitute geltenden Vorschriften des KWG, von bestimmten speziell geregelten Ausnahmen abgesehen, entsprechende Anwendung.[645]

Nach § 97 Abs. 1 InvestmG ist jedoch auch für die Investmentaktiengesellschaft vor Aufnahme des Geschäftsbetriebes die schriftliche Erlaubnis der BaFin einzuholen. Deren Erteilung setzt dabei neben der Mindestkapitalanforderung von 300.000 Euro Sitz und Geschäftsleitung im Inland, Zuverlässigkeit und fachliche Eignung von mindestens zwei Geschäftsleitern, die satzungsmäßige Beschränkung der Geschäftstätigkeit auf die Anlage und Verwaltung der Gesellschaftsmittel und unmittelbar damit verbundene Nebentätigkeiten sowie die Beauftragung einer Depotbank voraus.[646] Aufgrund der entsprechenden Anwendung der Vorschriften des KWG gemäß § 99 Abs. 2 S. 1 InvestmG sind zudem ergänzend zu § 97 Abs. 1 InvestmG die Voraussetzungen einer Erlaubnis nach § 32 ff. KWG einzuhalten.[647] Die Rechtsgestalt der Investmentaktiengesellschaft mit fixem Kapital wurde trotz der fehlenden Umsetzung durch die Praxis zu einem Großteil aus dem KAGG übernommen. Dies ging vor allem auf die Erwägung zurück, dass sich diese Form der Investmentaktiengesellschaft aufgrund der fehlenden Aktienrücknahmepflicht besonders für Hedgefonds eignen könnte, deren Anlagestrategie auf Investitionen in besonders illiquiden Werten basiert.[648] Gemäß § 101 Abs. 1 InvestmG ist ebenso wie bereits nach § 61 KAGG weiterhin ein öffentliches Angebot von 90 Prozent der Aktien einer Investmentaktiengesellschaft mit fixem Kapital (§ 96 Abs. 2 S. 1 InvestmG) binnen sechs Monaten nach Erteilung der Erlaubnis zum Geschäftsbetrieb erforderlich. Bei Single-Hedgefonds in Form einer Investmentaktiengesellschaft hat dies in Form einer Veräußerung der Anteile an die einzelnen Anleger zu geschehen.[649] Auch nach neuer Rechtslage ist dabei gemäß § 101 Abs. 3 InvestmG die Zulassung der Aktien zum amtlichen oder geregelten Markt an einer inländischen Börse erforderlich.

---

645 Vgl. Kaune/Oulds, ebd.
646 Vgl. § 97 Abs. 1 Nr. 1 - 5 InvestmG.
647 Vgl. Kaune/Oulds, ZBB 2004, S. 124.
648 Vgl. Köndgen/Schmies, WM Sonderbeilage Nr. 1/2004, S. 18.
649 Vgl. Köndgen/Schmies, WM Sonderbeilage Nr. 1/2004, S. 17.

c) Investmentaktiengesellschaft mit veränderlichem Kapital

Neben der modifizierten Investmentaktiengesellschaft mit fixem Kapital führen die §§ 104 - 106 InvestmG die sogenannte Investmentaktiengesellschaft mit veränderlichem Kapital (§ 96 Abs. 2 S. 1 InvestmG) ein. Bei dieser Rechtsform ist es den Anlegern gemäß § 105 Abs. 3 InvestmG möglich, von der Investmentaktiengesellschaft den Rückkauf der Anteile zum Nettoinventarwert abzüglich eines Rücknahmeabschlags zu verlangen, so dass der in § 101 Abs. 1 InvestmG normierte Pflichtbörsengang entfällt.[650] Eine Rücknahmeverpflichtung besteht nur dann nicht, wenn bei der Erfüllung sämtlicher Rücknahmeaufforderungen die von Aktionären außerhalb der Investmentaktiengesellschaft gehaltenen Aktien das Mindestkapital nicht mehr abdecken.[651] Der Vorstand ist zudem nach § 104 S. 1 InvestmG ermächtigt, fortlaufend neue Aktien gegen Einlagen auszugeben. Dadurch kann das Grundkapital der Gesellschaft bis zu einem in der Satzung festgelegten Betrag erhöht werden. Die Ausgabe neuer Aktien im Rahmen des statutarisch genehmigten Kapitals bedarf gemäß § 104 S. 2 InvestmG keines Hauptversammlungsbeschlusses. Darüber hinaus besteht auch kein Bezugsrecht der Aktionäre. Der Bezugsrechtsausschluss ist dabei notwendig, um die Ausgabe neuer Aktien in ähnlicher Weise zu ermöglichen wie etwa die Veräußerung weiterer Anteile im Rahmen einer Kapitalanlagegesellschaft.[652]

Nach allgemeinem Aktienrecht ist die Erhöhung des Grundkapitals im Rahmen des genehmigten Kapitals erst mit der Eintragung der Durchführung der Kapitalerhöhung wirksam.[653] Im Rahmen einer Investmentaktiengesellschaft mit veränderlichem Kapital gilt das Grundkapital gemäß § 104 S. 3 InvestmG allerdings bereits mit der Ausgabe der Aktien als erhöht.[654] Der Investmentaktiengesellschaft mit veränderlichem Kapital ist es nach § 105 Abs. 1 S. 1 InvestmG gestattet, innerhalb des in der jeweiligen Satzung festgelegten Mindest- und Höchstkapitals eigene Aktien unbeschränkt zurückzukaufen. Die Vorschriften der §§ 71, 71 a, c - e AktG finden dagegen keine Anwendung, so dass die Zahlung des Anteilspreises beim Rückerwerb von Aktien nicht als Einlagerückgewähr gilt.[655]

---

[650] Vgl. Pütz/von Sonntag/Fock, Absolutreport 08/2003, S. 28; Köndgen/Schmies, WM Sonderbeilage Nr. 1/2004, S. 18.
[651] Vgl. § 105 Abs. 3 S. 2 InvestmG.
[652] Vgl. Köndgen/Schmies, WM Sonderbeilage Nr. 1/2004, S. 18.
[653] Vgl. § 188 Abs. 1 AktG i. V. m. § 189 AktG.
[654] Vgl. Köndgen/Schmies, WM Sonderbeilage Nr. 1/2004, S. 18; Entwurf Investmentmodernisierungsgesetz, Begründung, Besonderer Teil, Bundestagsdrucksache 15/1553, S. 106.
[655] Vgl. § 105 Abs. 5 InvestmG.

d) Zwischenergebnis

Die dargestellten Maßnahmen haben zu einer Verbesserung der Rahmenbedingungen für Investmentaktiengesellschaften beigetragen. Für eine Umsetzung des Fondstyps in der Praxis ist jedoch zu beachten, dass eine Investmentaktiengesellschaft wie jede andere AG auf eine funktionierende Corporate Governance[656] angewiesen ist. Dies gilt dabei sowohl für die Investmentaktiengesellschaften mit fixem als auch für diejenigen mit variablem Kapital.[657] Nur so kann eine wirkliche Alternative zu den am Kollektivvertragsmodell ausgerichteten Kapitalanlagegesellschaften geschaffen werden, welche als Korrektiv lediglich auf das Rückgaberecht der Anteilsinhaber abstellen. Mitgliedschaftliche Kontrollrechte sind allerdings bisher im Rahmen der Bestimmungen der §§ 96 ff. InvestmG nicht ersichtlich.[658] Dies bedarf in Zukunft besonderer Beachtung, zumal eine Investmentaktiengesellschaft mit veränderlichem Kapital keinerlei Verpflichtung unterliegt, ihre Anteile an einer inländischen Börse zu notieren.

4. Verwaltung eines Hedgefonds-Sondervermögens auf der Basis einer Dienstleistungsvereinbarung

Für Hedgefondsmanager kommt weiterhin die Verwaltung eines von einer Kapitalanlagegesellschaft oder einer Investmentaktiengesellschaft errichteten Sondervermögens auf der Grundlage einer Dienstleistungsvereinbarung in Betracht.[659] Gemäß § 16 InvestmG, der gemäß § 99 Abs. 3 InvestmG auch für Investmentaktiengesellschaften gilt, ist es einer Kapitalanlagegesellschaft gestattet, unter den Voraussetzungen des § 25 a Abs. 2 KWG zahlreiche Arbeitsabläufe auf externe Dienstleister auszulagern („outsourcing“). Darunter fällt vor allem die Fondsbuchhaltung, aber auch das Fondsmanagement, welches die Planung, Umsetzung und Kontrolle der Anlageentscheidung für den Fonds umfasst.[660] Das Portfoliomanagement darf nach § 16 Abs. 2 InvestmG allerdings nur auf solche Unternehmen ausgelagert werden, die für die Zwecke der Vermögensverwaltung zugelassen sind und einer wirksamen öffentlichen Aufsicht unterliegen.[661] Vor der Einführung von Rule 203(b)(3)-2 IAA kamen U.S.-amerikanische Hedgefondsmanager daher für die Auslagerung des Portfoliomanagements

---

[656] Vgl. Deutscher Corporate Governance Kodex, im Internet abrufbar unter: http://www.corporate-governance-code.de/ger/kodex/1.html (Datum des Abrufs: 6. August 2006).
[657] Vgl. Köndgen/Schmies, WM Sonderbeilage Nr. 1/2004, S. 17.
[658] Vgl. Köndgen/Schmies, ebd.
[659] Vgl. Pütz/von Sonntag/Fock, Absolutreport 08/2003, S. 28.
[660] Vgl. von Livonius, WM 2004, S. 63; Pütz/Schmies, BKR 2004, S. 52.
[661] Vgl. Pütz/von Sonntag/Fock, Absolutreport 08/2003, S. 28; von Livonius, ebd.; Pütz/Schmies, ebd.

deutscher Hedgefonds nicht in Betracht, sofern sie unter einer Ausnahmebestimmung des IAA operierten. Dies trifft nach neuer U.S.-Rechtslage zumindest für die nach Rule 203(b)(3)-2 IAA registrierungspflichtigen Hedgefondsmanager von „private funds" nicht mehr zu.[662] In der Praxis eignen sich für eine Auslagerung des Portfoliomanagement im Sinne des § 16 Abs. 2 InvestmG besonders britische Hedgefonds-Unternehmen, die der Zulassung durch die Financial Service Authority (FSA) unterliegen.[663]

Gemäß § 16 Abs. 2 S. 2 InvestmG muss die Übertragung des Portfoliomanagements zudem mit den von der Kapitalanlagegesellschaft regelmäßig festgelegten Vorgaben für Anlageverteilung im Einklang stehen. Die Verantwortung für die jeweilige Anlageentscheidung darf folglich nicht völlig abgegeben werden, so dass die Letztentscheidungskompetenz stets bei der Kapitalanlagegesellschaft verbleibt und die Verwaltungsgesellschaft nicht zu einer gleichsam „leeren Hülle" verkommt.[664]

Darüber hinaus muss sich die auslagernde Kapitalanlagegesellschaft nach § 25 a Abs. 2 S. 2 KWG ein vertragliches Weisungsrecht einräumen lassen und den von der Auslagerung betroffenen Geschäftsbereich in ihre internen Kontrollverfahren einbeziehen. Für das Verschulden des Auslagerungsunternehmens haftet die Kapitalanlagegesellschaft dabei gemäß § 16 Abs. 3 InvestmG wie für eigenes Verschulden.

5. Anlagebestimmungen für Hedgefonds

a) Single-Hedgefonds

Inländische Single-Hedgefonds sind gemäß § 112 Abs. 1 InvestmG weitgehend von gesetzlichen Anlagerestriktionen befreit.[665] Neben dem Erfordernis, dass die Hedgefondsstrategie entweder den Einsatz von Leverage oder von Leerverkäufen beinhalten muss, ist als weitere Voraussetzung zu beachten, dass die Zusammensetzung des Fondsvermögens am Grundsatz der Risikomischung ausge-

---

662 Vgl. oben, D. I. 7. a) – c).

663 Vgl. Spindler/Bednarz, WM 2006, S. 557; Pütz/Schmies, ebd.

664 Vgl. Kaune/Oulds, ZBB 2004, S. 124; von Livonius, WM 2004, S. 63; Hanten, ZBB 2003, S. 292 f.; Art. 5 g Abs. 2 der Richtlinie 2001/107/EG vom 21. Januar 2002 zur Änderung der Richtlinie 85/611/EWG des Rates zur Koordinierung der Rechts- und Verwaltungsvorschriften betreffend bestimmte Organismen für gemeinsame Anlagen in Wertpapieren (O-GAW-Richtlinie), Amtsblatt der Europäischen Gemeinschaften vom 13. Februar, Nr. L 41/20.

665 Vgl. Pütz/Schmies, BKR 2004, S. 53; Pütz/von Sonntag/Fock, Absolutreport 08/2003, S. 28.

richtet ist.[666] Dieser Grundsatz gilt dabei nicht nur für die angesprochenen Hedgefonds, sondern erstreckt sich nach § 1 S. 2 InvestmG auch auf gewöhnliche Investmentfonds.[667] Eine genauere inhaltliche Ausgestaltung des Maßstabs ist nicht im InvestmG enthalten. Bei Heranziehung der im Rahmen von § 1 Abs. 1 S. 1 AuslInvestmG angewandten Grundsätze muss das Fondsvermögen allerdings zumindest aus drei bis fünf verschiedenen Vermögensgegenständen bestehen.[668] In § 112 Abs. 4 InvestmG hat der Gesetzgeber dem Bundesministerium der Finanzen eine Verordnungsermächtigung zuerkannt. Nach dieser ist es dem Ministerium gestattet, zur Abwendung von möglichen Missbrauchsfällen und zur Wahrung der Marktintegrität einen Rahmen für die Beschränkung des Einsatzes von Leverage und Leerverkäufen vorzugeben.[669] Auch wenn dem Leverage über Kreditaufnahmen und die Bestellung von Sicherheiten üblicherweise Grenzen gesetzt werden, hielt der Gesetzgeber die Verordnungsermächtigung dennoch für erforderlich.[670] Die entsprechende Rechtsverordnung darf dabei keine Einzelfallregelung für bestimmte Produkte enthalten, sondern ist auf allgemeingültige Regelungen zu beschränken.[671] Um die Wettbewerbsfähigkeit des deutschen Finanzplatzes nicht zu stark zu beeinträchtigen, ist jedoch zur Zurückhaltung zu raten, zumal es sich bei den Systemrisiken im Rahmen von Leverage und Leerverkäufen nicht um branchenspezifische Gefahren handelt.[672]

Im Gegensatz zu gewöhnlichen Investmentfonds können gemäß § 31 Abs. 5 InvestmG bei Hedgefonds im Zusammenhang mit der Aufnahme von Krediten oder bei Derivatgeschäften zu Leverage-Zwecken jederzeit und ohne Begrenzung Sicherheiten an Gegenständen des Fondsvermögens bestellt werden.[673] Dem jeweiligen „Prime Broker" steht dabei ein umfassendes Nutzungsrecht an

---

[666] Vgl. Köndgen/Schmies, WM Sonderbeilage Nr. 1/2004, S. 15; von Livonius, WM 2004, S. 64.

[667] Vgl. von Livonius, WM 2004, S. 64.

[668] Vgl. Baur, Investmentgesetze, § 1 AuslInvestmG, Rdn. 39; Pfüller/Schmitt, in: Brinkhaus/Scherer, Gesetz über Kapitalanlagegesellschaften Auslandinvestment-Gesetz, § 1 AuslInvestmG Rdn. 51 f.

[669] Vgl. Köndgen/Schmies, WM Sonderbeilage Nr. 1/2004, S. 15; von Livonius, WM 2004, S. 64.

[670] Vgl. Entwurf Investmentmodernisierungsgesetz, Begründung, Besonderer Teil, Bundestagsdrucksache 15/1553, S. 109.

[671] Vgl. Entwurf Investmentmodernisierungsgesetz, ebd.

[672] Vgl. Lestikow/Ellerkmann, BB 2003, S. 2701; Spindler/Bednarz, WM 2006, S. 557.

[673] Vgl. Spindler/Bednarz, WM 2006, S. 557.

den zur Sicherheit gestellten Wertpapieren zu, wodurch eine effiziente Bewirtschaftung der Bestände gewährleistet wird.[674]

Nach § 112 Abs. 1 InvestmG sind für Single-Hedgefonds Anlagen in Wertpapiere, Geldmarktinstrumente, Derivate und Bankguthaben zulässig.[675] Darüber hinaus können sie ihr Vermögen auch in Form von stillen Beteiligungen im Sinne des § 230 HGB anlegen, solange es sich um deutsche Unternehmen handelt, deren Verkehrswert ermittelt werden kann.[676] Weiterhin erlaubt sind Edelmetalle, an organisierten Märkten gehandelte Warenterminkontrakte und Unternehmensbeteiligungen, deren Verkehrswert ebenfalls ermittelbar sein muss.[677] Von der Gesetzessystematik und damit von der Aufsicht nicht erfasst bleiben lediglich reine Warenfonds („commodities funds").[678]

Die für Single-Hedgefonds grundsätzlich zulässige Beteiligung an nicht börsennotierten Unternehmen ist gemäß § 112 Abs. 1 S. 3 InvestmG auf 30 Prozent des Sondervermögens beschränkt. Dies geht auf die Erwägung des Gesetzgebers zurück, Private Equity bzw. Venture Capital-Fonds nicht in die Hedgefondsregulierung mit einzubeziehen.[679]

Nach § 112 Abs. 2 InvestmG dürfen die Anteile an einem als Kapitalanlagegesellschaft errichteten Hedgefonds natürlichen Personen nicht zum öffentlichen Erwerb angeboten werden. Dies gilt gemäß § 101 Abs. 6 InvestmG auch für Aktien derartiger Fonds, die als Investmentaktiengesellschaft organisiert sind. Ein öffentlicher Vertrieb im Sinne des § 2 Abs. 11 InvestmG durch öffentliches Anbieten, öffentliche Werbung oder in ähnlicher Weise scheidet daher aus. Der Begriff des Vertriebs umfasst dabei sämtliche unmittelbaren und mittelbaren Absatztätigkeiten.[680] Das Merkmal der Öffentlichkeit ist immer dann erfüllt, wenn sich das Angebot an einen unbestimmten Personenkreis richtet. Ein Vertrieb in ähnlicher Weise umfasst dagegen alle diejenigen Vertriebsformen, die mit einem öffentlichen Angebot oder einer öffentlichen Werbung vergleichbar

---

674 Vgl. Wallach, Rechtliche und steuerrechtliche Rahmenbedingungen für Hedge Funds in Deutschland, in: Dichtl/Kleeberg/Schlenger, Handbuch Hedge Funds – Chancen, Risiken und Einsatz in der Asset Allocation, S. 68; Spindler/Bednarz, WM 2006, S. 558.

675 Vgl. § 112 Abs. 1 i. V. m. § 2 Abs. 4 Nr. 1 - 4 InvestmG.

676 Vgl. § 112 Abs. 1 i. V. m. § 2 Abs. 4 Nr. 8 InvestmG.

677 Vgl. § 112 Abs. 1 i. V. m. § 2 Abs. 4 Nr. 9 InvestmG.

678 Vgl. Köndgen/Schmies, WM Sonderbeilage Nr. 1/2004, S. 15; von Livonius, WM 2004, S. 63; Pütz/von Sonntag/Fock, Absolutreport 08/2003, S. 28.

679 Vgl. Köndgen/Schmies, ebd.; von Livonius, WM 2004, S. 64; Entwurf Investmentmodernisierungsgesetz, Begründung, Allgemeiner Teil / Besonderer Teil, Bundestagsdrucksache 15/1553, S. 65 und S. 107; Spindler/Bednarz, WM 2006, S. 557.

680 Vgl. oben, C. I. 3. b).

sind.[681] Ein öffentlicher Vertrieb ist demnach immer dann zu verneinen, wenn sich die Absatztätigkeit an einen bestimmten Personenkreis richtet, mit dem der Vertreibende bereits im Vorfeld in Kontakt stand und dieser mit der Vertriebsaktivität rechnen konnte. Die einzelnen Personen müssen zudem aufgrund einer gezielten Auswahl nach individuellen Gesichtspunkten angesprochen worden sein.[682]

Ein Vertrieb von Single-Hedgefonds kann daher nur in der letztgenannten Form einer Privatplatzierung erfolgen. Diese kann sowohl an institutionelle als auch an private Anleger gerichtet sein. Aus Anlegerschutzgesichtspunkten darf eine derartige Privatplatzierung nach § 2 Abs. 6 S. 1 Nr. 8 KWG allerdings nicht über Fondsvermittler erfolgen, die keiner Aufsicht als Finanzdienstleistungsinstitut unterliegen.[683] Zur Sicherung eines einheitlichen Beratungsstandards bedürfen die in den Vertrieb eines Single-Hedgefonds eingeschalteten Vermittler vielmehr einer Erlaubnis der BaFin zur Anlage- bzw. Abschlussvermittlung im Sinne des § 1 Abs. 1a Nr. 1, 2 KWG.[684]

b) Dach-Hedgefonds

Dach-Hedgefonds können ebenso wie Single-Hedgefonds entweder als von einer Kapitalanlagegesellschaft verwaltetes Sondervermögen oder in der Form einer Investmentaktiengesellschaft errichtet werden.[685] Der Fondsmanager bzw. der Vorstand der Investmentaktiengesellschaft muss dabei gemäß § 120 InvestmG nicht nur zum Betreiben eines Investmentgeschäfts befähigt sein, sondern auch über besondere theoretische und praktische Kenntnisse im Hedgefondsgeschäft verfügen.[686] Der Gesetzgeber hat dabei bewusst von der Angabe eines bestimmten Erfahrungszeitraumes abgesehen.[687]

---

[681] Vgl. Pfüller/Schmitt, in: Brinkhaus/Scherer, Gesetz über Kapitalanlagegesellschaften Auslandinvestmentgesetz, § 1 AuslInvestmG Rdn. 9; Baur, Investmentgesetze, § 1 AuslInvestmG, Rdn. 22.

[682] Vgl. von Livonius, WM 2004, S. 65; Pfüller/Schmitt, in: Brinkhaus/Scherer, Gesetz über Kapitalanlagegesellschaften Auslandinvestmentgesetz, § 1 AuslInvestmG Rdn. 11; Baur, Investmentgesetze, § 1 AuslInvestmG, Rdn. 16; Spindler/Bednarz, WM 2006, S. 42.

[683] Köndgen/Schmies, WM Sonderbeilage Nr. 1/2004, S. 15; von Livonius, WM 2004, S. 65.

[684] Vgl. von Livonius, WM 2004, S. 65, speziell Fußnote 45; Spindler/Bednarz, WM 2006, S. 558.

[685] Vgl. Pütz/Schmies, BKR 2004, S. 54; von Livonius, WM 2004, S. 66.

[686] Vgl. Köndgen/Schmies, WM Sonderbeilage Nr. 1/2004, S. 16; Kaune/Oulds, ZBB 2004, S. 123; Entwurf Investmentmodernisierungsgesetz, Begründung, Besonderer Teil, Bundestagsdrucksache 15/1553, S. 112.

[687] Vgl. Spindler/Bednarz, WM 2006, S. 557.

Kennzeichnend für Dach-Hedgefonds ist gemäß § 113 Abs. 1 S. 1 InvestmG, dass sie ihr Vermögen in Anteile an anderen Hedgefonds, sogenannten Zielfonds, investieren. Im Gegensatz zu Single-Hedgefonds können sie neben der Möglichkeit einer Privatplatzierung auch öffentlich vertrieben und somit einem breiten Anlegerkreis zugänglich gemacht werden.[688] Anders als beispielsweise in den U.S.A. wurde im Rahmen des InvestmG auf bestimmte Mindestanlagesummen bewusst verzichtet, um auch Kleinanlegern den Erwerb derartiger Fondsanteile zu ermöglichen.[689] Dach-Hedgefonds können dabei auch von reinen Fondsvermittlern vertrieben werden, obwohl diese unter den Voraussetzungen des § 2 Abs. 6 S. 1 Nr. 8 KWG keiner Aufsicht als Finanzdienstleistungsinstitut unterliegen.[690] Im Vergleich zu den vertriebsbeschränkten Single-Hedgefonds haben Dach-Hedgefonds allerdings in § 113 InvestmG eine wesentlich eingehendere Regulierung erfahren. Diese erstreckt sich hauptsächlich auf die Gesamtzusammensetzung des Fondsvermögens und stellt weniger auf spezielle Anforderungen im Rahmen der Zielfonds ab.[691]

Nach § 113 Abs. 1 S. 2 InvestmG müssen Dach-Hedgefonds ihr Vermögen zu mindestens 51 Prozent in Anteile an inländischen Single-Hedgefonds in Form von Kapitalanlagegesellschaften oder aber Investmentaktiengesellschaften nach § 96 InvestmG investieren. Daneben ist es auch gestattet, in ausländische Investmentvermögen anzulegen, deren Geschäftspolitik den in § 112 Abs. 1 InvestmG aufgeführten Grundsätzen ähnlich ist.[692] Eine Regulierung ausländischer Zielfonds in ihrem Heimatstaat ist allerdings nicht erforderlich, zumal die jeweiligen Hedgefonds oftmals keinerlei gesetzlichen Vorgaben hinsichtlich der Anlagepolitik unterliegen. Ausreichend ist, wenn sich Letztere aus den Verkaufsdokumenten bzw. aus ähnlichen Dokumenten des Fonds ergibt.[693] Deutsche Dach-Hedgefonds dürfen somit auch in Zielfonds anlegen, die in regulierungsarmen Offshore-Finanzzentren ansässig sind. Als Zielfonds ausgeschlossen sind dagegen nach § 113 Abs. 4 S. 3 InvestmG Hedgefonds aus Staaten, die als nicht

---

688 Vgl. Köndgen/Schmies, WM Sonderbeilage Nr. 1/2004, S. 15; Kaune/Oulds, ebd.; Pütz/von Sonntag/Fock, Absolutreport 08/2003, S. 28.

689 Vgl. von Livonius, WM 2004, S. 67; Entwurf Investmentmodernisierungsgesetz, Begründung, Besonderer Teil, Bundestagsdrucksache 15/1553, S. 109.

690 Vgl. Kaune/Oulds, ZBB 2004, S. 123; Köndgen/Schmies, WM Sonderbeilage Nr. 1/2004, S. 15; von Livonius, ebd.

691 Vgl. Pütz/Schmies, BKR 2004, S. 54; von Livonius, WM 2004, S. 66; Spindler/Bednarz, WM 2006, S. 558.

692 Vgl. von Livonius, ebd.; Pütz/Schmies, ebd.; Kaune/Oulds, ZBB 2004, S. 123.

693 Vgl. Köndgen/Schmies, WM Sonderbeilage Nr. 1/2004, S. 16; Pütz/Schmies, BKR 2004, S. 54.

kooperierend im Sinne der internationalen Geldwäschebekämpfung im Rahmen der „Financial Action Task Force" (FATF) angesehen werden.[694] Um Kaskadenstrukturen zu vermeiden, dürfen inländische Dach-Hedgefonds nach § 113 Abs. 4 S. 2 InvestmG nur in solche Fonds investieren, die ihrerseits nicht wieder in Zielfonds anlegen.[695]

Nach § 113 Abs. 2 S. 1 InvestmG können maximal 49 Prozent des Fondsvermögens in liquide Mittel in Form von Bankguthaben und Geldmarktinstrumenten angelegt werden. Darüber hinaus sind gemäß § 113 Abs. 2 S. 2 InvestmG auch Devisenterminkontrakte sowie Devisenoptionsrechte zur Währungsabsicherung von beispielsweise in ausländischer Währung geführten Zielfonds gestattet. Dach-Hedgefonds sind folglich die übrigen in § 2 Abs. 4 InvestmG aufgezählten Anlageobjekte verschlossen. Weiterhin untersagt sind gemäß § 113 Abs. 1 S. 3 InvestmG die Durchführung von Leerverkäufen und die Aufnahme von Leverage auf der Ebene des Dach-Hedgefonds. Damit bleibt derartigen Fonds die in § 53 InvestmG für richtlinienkonforme Sondervermögen vorgesehene Möglichkeit der Aufnahme kurzfristiger Kredite in Höhe von bis zu 10 Prozent des Fondsvermögens mangels entsprechenden Verweises in § 114 InvestmG verwehrt.[696] Für Zahlungen im Zusammenhang mit einer Anteilsrückgabe ist demnach jederzeit ausreichend Liquidität bereitzuhalten. Eine zumindest beschränkte Kreditaufnahme wäre jedoch auch im Interesse des jeweiligen Anlegers, um mögliche übereilte Teilliquidierungen des Fondsportfolios zur Erfüllung von Rückgabeverlangen zu verhindern.[697] Eine gesetzgeberische Korrektur erscheint demnach zur Überbrückung von Liquiditätsengpässen angebracht.

Der in § 1 S. 2 InvestmG normierte Grundsatz der Risikomischung erfährt im Rahmen von Hedgefonds eine Konkretisierung in der Weise, dass gemäß § 113 Abs. 4 S. 1 InvestmG die maximale Investition in einen Zielfonds auf 20 Prozent des Wertes eines Dach-Sondervermögens begrenzt wird.[698] Dabei dürfen nach § 113 Abs. 4 S. 4 InvestmG sämtliche Anteile eines Zielfonds erworben werden. Ein Dachfonds muss demnach unter Zugrundelegung der maximal zu-

[694] Derzeit gelten Myanmar, Nauru und Nigeria als nicht-kooperierend; vgl. Financial Action Task Force, Annual and Overall Review of Non-Cooperative Countries or Territories, 10 June 2005, S. 17; BaFin, Rundschreiben 2/2005 (GW).

[695] Vgl. Kaune/Oulds, ZBB 2004, S. 123; Köndgen/Schmies, WM Sonderbeilage Nr. 1/2004, S. 16.

[696] Vgl. von Livonius, WM 2004, S. 67; Köndgen/Schmies, WM Sonderbeilage Nr. 1/2004, S. 15; Pütz/Schmies, BKR 2004, S. 54; Pütz/von Sonntag/Fock, Absolutreport 08/2003, S. 29.

[697] Vgl. Köndgen/Schmies, ebd.; Pütz/Schmies, ebd.; Spindler/Bednarz, WM 2006, S. 558.

[698] Vgl. Köndgen/Schmies, ebd.

lässigen Barliquidität mindestens Anteile an drei verschiedenen Zielfonds halten.[699] Darüber hinaus ist es einem Dach-Hedgefonds gemäß § 113 Abs. 4 S. 2 InvestmG nicht gestattet, in mehr als zwei Zielfonds des gleichen Emittenten oder Fondsmanagers zu investieren. Dadurch sollen sogenannte „Inhouse"-Lösungen ermöglicht werden, bei denen die jeweiligen Zielfonds zwar vom gleichen Anbieter stammen, jedoch unterschiedliche Fondsmanager besitzen.[700] Nach dem Willen des Gesetzgebers sollen folglich entweder das Emittentenrisko oder das Managerrisiko der Zielfonds reduziert werden.[701] Auf eine Beschränkung der von einem Zielfonds zu erwerbenden Anteile wurde dagegen verzichtet, um eine künstliche Aufteilung des Fondsvermögens zu vermeiden.[702] Weiterhin wurde auch von einer qualitativen Diversifizierung nach Anlagestrategien abgesehen. Dies geht auf die Erwägung zurück, dass eine klare Abgrenzung aufgrund der Vielzahl der angewandten Anlagestrategien kaum möglich ist. Zudem lässt sich ein derartiges Erfordernis aufgrund der meist geringen Korrelation von Hedgefonds, die derselben Strategie folgen, nicht aus dem allgemeinen Grundsatz der Risikomischung ableiten.[703]

Als weitere Anforderung an Zielfonds verlangt § 113 Abs. 3 InvestmG die Verwahrung des Fondsvermögens durch eine Depotbank oder eine vergleichbare Einrichtung. Die Ersetzbarkeit der Depotbank durch eine vergleichbare Einrichtung erübrigt zwar eine genaue Abgrenzung der beiden Begriffe im Rahmen der Anwendung des § 113 Abs. 3 InvestmG. Um zu beurteilen, ob eine Einrichtung vergleichbar ist, bedarf es jedoch zunächst einer inhaltlichen Festlegung der Kriterien einer Depotbank.[704] § 2 Abs. 7 InvestmG enthält dabei eine Legaldefinition. Danach handelt es sich bei einer Depotbank um ein Unternehmen, welches die Verwahrung und Überwachung von Fondsvermögen ausführt. Für inländische Depotbanken werden in den §§ 20 - 29 InvestmG zudem noch weitere Anforderungen, wie beispielsweise die Kreditinstitutseigenschaft, normiert.[705] Die Kreditinstituteigenschaft ergibt sich für inländische Depotbanken aus der Be-griffsbestimmung von Depotgeschäft gemäß § 1 Abs. 1 S. 2 Nr. 5 KWG. Depotbanken führen nach § 2 Abs. 7 InvestmG die Verwahrung und Überwa-

---

699 Vgl. von Livonius, WM 2004, S. 66; Köndgen/Schmies, ebd.; Pütz/Schmies, BKR 2004, S. 56.

700 Vgl. Kaune/Oulds, ZBB 2004, S. 123; von Livonius, ebd.

701 Vgl. von Livonius, ebd.

702 Vgl. von Livonius, ebd.

703 Vgl. WM Sonderbeilage Nr. 1/2004, S. 15; Pütz/Schmies, BKR 2004, S. 56; von Livonius, WM 2004, S. 67.

704 Vgl. Pütz/Schmies, BKR 2004, S. 55.

705 Vgl. Pütz/Schmies, ebd.

chung von Investmentvermögen aus. Die in § 24 InvestmG näher ausgestaltete Verwahrung erfüllt dabei die in § 1 Abs. 1 S. 2 Nr. 5 KWG normierten Voraussetzungen eines Bankgeschäfts in Form eines Depotgeschäfts.[706] Ausweislich der Gesetzesmaterialien ist der Begriff in § 113 Abs. 3 InvestmG jedoch lediglich im Sinne von § 2 Abs. 7 InvestmG zu verstehen. An ausländische Depotbanken sollen lediglich funktionale Anforderungen gestellt werden. Auf weitere strukturelle Erfordernisse, wie beispielsweise eine behördliche Aufsicht, wurde dagegen ebenso verzichtet wie auf spezielle Eigenkapitalanforderungen oder das Vorliegen der Kreditinstituteigenschaft.[707] Dies geht auf die Erwägung zurück, dass eine Orientierung der Aufsichtsbehörde an den §§ 20 - 29 InvestmG die Mehrzahl ausländischer Hedgefonds als Zielfonds deutscher Dach-Hedgefonds ausschließen würde.[708] Nach § 2 Abs. 7 InvestmG ist der Maßstab für die einer Depotbank vergleichbaren Unternehmen lediglich in der Funktion des Verwahrens und Überwachens zu sehen. Diese begriffliche Unschärfe führt dazu, dass die Bezeichnungen vergleichbare Einrichtung und Depotbank praktisch zusammenfallen. Um jedoch eine Verwechslung mit deutschen Depotbanken nach den Voraussetzungen der §§ 20 – 29 InvestmG zu vermeiden, sollten bei einer möglichen zukünftigen Gesetzesüberarbeitung des § 113 Abs. 3 InvestmG die Begriffe Depotbank und vergleichbare Einrichtung in einer einheitlichen Bezeichnung, wie beispielsweise „ausländische Verwahrstelle", aufgehen.[709] Wichtig für die Umsetzung durch die Praxis ist dabei, dass die in der internationalen Hedgefondsbranche üblichen „Prime Broker" unter die Begriffsbestimmung der vergleichbaren Einrichtung im Sinne des § 113 Abs. 3 InvestmG fallen.[710]

Es bedarf allerdings der Klärung, unter welchen Voraussetzungen ein „Prime Broker" als vergleichbares Unternehmen im Sinne des § 113 Abs. 3 InvestmG zu betrachten ist. § 2 Abs. 7 InvestmG führt neben der Verwahrung auch die Überwachung als Funktion einer Depotbank auf. Für die vergleichbaren Unternehmen wird die Überwachungsfunktion jedoch weniger stark gewichtet. Besondere Betonung hat in diesem Zusammenhang vielmehr das gesetzgeberische Ziel erfahren, durch das sogenannte Vier-Augenprinzip betrügerischen Hand-

[706] Fülbier, in: Boos/Fischer/Schulte-Mattler, Kreditwesengesetz, § 1 Rdn. 62.
[707] Vgl. Köngen/Schmies, WM Sonderbeilage Nr. 1/2004, S. 16; Entwurf Investmentmodernisierungsgesetz, Begründung, Besonderer Teil, Bundestagsdrucksache 15/1553, S. 110.
[708] Vgl. Pütz/Schmies, BKR 2004, S. 56.
[709] Vgl. Pütz/Schmies, BKR 2004, S. 55.
[710] Vgl. von Livonius, WM 2004, S. 67; Köngen/Schmies, WM Sonderbeilage Nr. 1/2004, S. 16.

lungen auf Zielfondsebene vorzubeugen.[711] Die Verwahrung muss demnach zumindest mittelbar im Interesse der Anleger erfolgen. Bei dem jeweiligen „Prime Broker“ muss es sich daher um ein unabhängiges Unternehmen handeln, das auf Leitungsebene keine personelle Verflechtung mit der Leitung des Hedgefonds aufweist.[712]

Während § 112 Abs. 3 InvestmG für Single-Hedgefonds anordnet, dass einzelne Funktionen der Depotbank von einer vergleichbaren Einrichtung wahrgenommen werden können, suggeriert § 113 Abs. 3, dass entweder die Depotbank oder die vergleichbare Einrichtung sämtliche Funktionen ausführt.[713] In vielen Hedgefondsjurisdiktionen agieren jedoch die dargestellten „Prime Broker“ nicht an Stelle, sondern neben Depotbanken. Es ist daher nicht davon auszugehen, dass der Gesetzgeber die für deutsche Single-Hedgefonds gestattete Option der Wahrnehmung lediglich einzelner Depotbankaufgaben nicht auch auf ausländische Zielfonds erstrecken wollte. Die Beschränkung auf einzelne Depotbankfunktionen soll der Auswahl eines Zielfonds für einen inländischen Dach-Hedgefonds zumindest dann nicht entgegenstehen, wenn die ausländische Depotbank entsprechend § 112 Abs. 3 InvestmG für ein Verschulden der vergleichbaren Einrichtung haftet.[714] Problematisch ist zudem die Beschränkung auf eine vergleichbare Einrichtung im Rahmen des § 113 Abs. 3 InvestmG. In der internationalen Praxis ist der Einsatz von sogenannten Fondsadministratoren neben „Prime Brokern“ nicht ungewöhnlich. Diese agieren dabei gelegentlich als Schnittstelle zu den Anlegern und nehmen mit der Aus- und Rückgabe von Anteilen oder der Vereinnahmung von Investorengeldern und der anschließenden Weiterleitung an den Hedgefonds Depotbankfunktionen im Sinne des § 23 Abs. 1 S. 1 InvestmG wahr. § 2 Abs. 7 InvestmG stellt allerdings lediglich auf die Verwahrung und Überwachung des Fondsvermögens als Aufgabe der Depotbank ab. Sonstige Depotbankfunktionen im Sinne des §§ 20 - 29 InvestmG sind dagegen nicht mit einzubeziehen. Ein Fondsadministrator unterfällt damit regelmäßig nicht dem Begriff einer vergleichbaren Einrichtung, so dass die zahlenmäßige Beschränkung des § 113 Abs. 3 InvestmG unbeachtlich ist.[715]

---

[711] Vgl. Entwurf Investmentmodernisierungsgesetz, Begründung, Besonderer Teil, Bundestagsdrucksache 15/1553, S. 110.

[712] Vgl. Pütz/Schmies, BKR 2004, S. 56.

[713] Vgl. Pütz/Schmies, ebd.

[714] Vgl. Pütz/Schmies, ebd.; von Livonius, WM 2004, S. 67.

[715] Vgl. Pütz/Schmies, ebd.

Die in § 9 Abs. 1 InvestmG normierte Pflicht, das Sondervermögen mit der Sorgfalt eines ordentlichen Kaufmanns zu verwalten, erfährt durch die Bestimmung in § 113 Abs. 5 InvestmG eine Konkretisierung.[716] Danach müssen der den Dach-Hedgefonds verwaltenden Kapitalanlagegesellschaft gemäß § 113 Abs. 5 S. 1 InvestmG vor einer Investition sämtliche für die Anlageentscheidung notwendigen Informationen über den Zielfonds vorliegen. Dies wird durch einen Mindestkatalog von Informationen unterstrichen, ohne deren Beibringung eine Anlage in den entsprechenden Zielfonds nicht zulässig ist.[717] Die BaFin kann dabei nach § 115 InvestmG die Vorlage dieser Unterlagen verlangen. Auch nach erfolgter Investition in die jeweiligen Zielfonds müssen diese nach § 113 Abs. 5 S. 2 InvestmG laufend hinsichtlich der Einhaltung der Anlagestrategie und der Risiken überwacht werden. Dazu muss sich die den Dach-Hedgefonds verwaltende Kapitalanlagegesellschaft bzw. Investmentaktiengesellschaft allgemein anerkannte Risikokennziffern vorlegen lassen. Darüber hinaus ist der Wert eines jeden Zielfonds regelmäßig von dessen Depotbank oder einer vergleichbaren Einrichtung zu bestätigen.[718] In diesem Zusammenhang bleibt jedoch abzuwarten, ob es der Hedgefondsbranche gelingen wird, derartige allgemein anerkannte Risikokennziffern zu etablieren. § 119 InvestmG ermächtigt jedoch zum Erlass einer Rechtsverordnung, die die Beschaffenheit von Risiko-Messsystemen festlegt.[719]

6. Sonstige auf Hedgefonds anwendbare Bestimmungen

Deutsche Hedgefonds unterliegen nach § 114 InvestmG den allgemeinen Vorschriften des Investmentrechts über den Verkaufsprospekt und die Vertragsbedingungen bzw. Satzungen. Diese werden jedoch durch hedgefondsspezifische Vorschriften ergänzt.[720]

a) Verkaufsprospekte und Vertragsbedingungen

Nach § 42 Abs. 1 InvestmG müssen Hedgefonds, die als Publikumsfonds errichtet sind, der Öffentlichkeit einen vereinfachten und einen ausführlichen Verkaufsprospekt zugänglich machen und diesen gemäß § 42 Abs. 6 InvestmG unverzüglich nach der ersten Verwendung sowohl der BaFin als auch der Deutschen Bundesbank vorlegen. § 42 InvestmG sieht für den Verkaufsprospekt

---

716 Vgl. von Livonius, WM 2004, S. 68; Pütz/Schmies, BKR 2004, S. 56 f.

717 Vgl. von Livonius, ebd.; Pütz/Schmies, BKR 2004, S. 57; Entwurf Investmentmodernisierungsgesetz, Begründung, Besonderer Teil, Bundestagsdrucksache 15/1553, S. 110.

718 Vgl. Pütz/Schmies, ebd.; von Livonius, ebd.

719 Vgl. Pütz/von Sonntag/Fock, Absolutreport 08/2003, S. 29; Pütz/Schmies, ebd.

720 Vgl. von Livonius, WM 2004, S. 65; Pütz/Schmies, BKR 2004, S. 58.

einen umfassenden Katalog von Angaben vor. Für Hedgefonds, die in Form eines Spezialsondervermögens aufgelegt sind, ist ein Verkaufsprospekt dagegen gemäß § 93 Abs. 3 InvestmG verzichtbar.[721] Das InvestmG knüpft die Prospektpflicht demnach nicht an ein öffentliches Angebot, sondern an die Auflage als Publikumsfonds.

Der Umfang des Verkaufsprospektes für Single-Hedgefonds in Form eines Publikumsfonds wird dabei unterschiedlich beurteilt. Teilweise wird eine analoge Anwendbarkeit des für Dach-Hedgefonds geltenden § 117 InvestmG angenommen.[722] Auch für Single-Hedgefonds wäre dann lediglich ein ausführlicher Verkaufsprospekt zu erstellen. Dieser Ansatz geht auf die Erwägung zurück, dass nur Spezialfonds von der Ausnahmeregelung des § 93 Abs. 3 InvestmG profitieren. Es wird daher vermutet, dass der Gesetzgeber die notwendigen Folgeänderungen versäumt hat, zumal Spezialsondervermögen zunächst als einzige Errichtungsform für Single-Hedgefonds vorgesehen waren.[723] Dem wird entgegengesetzt, dass Regelungen über Verkaufsprospekte grundsätzlich einen öffentlichen Vertrieb voraussetzen, der bei Single-Hedgefonds nicht gegeben ist.[724] In Anbetracht der Komplexität und des Anlagerisikos von Hedgefonds sollte ein Vertrieb dieser Produkte jedoch aus allgemeiner haftungsrechtlicher Sicht nur unter Verwendung eines Verkaufsprospektes erfolgen, der eine anleger- und anlagegerechte Beratung sicherstellt.[725] Eine entsprechende Anwendung der weitergehenden Anforderungen des § 117 InvestmG auf Single-Hedgefonds ist dagegen abzulehnen. Dafür spricht neben dem Wortlaut des § 117 InvestmG auch die Tatsache, dass der Gesetzgeber nur bei Single-Hedgefonds den Vertrieb durch freie Vermittler ausgeschlossen hat.[726] Die Argumentation war dabei, dass der Anlegerschutz bei Dach-Hedgefonds bereits durch die höheren Anforderungen an die Qualifikation der Manager und den Verkaufsprospekt gewährleistet sei.[727]

Die Vertragsbedingungen bzw. die Satzung bestimmen das Rechtsverhältnis zwischen dem Investmentvermögen und den Anlegern. Gemäß § 93 Abs. 1, 2. Hs. InvestmG sind die Vertragsbedingungen auch bei der Auflegung von Hedgefonds als Spezialsondervermögen genehmigungsbedürftig. Dabei findet die

---

[721] Vgl. von Livonius, ebd.
[722] Vgl. Nickel, ZBB 2004, S. 206 f.; Wallach, in: Dichtl/Kleeberg/Schlenger, Handbuch Hedge Funds - Chancen, Risiken und Einsatz in der Asset Allocation, S. 70.
[723] Vgl. Nickel, ebd.; Wallach, ebd.
[724] Vgl. Lindemann, in: Beckmann/Scholtz, Investment Bd. 2, § 117 InvestmG Rdn. 5.
[725] Vgl. Pütz/Schmies, BKR 2004, S. 58; von Livonius, ebd.
[726] Vgl. Spindler/Bednarz, WM 2006, S. 558.
[727] Vgl. Bericht des Finanzausschusses, Bundestagsdrucksache 15/1944, S. 21.

Vorschrift des § 43 Abs. 2 InvestmG nach § 99 Abs. 3 InvestmG auch auf Investmentaktiengesellschaften Anwendung. § 43 Abs. 4 InvestmG enthält den Katalog der Mindestangaben. Diese umfassen unter anderem Ausführungen über die Anlagegrundsätze, die Zulässigkeit von Kreditaufnahmen, die Ausgabe- und Rücknahmebedingungen, die Vergütungen und die Aufwandserstattung der Fondsverwaltung.[728]

Im Gegensatz zu Single-Hedgefonds ist im Rahmen des Vertriebs von Dach-Hedgefonds nach § 42 Abs. 1 S. 2, 2. Hs. InvestmG die Verwendung eines vereinfachten Verkaufsprospekts im Sinne des § 42 Abs. 2 InvestmG nicht möglich. Aufgrund der Vielschichtigkeit des Produkts ist eine lediglich zusammenfassende Darstellung der für den Durchschnittsanleger wesentlichen Informationen nicht ausreichend.[729]

Für Dach-Hedgefonds sehen die §§ 117, 118 InvestmG zusätzliche Pflichtangaben im Rahmen der Verkaufsprospekte und Vertragsbestimmungen vor. Diese beziehen sich besonders auf die Auswahl der Zielfonds.[730] So muss der jeweilige Verkaufsprospekt eines Dach-Hedgefonds gemäß § 117 InvestmG neben den Mindestangaben des § 42 InvestmG auch Informationen über die Auswahlkriterien bei der Anlage in Zielfonds und die an deren Geschäftsleitung gestellten Anforderungen enthalten. Zudem sind detaillierte Angaben über den beabsichtigten Erwerb von Anteilen an nicht beaufsichtigten ausländischen Zielfonds einzufügen. Dies schließt den zulässigen Umfang von Kreditaufnahmen und Leerverkäufen auf der Zielfondsebene ein. Aufgrund der komplexen Gebührenstruktur bei Hedgefonds sind weiterhin auch Angaben zu den vereinbarten Erfolgsgebühren, der Gebührenstruktur der Zielfonds sowie den von Anlegern zu tragenden Gesamtkosten erforderlich. Eine vergleichbare Erweiterung der Mindestangaben für Vertragsbedingungen von Dach-Hedgefonds ist in § 118 InvestmG enthalten.[731]

Darüber hinaus muss der Verkaufsprospekt gemäß § 117 Abs. 2 InvestmG an prominenter Stelle einen vorformulierten Warnhinweis des Bundesfinanzministers enthalten, der das Risiko eines möglichen Totalverlusts betont.[732] § 121

[728] Vgl. Pütz/von Sonntag/Fock, Absolutreport 08/2003, S. 29.
[729] Vgl. von Livonius, WM 2004, S. 67, speziell Fußnote 58; Pütz/Schmies, BKR 2004, S. 58.
[730] Vgl. Köndgen/Schmies, WM Sonderbeilage Nr. 1/2004, S. 16; Pütz/Schmies, ebd.
[731] Vgl. Köndgen/Schmies, ebd.; Pütz/Schmies, ebd.
[732] Vgl. Köndgen/Schmies, ebd.; Pütz/Schmies, ebd.; von Livonius, WM 2004, S. 68; der Warnhinweis in § 117 Abs. 2 InvestmG hat dabei folgenden Wortlaut: *„Der Bundesminister der Finanzen warnt: Bei diesem Investmentfonds müssen Anleger bereit und in der Lage sein, Verluste des eingesetzten Kapitals bis hin zum Totalverlust hinzunehmen."*

Abs. 3 S. 4 InvestmG verteilt dabei die Beweislast zugunsten des Anlegers. Für die einzelnen Hedgefonds ist es daher ratsam, sich schriftlich vom Anteilserwerber bestätigen zu lassen, dass auf die besonderen Risiken nach Maßgabe des § 117 Abs. 2 InvestmG hingewiesen wurde.[733]

Nach § 121 Abs. 3 S. 2 InvestmG wird zudem für den Anteilserwerb bei Dach-Hedgefonds die Schriftform im Sinne des § 126 BGB vorgeschrieben.[734] Nach dem Wortlaut der Klausel untersteht der schuldrechtliche Erwerbsvertrag demnach dem Schriftformvorbehalt. Dies hätte allerdings die für die Praxis schwierige und kaum durchführbare Folge, dass nach § 126 Abs. 2 BGB beide Parteien auf derselben oder aber auf gleichlautenden Urkunden unterzeichnen müssten. Die Unterschriften müssten zudem den gesamten Vertragsinhalt und damit alle Verkaufsunterlagen abdecken.[735] Ausreichend ist jedoch, auf den schriftlichen Antrag des Anteilserwerbers abzustellen.[736] Dieser Ansatz wurde bereits vom Gesetzgeber explizit formuliert.[737] Darüber hinaus ist der Warnfunktion des § 121 Abs. 3 S. 2 InvestmG durch das Schriftformerfordernis auf Seiten des Anteilserwerbers vollumfänglich Genüge getan.[738]

b) Rechnungslegung und Meldepflicht

Gemäß § 10 Abs. 1 S. 4 InvestmG sind sowohl Single- als auch Dach-Hedgefonds von der Pflicht zur regelmäßigen Übermittlung einer Vermögensaufstellung nach § 10 Abs. 1 InvestmG ausgenommen. Dies gilt allerdings nicht für die in § 10 Abs. 2 InvestmG normierte Meldepflicht bezüglich Transaktionen in Wertpapieren im Sinne des § 9 Abs. 1 Wertpapierhandelsgesetz (WpHG).[739] Danach hat der jeweilige Hedgefonds der BaFin regelmäßig und auf elektronischer Basis Angaben über die für das Sondervermögen getätigten Geschäfte mit börsennotierten Wertpapieren einschließlich Bezugsrechten und Derivaten zu machen.[740] Eine nähere Bestimmung des Begriffs „regelmäßig" bleibt dabei einer noch zu erlassenden Rechtsverordnung im Sinne des § 10 Abs. 3 S. 1 Nr. 1

---

733 Vgl. Kugler/Lochmann, BKR 2006, S. 45.
734 Vgl. Spindler/Bednarz, WM 2006, S. 559; Pütz/Schmies, BKR 2004, S. 59.
735 Vgl. Kugler/Lochmann, BKR 2006, S. 45.
736 Vgl. Kugler/Lochmann, ebd.; Wallach, in: Dichtl/Kleeberg/Schlenger, Handbuch Hedge Funds – Chancen, Risiken und Einsatz in der Asset Allocation, S. 77.
737 Vgl. Entwurf Investmentmodernisierungsgesetz, Begründung, Besonderer Teil, Bundestagsdrucksache 15/1553, S. 113.
738 Vgl. Kugler/Lochmann, BKR 2006, S. 45.
739 Vgl. Pütz/Schmies, BKR 2004, S. 53.
740 Vgl. von Livonius, WM 2004, S. 65; Pütz/Schmies, BKR 2004, S. 53; Pütz/von Sonntag/Fock, Absolutreport 08/2003, S. 30.

InvestmG vorbehalten.[741] Bei Dach-Hedgefonds erstreckt sich die Mitteilungspflicht nicht auf die Transaktionen der investierten Zielfonds, sondern erfasst vielmehr lediglich die vergleichsweise geringe Geschäftstätigkeit auf der Dachfonds-Ebene.[742]

Nach §§ 44 Abs. 1, Abs. 2 InvestmG sind für jedes Geschäftsjahr ein geprüfter Jahresbericht[743] sowie ein ungeprüfter Zwischenbericht zu erstellen. Der Jahresbericht muss gemäß § 44 Abs. 1 InvestmG alle wesentlichen Angaben enthalten, die es dem jeweiligen Investor ermöglichen, sich ein Urteil über die Tätigkeit und die Ergebnisse des Investmentvermögens zu bilden. Dazu gehören unter anderem detaillierte Vermögensaufstellungen gemäß § 44 Abs. 1 S. 3 Nr. 1 InvestmG. Weiterhin sind auch nach § 44 Abs. 1 S. 3 Nr. 2 InvestmG genaue Ausführungen zu den im Berichtszeitraum getätigten Leerverkäufen zu machen.[744]

Darüber hinaus ist gemäß § 41 Abs. 2 InvestmG auch die Gesamtkostenquote („total expense ratio“) auszuweisen. Diese stellt nach § 41 Abs. 2 S. 3 InvestmG das Verhältnis aller bei der Verwaltung zu Lasten des Fonds in dem Geschäftsjahr angefallenen Kosten zu seinem durchschnittlichen Nettoinventarwert dar.[745] Sowohl Jahres- als auch Zwischenberichte von Publikumsfonds sind nach § 45 Abs. 3 InvestmG der BaFin und der Deutschen Bundesbank unverzüglich (§ 121 BGB) nach erster Verwendung einzureichen und innerhalb der in § 45 Abs. 1 InvestmG bestimmten Fristen zu veröffentlichen. Ausnahmen gelten allerdings gemäß § 94 InvestmG für Spezialsondervermögen. Nach § 94 S. 2 InvestmG müssen Jahres- und Halbjahresberichte nur auf Anforderung bei der BaFin und der Deutschen Bundesbank eingereicht werden. Aufgrund der Verwaltungspraxis,[746] nach der bereits eine Veröffentlichung im Sinne des § 45 Abs. 1 InvestmG als öffentlicher Vertrieb angesehen werden kann, scheint jedoch eine einschränkende Auslegung des Gesetzes geboten. Dies könnte zukünftig zu einem Verzicht auf das Veröffentlichungserfordernis führen.[747]

---

[741] Vgl. von Livonius, ebd.
[742] Vgl. Pütz/Schmies, ebd.; Pütz/von Sonntag/Fock, ebd.
[743] Vgl. § 44 Abs. 5 InvestmG.
[744] Vgl. von Livonius, WM 2004, S. 65; Pütz/von Sonntag/Fock, Absolutreport 08/2003, S. 30.
[745] Vgl. von Livonius, ebd.; Pütz/von Sonntag/Fock, ebd.
[746] Vgl. BAKred, Schreiben vom 20. Januar 1982 – V 2 – W 160, abgedruckt bei Beckmann/Scholtz, Investment, Bd. 2, 448 Nr. 12; BAKred, Schreiben vom 29. März 1984 – V 2 – X – 6/83, abgedruckt bei Beckmann/Scholtz, Investment, Bd. 2, 448 Nr. 15.
[747] Vgl. von Livonius, WM 2004, S. 65.

c) Depotbank

Nach § 114 InvestmG i. V. m. § 20 Abs. 1 S. 1 InvestmG muss das Vermögen deutscher Hedgefonds von einer Depotbank verwaltet werden. Für inländische Hedgefonds kommen als Depotbanken allerdings nur diejenigen Unternehmen in Betracht, die neben der Legaldefinition in § 2 Abs. 7 InvestmG auch die weiteren Anforderungen und Pflichten aus den §§ 20 - 29 InvestmG erfüllen.[748] Des Weiteren muss die jeweilige Depotbank ihren Sitz gemäß § 20 Abs. 1 S. 2 InvestmG im Inland haben oder aber eine inländische Zweigniederlassung eines ausländischen Kreditinstituts im Sinne des § 20 Abs. 2 InvestmG sein. Das haftende Eigenkapital muss gemäß 20 Abs. 6 InvestmG mindestens 5 Millionen Euro betragen. Einzelne Aufgaben der Depotbank können jedoch, wie bereits dargestellt,[749] gemäß § 112 Abs. 3 InvestmG von einer anderen vergleichbaren Einrichtung wahrgenommen werden. Voraussetzung dafür ist allerdings, dass die Depotbank für ein Verschulden dieser Einrichtung wie für ein eigenes Verschulden haftet.

Ebenso wie bei § 113 Abs. 3 InvestmG stellt sich jedoch auch im Rahmen des § 112 Abs. 3 InvestmG die Frage, unter welchen Voraussetzungen die bereits erwähnten „Prime Broker“ als vergleichbare Einrichtungen in Betracht kommen.[750] Dies ist jedoch nur für den Fall relevant, dass der „Prime Broker“ tatsächlich Depotbankaufgaben im Sinne der §§ 20 - 29 InvestmG wahrnimmt. Zu den Funktionen derartiger Dienstleister gehört dabei besonders die Verwahrung des Fondsvermögens nach § 24 Abs. 1 InvestmG. Viele andere Leistungen liegen dagegen außerhalb des Aufgabenspektrums der §§ 20 - 29 InvestmG. Dazu zählen unter anderem die Kerngeschäfte des „Prime Brokerage“, wie beispielsweise die Beschaffung von Fremdkapital oder die Bereitstellung von Wertpapieren für Leerverkäufe. Andererseits werden auch nicht alle Aufgaben einer Depotbank, wie unter anderem die Geltendmachung von Anlegeransprüchen gemäß § 28 Abs. 1 InvestmG, auf internationaler Ebene typischerweise von „Prime Brokern“ ausgeübt.[751] Auch im Rahmen von § 112 Abs. 3 InvestmG stellt sich erneut die Frage des Vergleichsmaßstabs. Die Gesetzessystematik des § 112 Abs. 3 InvestmG spricht dabei im Gegensatz zu § 113 Abs. 3 InvestmG für einen Vergleich anhand der Voraussetzungen der §§ 20 - 29 InvestmG. Im Rah-

---

[748] Vgl. Lindemann, BB 2004, S. 2137; Köndgen/Schmies, WM Sonderbeilage Nr. 1/2004, S. 15; Pütz/Schmies, BKR 2004, S. 57.

[749] Vgl. oben, F. II. 5. b).

[750] Vgl. oben, F. II. 5. b).

[751] Vgl. Pütz/Schmies, BKR 2004, S. 57; Köndgen/Schmies, WM Sonderbeilage Nr. 1/2004, S. 15.

men von inländischen Single-Hedgefonds ist es jedoch ohnehin erforderlich, eine Depotbank im Sinne der §§ 20 -29 InvestmG einzuschalten. Für die Beurteilung der Vergleichbarkeit ist es daher aus Anlegerschutzgründen ausreichend, lediglich auf das Vorliegen der in § 2 Abs. 7 InvestmG aufgeführten Funktionen abzustellen.[752] Eine unterschiedliche Beurteilung der Vergleichbarkeit eines Unternehmens in § 112 Abs. 3 InvestmG und § 113 Abs. 3 InvestmG würde zu einer Ungleichbehandlung von inländischen und ausländischen Hedgefonds im Hinblick auf ihre Dachfondsgeeignetheit führen.[753]

Im Rahmen des Einsatzes von „Prime Brokern" ist weiterhin auch auf eine ausreichende Besicherung von Ausfallrisiken abzustellen. Sowohl von Seiten der „Prime Broker" als auch seitens der Aufsichtsbehörden wird dies als unerlässlicher Bestandteil eines soliden Risikomanagements und damit als Beitrag zur Stabilität des Finanzsystems angesehen.[754] Zwar dürfen nach § 31 Abs. 5 S. 1 InvestmG Gegenstände, die zu einem Sondervermögen gehören, grundsätzlich weder verpfändet, belastet, zur Sicherung übereignet oder zur Sicherung abgetreten werden. Nach § 31 Abs. 5 S. 2 InvestmG ist dieses Verbot allerdings nicht auf Kreditaufnahmen im Sinne des § 112 Abs. 1 S. 2 Nr. 1 InvestmG anwendbar. Dies gilt zudem auch bei der Einräumung von Optionsrechten gegenüber Dritten oder beim Abschluss von Finanzterminkontrakten, Devisenterminkontrakten, Swaps oder ähnlichen Geschäften. Keine ausdrückliche Erwähnung hat in diesem Zusammenhang die darlehensweise Übertragung von Wertpapieren an einen Hedgefonds gefunden. Diese unterfällt jedoch als Sachdarlehen im Sinne des § 607 BGB im Rahmen der Anwendung des § 31 Abs. 5 S. 2 InvestmG der Kreditaufnahme nach § 112 Abs. 1 Nr. 1 InvestmG. Dabei wird die Bezeichnung Kredit als Oberbegriff verwendet, der neben den Gelddarlehen auch Sachdarlehen umfasst.[755]

Bei der Übertragung von Verwahrungsaufgaben an eine vergleichbare Einrichtung im Sinne des § 112 Abs. 3 InvestmG ist zudem zu beachten, dass die Auslandsverwaltung von Teilen des Fondsvermögens lediglich in Fällen mit Auslandsbezug gestattet ist. Der Großteil spezialisierter Hedgefondsdienstleister, wie beispielsweise „Prime Broker", ist allerdings im Ausland angesiedelt. Für die Ausweitung der inländischen Hedgefondsbranche wäre es folglich nachteilig, nicht auf die überwiegend ausländische „Prime Brokerage"-Kompetenz

---

[752] Vgl. Pütz/Schmies, ebd.
[753] Vgl. Pütz/Schmies, ebd.
[754] Vgl. Lindemann, BB 2004, S. 2140.
[755] Vgl. Lindemann, BB 2004, S. 2140; Pütz/Schmies, BKR 2004, S. 58.

zurückgreifen zu können. Aus der Gesetzessystematik ergibt sich kein eindeutiger Vorrang des § 24 Abs. 1 S. 3 InvestmG vor der Vorschrift des § 112 Abs. 3 InvestmG, der auf § 20 InvestmG verweist. Bei der Wahrnehmung einzelner Depotbankfunktionen durch vergleichbare Einrichtungen im Ausland sollte daher nicht auf die Beschränkung des § 24 Abs. 1 S. 3 InvestmG abgestellt werden. Eine gesetzgeberische Klarstellung wäre in diesem Zusammenhang wünschenswert.[756]

d) Rückgabe der Hedgefondsanteile

Gemäß § 116 S. 1 InvestmG können die Vertragsbestimmungen bzw. Satzungen von Hedgefonds Abweichungen von der in § 37 Abs. 1 S. 1, 1. Hs. InvestmG normierten jederzeitigen Rückgabemöglichkeit enthalten, die für Anteilsscheine klassischer Investmentfonds gilt. § 116 S. 1 InvestmG sieht dabei im Einklang mit dem schweizerischen Regelungsrahmen[757] die Möglichkeit vor, die Rückgabe der Anteile an Single- und Dach-Hedgefonds lediglich zu bestimmten Terminen, mindestens jedoch vierteljährlich, zu gestatten. Eine entsprechende Einschränkungsmöglichkeit besteht ferner hinsichtlich der Ermittlung des Anteilswertes, die nach § 36 Abs. 1 InvestmG prinzipiell börsentäglich vorzunehmen ist.[758] Dies trägt dem Umstand Rechnung, dass eine börsentägliche Ermittlung vieler von Hedgefonds gehaltener Vermögenswerte in der Praxis nicht durchführbar ist.[759] Auf Seiten des Hedgefonds besteht zudem gemäß § 36 Abs. 6 S. 2 InvestmG die Verpflichtung, die Ausgabe- und Rücknahmepreise mindestens zweimal im Monat öffentlich bekannt zu machen. Auch hier ist jedoch nach gängiger Verwaltungspraxis[760] von einem öffentlichen Vertrieb auszugehen, so dass eine einschränkende Auslegung des Gesetzes geboten erscheint.[761] Nach § 116 S. 2 InvestmG hat eine unwiderrufliche Rückgabeerklärung seitens des Anlegers zu erfolgen, die bei Anteilen an Single-Hedgefonds bis zu 40 und im Rahmen von Dach-Hedgefonds bis zu 100 Tage vor dem Rücknahmetermin liegen kann. Eine Auszahlungsfrist ist nach § 116 InvestmG allerdings nicht vorgesehen, so dass die Auszahlung grundsätzlich umgehend nach dem Rück-

---

756 Vgl. Pütz/Schmies, ebd.

757 Vgl. Art. 25 Abs. 1 AFV, im Internet abrufbar unter: http://www.admin.ch/ch/d/sr/9/951.311.de.pdf (Datum des Abrufs: 6. August 2006).

758 Vgl. Pütz/Schmies, BKR 2004, S. 59; von Livonius, WM 2004, S. 65 f.

759 Vgl. von Livonius, ebd.

760 Vgl. BAKred, Schreiben vom 20. Januar 1982 – V 2 – W 160, abgedruckt bei Beckmann/Scholtz, Investment, Bd. 2; 448 Nr. 12; BAKred, Schreiben vom 29. März 1984 – V 2 – X – 6/83, abgedruckt bei Beckmann/Scholtz, Investment, Bd. 2, 448 Nr. 15.

761 von Livonius, ebd.

nahmetermin erfolgen muss. Bei Dach-Hedgefonds muss demnach zum Rücknahmetermin der genaue Anteilswert sämtlicher investierter Zielfonds vorliegen. Dies kann in der praktischen Durchführung zu erheblichen Problemen führen.[762]

III. Vertrieb von Anteilen an ausländischen Hedgefonds

Im Einklang mit der Rechtslage für deutsche Single-Hedgefonds[763] scheidet ein öffentlicher Vertrieb von Anteilen an ausländischen Single-Hedgefonds gemäß § 135 Abs. 1 S. 2 InvestmG aus. Nicht ausgeschlossen ist allerdings der Erwerb derartiger Single-Hedgefonds durch private oder institutionelle Anleger im Wege einer Privatplatzierung („private placement"), die vom Anwendungsbereich des InvestmG nicht erfasst wird.[764]

Der öffentliche Vertrieb von ausländischen Dach-Hedgefonds fällt mangels der Einhaltung der OGAW-Richtlinie regelmäßig unter die für nicht-richtlinienkonforme ausländische Investmentfonds geltenden Bestimmungen (§§ 135 - 140 InvestmG).[765] Der Diskussions- und Regierungsentwurf[766] gab für den öffentlichen Vertrieb zunächst nur solche ausländischen Investmentanteile frei, die von einer Investmentgesellschaft in einem EU- oder EWR-Mitgliedsstaat emittiert wurden. Die Ausweitung auf Drittstaaten, wie beispielsweise die Schweiz, die U.S.A. oder Offshore-Jurisdiktionen wie die Cayman Islands und Bermuda, wurde durch den Erlass entsprechender Rechtsverordnungen ermöglicht.[767] Diese Benachteiligung von Nicht-EU/EWR-Staaten wurde jedoch vom InvestmG nicht übernommen.[768] Der öffentliche Vertrieb von Anteilen an ausländischen Investmentfonds und Dach-Hedgefonds wird vielmehr nach § 136 Abs. 1 Nr. 1 InvestmG davon abhängig gemacht, dass im Sitzstaat eine wirksame öffentliche Aufsicht zum Schutz der Investmentanleger erfolgt und die dortige Aufsichtsstelle zu einer befriedigenden Zusammenarbeit mit der BaFin bereit ist. Die formellen Voraussetzungen für einen öffentlichen Vertrieb im Rahmen der Bestimmungen des InvestmG lehnen sich an die bisherigen Vorschriften des AuslInvestmG über den öffentlichen Vertrieb von Nicht-

[762] Vgl. Pütz/Schmies, BKR 2004, S. 59.
[763] Vgl. oben, F. II. 5. a).
[764] Vgl. Pütz/Schmies, BKR 2004, S. 59; von Livonius, WM 2004, S. 69.
[765] Vgl. Pütz/Schmies, ebd.; von Livonius, ebd.
[766] Vgl. oben, F. I.
[767] Vgl. Pütz/von Sonntag/Fock, Absolutreport 08/2003, S. 32; Köndgen/Schmies, WM Sonderbeilage Nr. 1/2004, S. 19.
[768] Vgl. Pütz/Schmies, BKR 2004, S. 59; Köndgen/Schmies, ebd.

OGAW-Anteilen an.[769] Gemäß § 139 InvestmG ist eine Anzeige gegenüber der BaFin erforderlich, der zahlreiche Unterlagen über die ausländische Investmentgesellschaft, die ausländischen Investmentanteile und die Aufsicht im jeweiligen Sitzstaat beizufügen sind. Der öffentliche Vertrieb im Inland darf nach § 140 Abs. 1 InvestmG erst drei Monate nach Eingang der vollständigen Anzeige bei der BaFin aufgenommen werden, sofern es nicht zu einer Untersagung der Betriebszulassung durch die Behörde kommt.[770]

Die materiellen Anforderungen an in Deutschland öffentlich vertriebsfähige Investmentanteile ergeben sich aus §§ 136 - 137 InvestmG.[771] Gemäß § 136 Abs. 1 Nr. 2 InvestmG bedarf es für den öffentlichen Vertrieb von Anteilen ausländischer Dach-Hedgefonds der Benennung eines inländischen Repräsentanten. Weiterhin ist nach § 136 Abs. 1 Nr. 4 InvestmG die Bezeichnung einer inländischen Zahlstelle erforderlich. Eine Vertriebszulassung kommt dabei grundsätzlich gemäß §§ 136 Abs. 2, Abs. 4 InvestmG nur für solche ausländischen Dach-Hedgefonds in Betracht, die hinsichtlich der in §§ 113 Abs. 1 - 4, 116 InvestmG normierten Anlagebeschränkungen und Rückgabevorschriften mit inländischen Dach-Hedgefonds vergleichbar sind.[772] Das jeweilige Sondervermögen muss demnach grundsätzlich von einer Depotbank im Sinne der Vorschriften der §§ 20 - 29 InvestmG verwahrt werden. Die Wahrnehmung einzelner Depotbankaufgaben durch eine vergleichbare Einrichtung steht dabei gemäß § 136 Abs. 2 i. V. m. § 136 Abs. 1 Nr. 2 InvestmG bei ausländischen Dach-Hedgefonds dem öffentlichen Vertrieb der Investmentanteile nicht entgegen. Dies stellt eine Erleichterung gegenüber den übrigen Anforderungen an ausländische Investmentanteile dar.[773]

Auch auf der Ebene des ausländischen Dach-Hedgefonds dürfen aufgrund der Geltung des § 113 Abs. 1 S. 3 InvestmG weder Leerverkäufe noch Leverage vorgesehen sein. Es ist allerdings zweifelhaft, ob eine kurzfristige Kreditaufnahme im Sinne des § 53 InvestmG den öffentlichen Vertrieb von Anteilen an derartigen Fonds ausschließt. Im Gegensatz zu § 114 InvestmG, der in Bezug auf inländische Hedgefonds nicht auf § 53 InvestmG verweist, sieht § 136 Abs. 1 Nr. 5 f InvestmG die Möglichkeit einer Kreditaufnahme im Rahmen des

---

[769] Vgl. Pütz/Schmies, ebd.

[770] Vgl. von Livonius, WM 2004, S. 68 f.; Köndgen/Schmies, WM Sonderbeilage Nr. 1/2004, S. 19.

[771] Vgl. Pütz/Schmies, BKR 2004, S. 59; Köndgen/Schmies, ebd.

[772] Vgl. von Livonius, WM 2004, S. 69; Köndgen/Schmies, WM Sonderbeilage Nr. 1/2004, S. 19 f.; Pütz/Schmies, BKR 2004, S. 59 f.; vgl. auch oben G. II. 4. b).

[773] Vgl. Köndgen/Schmies, WM Sonderbeilage Nr. 1/2004, S. 19.

§ 53 InvestmG vor.[774] Leverage ist nach § 112 Abs. 1 S. 2 Nr. 1 InvestmG als unbeschränkte Kreditaufnahme zu verstehen und schließt folglich nicht die für Auslandsfonds prinzipiell zulässige, beschränkte Kreditaufnahme im Sinne des § 53 InvestmG aus.[775] Bei ausländischen Dach-Hedgefonds sind zudem die Bedingungen für den öffentlichen Vertrieb der Anteile im Inland insofern gemildert, als sie im Gegensatz zu deutschen Dach-Hedgefonds nicht den Anforderungen des § 113 Abs. 5 InvestmG bezüglich des Auswahlprozesses und der laufenden Überwachung der Zielfonds genügen müssen. Der Gesetzgeber hat auf eine Verweisung auf die in § 113 Abs. 5 InvestmG für inländische Dach-Hedgefonds normierten Pflichten verzichtet. Dies ist bedenklich, zumal besonders der „Due Diligence" und der laufenden Überwachung seitens des Dachfonds eine gewichtige Bedeutung beizumessen ist.[776]

Beim Vertrieb ist weiterhin gemäß § 137 Abs. 1 InvestmG ein ausführlicher Verkaufsprospekt zu verwenden, welcher der BaFin im Rahmen der Vertriebsanzeige vorzulegen ist. Die Verwendung eines vereinfachten Verkaufsprospekts ist dagegen nach § 137 Abs. 2 InvestmG nicht gestattet. Der Prospekt muss gemäß § 137 Abs. 4 InvestmG, ebenso wie bei einem inländischen Dach-Hedgefonds, fondsspezifische Angaben, einschließlich des ausdrücklichen Warnhinweises, enthalten. Der Verkaufsprospekt ist dabei ebenso wie die im Vertrieb eingesetzten Veröffentlichungen nach § 123 S. 1 InvestmG in deutscher Sprache abzufassen oder aber mit einer deutschen Übersetzung zu versehen.[777]

Es ist möglich, die Anteilsrücknahme bei ausländischen Dach-Hedgefonds in gleicher Weise einzuschränken wie bei inländischen Dach-Hedgefonds.[778] Es sind demnach mindestens vierteljährliche Rücknahmetermine vorzusehen, denen eine maximal hunderttägige Ankündigungsfrist vorausgehen kann.[779] Auch im Rahmen von ausländischen Dach-Hedgefonds sind ferner bestimmte Informationsanforderungen zu beachten, die denjenigen deutscher Emittenten vergleichbar sind. Dabei muss der jeweilige Prospekt dieselben Pflichtinformationen enthalten, wie sie in § 117 Abs. 1 S. 2 InvestmG für Anteile an inländischen Hedgefonds normiert sind. Ein vereinfachter Verkaufsprospekt ist entsprechend der Rechtslage bei deutschen Dach-Hedgefonds[780] ausgeschlossen.[781]

---

774 Vgl. Pütz/Schmies, BKR 2004, S. 60.
775 Vgl. Pütz/Schmies, ebd.
776 Vgl. Köndgen/Schmies, WM Sonderbeilage Nr. 1/2004, S. 20; Pütz/Schmies, ebd.
777 Vgl. von Livonius, WM 2004, S. 69.
778 Vgl. oben, F. II. 6. d).
779 Vgl. Pütz/Schmies, BKR 2/2004, S. 60.
780 Vgl. F. II. 6. a).

IV. Spezifische aufsichtsrechtliche Regelungen für inländische Versicherungsunternehmen und Pensionsfonds

1. Überblick

Inländische Versicherungsunternehmen und Pensionsfonds spielen als Anleger in Hedgefonds eine immer bedeutendere Rolle.[782] Dabei unterliegen sie allerdings den spezifischen Regelungen des Versicherungsaufsichtsgesetzes (VAG). Dessen Regelungen sind über § 113 VAG grundsätzlich auch auf Pensionsfonds anwendbar. Nach § 54 Abs. 1 VAG wird zwischen dem sogenannten Sicherungsvermögen im Sinne des § 66 VAG und dem sonstigen gebundenen Vermögen nach § 54 Abs. 5 VAG unterschieden. Während die Investitionen des freien Vermögens keinen aufsichtsrechtlichen Restriktionen unterliegen, gelten für die Anlage des Sicherungsvermögens und des sonstigen gebundenen Vermögens spezielle Anlagebeschränkungen.[783] Gemäß § 54 Abs. 1 VAG sind sowohl das Sicherungsvermögen als auch das sonstige gebundene Vermögen so anzulegen, dass eine möglichst große Sicherheit und Rentabilität bei jederzeitiger Liquidität des Versicherungsunternehmens unter Wahrung angemessener Mischung und Streuung erreicht wird. Diese gesetzlichen Anlagegrundsätze wurden auf der Grundlage des § 54 Abs. 3 VAG zunächst durch die Anlageverordnung vom 20.Dezember 2001[784] (AnlV) konkretisiert. Diese wurde am 12. August 2004 durch die Erste Verordnung zur Änderung des Anlagevermögens[785] novelliert. Ziel der Änderung der Anlageverordnung war es, Versicherungen und Pensionsfonds in stärkerem Maße die Investition in neue Assetklassen, wie beispielsweise Hedgefonds, zu ermöglichen.[786] Die Anlage in derartige Fonds wird zudem durch das Rundschreiben 7/2004 der BaFin als Versicherungsaufsicht weiter konkretisiert.

---

781 Vgl. Pütz/Schmies, BKR 2/2004, S. 60.
782 Vgl. Zahn/Lemke, BKR 2005, S. 121.
783 Vgl. Zahn/Lemke, ebd.
784 Verordnung über die Anlage des gebundenen Vermögens von Versicherungsunternehmen (Anlageverordnung – AnlV), v. 20. Dezember 2001, BGBl. I, S. 3913 ff.
785 Erste Verordnung zur Änderung der Anlageverordnung, v. 12. August 2004, BGBl. I, S. 2177 f.
786 Vgl. Zahn/Lemke, BKR 2005, S. 121; Kaal, Hedge Fund Regulation by Banking Supervision – A Comparative Institutional Analysis, S. 212.

2. Anlagebeschränkungen für Versicherungen und Pensionsfonds
Gemäß § 1 Abs. 1 Nr. 15 AnlV können Versicherungen und Pensionsfonds dem gebundenen Vermögen nunmehr auch Anteile an Single- und Dach-Hedgefonds nach §§ 112, 113 InvestmG zuführen. Nach § 1 Abs. 1 Nr. 16 AnlV ist zudem unter bestimmten Voraussetzungen eine Anlage in Investmentaktiengesellschaften mit veränderlichem Kapital möglich. § 1 Abs. 1 Nr. 17 AnlV ermöglicht zudem im Rahmen der spezifischen Bestimmungen der Verordnung eine Anlage in ausländische Investmentanteile im Sinne des § 2 Abs. 9 InvestmG.[787] Dies erfordert allerdings, dass die Investmentgesellschaft ihren Sitz in einem EWR-Staat hat und der dortigen Aufsicht unterliegt. Eine Investition in Anteile einer Investmentgesellschaft mit Sitz außerhalb des EWR ist nur im Rahmen der sogenannten Öffnungsklausel des § 1 Abs. 2 i. V. m. § 2 Abs. 2 lit. h AnlV möglich und beschränkt sich auf 5 Prozent des Sicherungsvermögens und des sonstigen gebundenen Vermögens. Darüber hinaus ist gemäß § 2 Abs. 2 lit. g AnlV auch eine indirekte Anlage in Hedgefonds beispielsweise über strukturierte Produkte möglich.[788]

Anlagen in Hedgefonds sind lediglich zur vorsichtigen Beimischung geeignet. Gemäß § 2 Abs. 2 lit. g AnlV darf der Anteil an direkten und indirekten Investitionen in derartigen Fonds insgesamt 5 Prozent des Sicherungsvermögens und des sonstigen gebundenen Vermögens nicht übersteigen. Sämtliche Anlagen, die auf diese 5 Prozent-Quote angerechnet werden, werden zudem in die 35 Prozent-Quote im Sinne des § 2 Abs. 3 S. 1 AnlV einbezogen.[789] Dies geht auf die Erwägung zurück, dass es sich bei Investitionen in Hedgefonds um Risikokapitalanlagen handelt.[790] Nach § 3 Abs. 1 AnlV ist die Anlage in Single-Hedgefonds auf 1 Prozent des gebundenen Vermögens zu begrenzen. Dabei scheiden allerdings Single-Hedgefonds aus, die ihrerseits mehr als 50 Prozent in andere Zielfonds anlegen. Zudem darf nicht in mehr als zwei Single-Hedgefonds des gleichen Emittenten oder Fondsmanagers investiert werden.[791] Eine Anlage in einen einzelnen Dach-Hedgefonds kann dagegen bis zu einer Höhe von 5 Prozent des gebundenen Vermögens erfolgen, wenn bei diesem eine Streuung gemäß § 113 InvestmG oder nach den Vorschriften eines anderen EWR-Staates vorliegt. Dies gilt entsprechend für breit diversifizierte strukturierte Produkte.[792]

---

787 Vgl. Zahn/Lemke, BKR 2005, S. 121; BaFin, Rundschreiben 7/2004, S. 1 f.
788 Vgl. Zahn/Lemke, ebd.; BaFin, Rundschreiben 7/2004, ebd.
789 Vgl. BaFin, Rundschreiben 7/2004, S. 3; Zahn/Lemke, ebd.
790 Vgl. BaFin, Rundschreiben 7/2004, ebd.
791 Vgl. Zahn/Lemke, BKR 2005, S. 121 f.
792 Vgl. Zahn/Lemke, ebd.

Weiterhin haben Versicherungen und Pensionsfonds aufgrund der Komplexität von Hedgefonds vor einem Anteilserwerb eine umfassende Due Diligence durchzuführen. Dabei ist zu analysieren, ob die einzelnen Produkte für das jeweilige Portfolio geeignet und die Belange der Versicherten gewahrt sind. Darüber hinaus ist ein angemessenes Risikomanagement in Form einer laufenden Überwachung zu betreiben und entsprechend zu dokumentieren.[793]

V. Die Besteuerung von Hedgefonds

1. Einleitung

Durch das Investmentsteuergesetz (InvestmStG) wurden die bisher auf das KAGG und das AuslInvestmG verteilten Vorschriften bezüglich der Besteuerung in- und ausländischer Investmentvermögen bzw. ihrer Anteilseigner in einem einheitlichen Gesetz zusammengeführt. Dadurch soll nach dem Willen des Gesetzgebers eine weitgehende Gleichstellung in- und ausländischer Investmentfonds erreicht werden.[794] In Bezug auf die Anlage in Hedgefonds ist dabei das gesetzgeberische Bestreben zu erkennen, den steuerlichen Rechtsrahmen so attraktiv auszugestalten, dass Benachteiligungen gegenüber einer Anlage in Hedgefondszertifikate[795] beseitigt werden.[796]

Das InvestmStG verzichtet zukünftig auf eine Unterteilung der ausländischen Investmentvermögen in „weiße", „graue" und „schwarze" Fonds.[797] Es kommt folglich im Regelungsbereich dieses Gesetzes nicht mehr darauf an, ob die jeweiligen Anteile an ausländischen Investmentvermögen zum öffentlichen Vertrieb berechtigt sind, eine Notierung an einer inländischen Börse vorliegt und ein Steuervertreter im Inland bestellt ist. Die vereinheitlichte steuerliche Behandlung in- und ausländischer Investmentvermögen im Rahmen des InvestmStG knüpft vielmehr daran an, dass speziell normierte Bekanntmachungs- und Veröf-

793 Vgl. BaFin, Rundschreiben 7/2004, S. 2; Zahn/Lemke, BKR 2005, S. 122.

794 Vgl. Entwurf Investmentmodernisierungsgesetz, Begründung, Besonderer Teil, Bundestagsdrucksache 15/1553, S.120.

795 Vgl. oben, C.II.

796 Vgl. Entwurf Investmentmodernisierungsgesetz, Begründung, Besonderer Teil, Bundestagsdrucksache 15/1553, S. 121.

797 Vgl. Köndgen/Schmies, WM Sonderbeilage Nr. 1/2004, S. 20; Wallach, in: Dichtl/ Kleeberg/Schlenger, Handbuch Hedge Funds – Chancen, Risiken und Einsatz in der Asset Allocation, S. 83; Entwurf Investmentmodernisierungsgesetz, Begründung, Allgemeiner Teil, Bundestagsdrucksache 15/1553, ebd.

fentlichungspflichten eingehalten werden.[798] Das InvestmentStG unterscheidet dabei je nach Erfüllung dieser Pflichten transparente, semi-transparente und intransparente Fonds.[799] Grundsätzlich gilt auch im Anwendungsbereich des InvestmStG das bisher für die deutsche Fondsbesteuerung maßgebliche Transparenzprinzip. Danach werden die jeweiligen Fondsanleger grundsätzlich so besteuert, als hätten sie die seitens des Fonds getätigten Anlagen selbst vorgenommen.[800] Das deutsche Investmentsteuerrecht stellt dabei das Investment-Sondervermögen gemäß § 11 Abs. 1 S. 2 InvestmStG von der Körperschaft- und der Gewerbesteuer frei. § 11 Abs. 1 S. 3 InvestmStG dehnt diese Steuerbefreiung zudem auf Investmentaktiengesellschaften aus. Allerdings sieht auch das InvestmStG ebenso wie das bisherige Recht Durchbrechungen des Transparenzprinzips vor, dessen Geltungsbereich durch die entsprechenden gesetzgeberischen Anordnungen beschränkt wird.[801]

2. Anwendungsbereich des InvestmStG

Das InvestmStG findet nach § 1 Abs. 1 Nr. 1 InvestmStG auf inländische Investmentvermögen Anwendung, sofern diese in der Form eines Investmentfonds im Sinne des § 2 Abs. 1 InvestmG oder in der Form einer Investmentaktiengesellschaft im Sinne des § 2 Abs. 5 InvestmG errichtet sind, sowie auch auf Anteile an derartigen Investmentvermögen. Der Regelungsbereich des InvestmStG in Bezug auf inländische Investmentvermögen ist folglich begrenzt. Er erstreckt sich ebenso wie die steuerrechtlichen Normen des KAGG nicht auf sämtliche deutsche Anlagevehikel und Investmentanteile, sondern umfasst lediglich die unter das InvestmG fallenden Investmentvermögen und Investmentanteile.[802] Eine direkte Anlage in inländische Hedgefonds wird demnach uneingeschränkt vom InvestmStG erfasst. Die sogenannten Hedgefondszertifikate oder andere komplexe, speziell für Versicherer strukturierte Produkte fallen dagegen ebenso wenig in den Anwendungsbereich des InvestmStG wie die im Rahmen der geschlossenen Immobilienfonds gebräuchlichen Publikumsfonds.[803]

Bezüglich ausländischer Investmentvermögen und Investmentanteile ergibt sich der Geltungsbereich des InvestmStG aus § 1 Abs. 1 Nr. 2 InvestmStG. Dabei hat

---

798 Vgl. Köndgen/Schmies, WM Sonderbeilage Nr. 1/2004, S. 20 ff.; Wallach, ebd.; Schmitt/Hagen, DStR 2004, S. 838.

799 Schultz/Kästle, Absolutreport 06/2005, S. 43 ff.; Wallach, ebd.; Schmitt/Hagen, ebd.

800 Vgl. Köndgen/Schmies, WM Sonderbeilage Nr. 1/2004, S. 20; Schmitt/Hagen, DStR 2004, S. 839 f.

801 Vgl. Köndgen/Schmies, ebd.; Schmitt/Hagen, DStR 2004, S. 838.

802 Vgl. Köndgen/Schmies, ebd.; Schultz/Kästle, Absolutreport 06/2005, S. 43.

803 Vgl. Köndgen/Schmies, ebd.; Schultz/Kästle, ebd.

der Gesetzgeber abweichend von den ursprünglichen Vorgaben im Diskussions- und Regierungsentwurf[804] an einem materiellen Fondsbegriff festgehalten, so dass die Rechtsform des jeweiligen Hedgefonds keine Rolle spielt.[805] Erfasst werden nach § 1 Abs. 1 Nr. 2 InvestmStG i. V. m. § 2 Abs. 8, 9, § 1 S. 2 InvestmG vielmehr sämtliche Vermögen zur gemeinschaftlichen Kapitalanlage, die nach dem Grundsatz der Risikomischung in Vermögensgegenstände im Sinne des § 2 Abs. 4 InvestmG angelegt sind und dem Recht eines ausländischen Staates unterstehen, sowie auch die daran gehaltenen Anteile.

3. Die Besteuerung laufender Erträge aus Hedgefonds

a) Überblick

Wegen der Geltung des Zuflussprinzips im deutschen Steuerrecht orientiert sich die steuerrechtliche Behandlung des jeweiligen Anlegers gemäß § 2 Abs. 1 S. 1, 1. Hs. InvestmStG an den Erträgen, die diesem aus der Anlage in den Hedgefonds zufließen.[806] Als Steuerobjekt wird dabei zwischen ausgeschütteten und ausschüttungsgleichen Erträgen unterschieden.[807] Als weitere Ertragsmöglichkeit sind zudem die Gewinne aus der Rückgabe oder Veräußerung der Fondsanteile aufzuführen.[808] Eine Kapitalrückzahlung in Form einer bloßen Substanzauskehr ist dagegen nicht steuerbar. Im Gegensatz zum KAGG werden demnach die steuerbaren Ausschüttungen des jeweiligen Fonds auf die durch diesen erwirtschafteten Beträge begrenzt.[809] § 1 Abs. 3 S. 1 InvestmStG definiert den Begriff Ausschüttungen als dem Anleger tatsächlich gezahlte oder gutgeschriebene Beträge einschließlich der einbehaltenen Kapitalertragssteuer.

Nach § 1 Abs. 3 S. 2 InvestmStG umfassen ausgeschüttete Erträge die zur Ausschüttung verwendeten Zinsen, Dividenden, Erträge aus Vermietung und Verpachtung, sonstige Erträge und Gewinne aus Veräußerungsgeschäften. Diese fließen dem Anleger im Zeitpunkt der Ertragsausschüttung zu.[810] Ausschüt-

---

[804] Vgl. oben, F. I.
[805] Vgl. Köndgen/Schmies, WM Sonderbeilage Nr. 1/2004, S. 20; Schultz/Kästle, Absolutreport 06/2005, S. 43.
[806] Vgl. Wallach, in: Dichtl/Kleeberg/Schlenger, Handbuch Hedge Funds – Chancen, Risiken und Einsatz in der Asset Allocation, S. 83.
[807] Vgl. Köndgen/Schmies, WM Sonderbeilage Nr. 1/2004, S. 20.
[808] Vgl. Wallach, in: Dichtl/Kleeberg/Schlenger, Handbuch Hedge Funds – Chancen, Risiken und Einsatz in der Asset Allocation, S. 84.
[809] Vgl. Köndgen/Schmies, WM Sonderbeilage Nr. 1/2004, S. 21.
[810] Vgl. Wallach, in: Dichtl/Kleeberg/Schlenger, Handbuch Hedge Funds – Chancen, Risiken und Einsatz in der Asset Allocation, S. 84.

tungsgleiche Erträge sind dagegen nach § 1 Abs. 3 S. 3 InvestmStG die nach Werbungskostenabzug thesaurierten Einnahmen aus selbigen Quellen, wobei allerdings Wertpapierveräußerungsgeschäfte ausgenommen sind. Die ausschüttungsgleichen Erträge gelten als dem Anleger mit Ablauf des Geschäftsjahres zugeflossen.[811]

Gewinne aus der Rückgabe oder Veräußerung fallen immer dann an, wenn der bei der Rückgabe oder Veräußerung erzielte Erlös den beim jeweiligen Erwerb gezahlten Ausgabe- oder Kaufpreis übersteigt. Ein Zufluss beim Anleger findet bei der Realisierung des jeweiligen Veräußerungsgewinnes statt.[812]

b) Die Besteuerung des Anlegers beim transparenten Fonds

Ausgeschüttete und ausschüttungsgleiche Erträge werden gemäß § 2 Abs. 1 S. 1, 1. Hs. InvestmStG als Einkünfte aus Kapitalvermögen im Sinne des § 20 Abs. 1 Nr. 1 EStG qualifiziert, soweit es sich nicht um Betriebseinnahmen oder um Leistungen im Sinne des § 22 Nr. 5 EStG handelt. Hinsichtlich der Besteuerung laufender Erträge im Regelungsbereich des InvestmStG ist nach den §§ 2 - 4 InvestmStG eine vergleichsweise günstige Regelbesteuerung vorgesehen. Diese ist allerdings sowohl für inländische als auch für ausländische Investmentfonds nur bei einer vollumfänglichen Erfüllung der in § 5 Abs. 1 InvestmStG aufgeführten Benachrichtigungspflichten anwendbar.[813]

aa) Voraussetzung des transparenten Fondsstatus

Um den in § 5 Abs. 1 InvestmStG enthaltenen Informationsanforderungen nachzukommen, ist es erforderlich, dass die Investmentgesellschaften ihre Anleger mit einer der Gliederung des § 5 Abs. 1 InvestmStG entsprechenden Aufschlüsselung der Herkünfte von Ausschüttungen und ausschüttungsgleichen Erträgen versorgen. Unter diese sogenannte Besteuerungsgrundlage fallen sowohl der Betrag der Ausschüttung oder des ausschüttungsgleichen Ertrages als auch diejenigen Einkünfte des Fonds, die bei dem jeweiligen Anleger zu einer Steuerbefreiung oder Reduzierung führen.[814] § 5 Abs. 1 S. 1 Nr. 1 InvestmStG führt in diesem Zusammenhang unter anderem Gewinne aus der Veräußerung von

---

[811] Vgl. Wallach, ebd.

[812] Vgl. Wallach, ebd.

[813] Vgl. Schultz/Kästle, Absolutreport 06/2005, S. 44; Köndgen/Schmies, WM Sonderbeilage Nr. 1/2004, S. 20.

[814] Vgl. Wallach, in: Dichtl/Kleeberg/Schlenger, Handbuch Hedge Funds – Chancen, Risiken und Einsatz in der Asset Allocation, S. 87; Schultz/Kästle, ebd.; Köndgen/Schmies, WM Sonderbeilage Nr. 1/2004, S. 22.

Wertpapieren, Gewinne aus Termingeschäften, Dividenden und anrechenbare ausländische Steuern auf. Nach § 5 Abs. 1 S. 1 Nr. 3 InvestmStG sind diese steuerlichen Angaben in Verbindung mit dem Jahresbericht im elektronischen Bundesanzeiger bekannt zu machen. Die steuerlichen Angaben sind dabei in deutscher Sprache zu veröffentlichen. Ausländische Hedgefonds, die in Deutschland lediglich privat platziert werden, sind allerdings von einer Veröffentlichung des Jahresberichts freigestellt.[815] Die Veröffentlichung der steuerlichen Angaben muss mit der Bescheinigung eines Wirtschaftsprüfers, Steuerberaters oder Rechtsanwalts versehen sein, aus der hervorgeht, dass die Ermittlung nach den Regeln des deutschen Steuerrechts erfolgt ist.[816] Liegen dagegen keine Ausschüttungen vor, so sind die Bekanntmachung der Besteuerungsgrundlagen sowie deren Veröffentlichung nach § 5 Abs. 1 S. 1 Nr. 2 InvestmStG bis spätestens vier Monate nach Ende des Geschäftsjahres vorzunehmen. Gemäß § 5 Abs. 3 InvestmStG muss die Investmentgesellschaft darüber hinaus seit dem 1. Januar 2006 bei jeder Berechnung des Nettoinventarwertes auch den Zwischengewinn gemäß § 1 Abs. 4 InvestmStG berechnen und zusammen mit dem Rücknahmepreis veröffentlichen. Mit dem sogenannten Zwischengewinn werden dabei die Zinserträge und Zinssurrogate, die bereits während des Geschäftsjahres des Investmentvermögens erzielt werden, im Falle einer unterjährigen Rückgabe oder Veräußerung des Investmentanteils der Besteuerung unterworfen.[817] Die Berechnung und Veröffentlichung des jeweiligen Aktiengewinns ist dagegen nach § 5 Abs. 2 InvestmStG optional. Sie empfiehlt sich allerdings immer dann, wenn Kapitalgesellschaften als Anleger an dem jeweiligen Hedgefonds beteiligt sind.[818]

Ausländische Investmentgesellschaften müssen dem Bundesamt für Finanzen gemäß § 5 Abs. 1 S. 1 Nr. 5 InvestmStG auf Anfrage innerhalb von drei Monaten die Richtigkeit der Besteuerungsgrundlagen nachweisen. Fremdsprachige Unterlagen sind in diesem Zusammenhang mit einer beglaubigten deutschen Übersetzung vorzulegen.

---

815 Vgl. BMF-Schreiben vom 2. Juni 2005, „Investmentsteuergesetz (InvStG), Zweifels und Auslegungsfragen", Abschnitt V. 2. b) bb).

816 Vgl. Wallach, in: Dichtl/Kleeberg/Schlenger, Handbuch Hedge Funds – Chancen, Risiken und Einsatz in der Asset Allocation, S. 87; Köndgen/Schmies, WM Sonderbeilage Nr. 1/2004, S. 23.

817 Vgl. Schultz/Kästle, Absolutreport 06/2005, S. 45 f.

818 Vgl. Wallach, in: Dichtl/Kleeberg/Schlenger, Handbuch Hedge Funds – Chancen, Risiken und Einsatz in der Asset Allocation, S. 87.

bb) Anteile im Privatvermögen

Die jeweilige steuerliche Behandlung von ausgeschütteten bzw. ausschüttungsgleichen Erträgen richtet sich nach den Arten der Einkünfte im Investmentvermögen. § 2 Abs. 3 InvestmStG stellt für nicht im Betriebsvermögen gehaltene Investmentanteile einzelne ausgeschüttete Erträge vollständig von der Besteuerung frei. Insbesondere sieht § 2 Abs. 3 Nr. 1 InvestmStG eine Steuerbefreiung von Veräußerungsgewinnen auch innerhalb der Spekulationsfrist von § 23 Abs. 1 Nr. 2 EStG vor. Veräußerungsgewinne aus Leerverkäufen werden dabei ebenso erfasst wie entsprechende Gewinne aus Termingeschäften.[819] Dies führt zu einer Steuerfreistellung eines nicht unerheblichen Teils der bei den meisten Hedgefondsstrategien anfallenden Erträge. Nach § 2 Abs. 2 InvestmStG i. V. m. § 3 Nr. 40 d) EStG sind zudem in- und ausländische Dividenden beim Privatanleger nach dem sogenannten Halbeinkünfteverfahren nur zur Hälfte einkommensteuerpflichtig. Alle sonstigen Erträge, wie beispielsweise Zinsen und zinsähnliche Erträge, sind nicht von der Geltung der Einkommensteuer befreit.[820]

Gewinne, die sich aus der Rückgabe oder Veräußerung des jeweiligen Hedgefondsanteils ergeben, unterfallen beim Privatanleger nach § 23 Abs. 1 S. 1 Nr. 2 EStG immer dann der Einkommensteuerpflicht, wenn die Veräußerung bzw. Rückgabe innerhalb eines Jahres seit Erwerb erfolgt ist. Nach Ablauf dieses Zeitraums tritt die Steuerfreiheit jedoch unabhängig von der Einkunftsart des Fonds ein. Seit dem 1. Januar 2006 ist allerdings zu beachten, dass der im jeweiligen Rückgabe- oder Veräußerungserlös enthaltene Zwischengewinn[821] zu versteuern ist.[822]

Ein Vergleich zu einer Anlage in Hedgefondszertifikate offenbart, dass die steuerliche Behandlung des Privatanlegers im Rahmen eines Hedgefondszertifikats bei einer Haltezeit der Anlage von mehr als einem Jahr steuerlich vorteilhaft ist. Wenn es sich bei dem jeweiligen Hedgefondszertifikat um ein Zertifikat ohne Kapitalgarantie handelt, auf das üblicherweise keine Zinsen gezahlt werden, fallen während der Laufzeit des Zertifikats keine Steuern an. Bei einer Anlage in Hedgefondsanteile sind dagegen ausgeschüttete oder thesaurierte Dividenden

---

[819] Vgl. Wallach, in: Dichtl/Kleeberg/Schlenger, Handbuch Hedge Funds – Chancen, Risiken und Einsatz in der Asset Allocation, S. 84; Köndgen/Schmies, WM Sonderbeilage Nr. 1/2004, S. 21.

[820] Vgl. Wallach, in: Dichtl/Kleeberg/Schlenger, Handbuch Hedge Funds – Chancen, Risiken und Einsatz in der Asset Allocation, S. 84.

[821] Vgl. oben, F. V. 3. b) aa).

[822] Vgl. BMF-Schreiben vom 15. Februar 2005, „Zweifelsfragen zum Zwischengewinn und zum Begriff des ausländischen Investmentanteils“, Ziff. 4.

zur Hälfte, sowie Zinsen und zinsähnliche Einkünfte voll zu versteuern. Darüber hinaus ist der Veräußerungserlös bei Hedgefondszertifikaten nach Ablauf eines Jahres seit Erwerb vollumfänglich steuerbefreit. Dies steht im Gegensatz zu der seit dem 1. Januar 2006 anfallenden Zwischengewinnbesteuerung bei Hedgefondsanteilen.[823]

cc) Anteile im Betriebsvermögen

Bei der steuerlichen Behandlung der Erträge aus Anteilen im Betriebsvermögen ist danach zu differenzieren, ob es sich bei dem jeweiligen gewerblichen Anleger um eine Körperschaft oder einen Einzelunternehmer handelt. Für ausgeschüttete und thesaurierte Gewinne aus der Veräußerung von Wertpapieren, einschließlich Leerverkäufen aus Wertpapieren, sowie ausgeschüttete und thesaurierte Dividenden, ist gemäß § 2 Abs. 2 InvestmStG das körperschaftliche Beteiligungsprivileg nach § 8 KStG anzuwenden.[824] Im Rahmen der ausgeschütteten Gewinne und ausgeschütteten und thesaurierten Dividenden gelten nach § 8 Abs. 5 KStG 5 Prozent als nicht abzugsfähige Betriebsausgaben, so dass im Ergebnis 95 Prozent der Gewinne und Dividenden steuerbefreit sind. Die thesaurierten Veräußerungsgewinne fallen dagegen nicht unter den Begriff der ausschüttungsgleichen Erträge im Sinne des § 1 Abs. 3 S. 3 InvestmStG. Derartige Gewinne sind daher zu 100 Prozent steuerbefreit. Bei Einzelunternehmern sind die Veräußerungsgewinne und Dividenden nach dem Halbeinkünfteverfahren im Sinne des § 3 Nr. 40 EStG lediglich zur Hälfte einkommensteuerpflichtig.[825]

Eine weitere Differenzierung ergibt sich im Zusammenhang mit ausgeschütteten und thesaurierten Gewinnen aus Termingeschäften, wobei die entsprechenden Steuerfolgen sowohl auf Körperschaften als auch auf Einzelunternehmer anwendbar sind. Während der ausgeschüttete Gewinn aus dem jeweiligen Termingeschäft vollumfänglich steuerpflichtig ist, fällt eine Thesaurierung nicht unter den Begriff des ausschüttungsgleichen Ertrags und ist somit steuerbefreit.[826] Im Bereich von Hedgefonds kommt es in der Regel zu keiner Ausschüttung der Erträge, so dass in den vorgenannten Regelungen eine steuerliche Begünstigung

---

823 Vgl. Wallach, in: Dichtl/Kleeberg/Schlenger, Handbuch Hedge Funds – Chancen, Risiken und Einsatz in der Asset Allocation, S. 85.

824 Vgl. Köndgen/Schmies, WM Sonderbeilage Nr. 1/2004, S. 21; Wallach, in: Dichtl/ Kleeberg/Schlenger, Handbuch Hedge Funds – Chancen, Risiken und Einsatz in der Asset Allocation, S. 85 f.

825 Vgl. Wallach, ebd.

826 Vgl. Wallach, ebd.

von Hedgefonds zu sehen ist. Sonstige Erträge, wie beispielsweise Zinsen und zinsähnliche Erträge, sind allerdings voll körperschaftsteuer- und einkommensteuerpflichtig.[827]

Gewinne aus der Rückgabe oder Veräußerung der Fondsanteile sind beim gewerblichen Anleger immer steuerpflichtig. Eine Einschränkung in Bezug auf die Haltedauer gibt es dabei nicht. Bei der Rückgabe oder Veräußerung während des Geschäftsjahres ist zudem der angelaufene Zwischengewinn zu versteuern.[828]

c) Die Besteuerung des Anlegers beim semi-transparenten Fonds

Nicht jegliche Abweichung von den in § 5 Abs. 1 InvestmStG normierten Bekanntmachungspflichten führt zwangläufig zu einer Einstufung des Hedgefonds als intransparenter Fonds. Aus § 5 Abs. 1 S. 2 InvestmStG ergibt sich, dass fehlende Angaben gemäß § 5 Abs. 1 S. 1 Nr. c und f InvestmStG nicht zu einer „Strafbesteuerung" gemäß § 6 InvestmStG führen, sondern lediglich die Nichtanwendbarkeit der die Angaben voraussetzenden steuerentlastenden Vorschriften zur Folge haben. Man spricht in diesem Zusammenhang auch von semitransparenten Fonds.[829]

d) Die Besteuerung des Anlegers beim intransparenten Fonds

Erfüllt die jeweilige Investmentgesellschaft die in § 5 Abs. 1 InvestmStG statuierten Bekanntmachungspflichten nicht, sieht § 6 InvestmStG in Anlehnung an § 18 Abs. 3 AuslInvestmG eine modifizierte Strafbesteuerung vor.[830] Im Rahmen dieser besonders nachteiligen pauschalen Besteuerung intransparenter Fonds ist der gesamte Betrag der Ausschüttung zuzüglich 70 Prozent der Steigerung des Nettoinventarwertes in einem Kalenderjahr, mindestens jedoch 6 Prozent des letzten im Kalenderjahr festgesetzten Rücknahmepreises zuzüglich des Zwischengewinns zu versteuern.[831] Ebenso wie unter § 18 Abs. 3 AuslInvestmG kann es folglich auch unter § 6 InvestmStG zu einer erheblichen Substanzbesteuerung kommen, von der unter der neuen Rechtslage nunmehr auch inländische Fonds betroffen sein können. Im Gegensatz zu § 18 Abs. 3 AuslInvestmG sieht § 6 InvestmStG allerdings keine Pauschalbesteuerung des

---

[827] Vgl. Wallach, in: Dichtl/Kleeberg/Schlenger, Handbuch Hedge Funds – Chancen, Risiken und Einsatz in der Asset Allocation, S. 86.
[828] Vgl. Wallach, ebd.
[829] Vgl. Schultz/Kästle, Absolutreport 06/2005, S. 44.
[830] Vgl. Köndgen/Schmies, WM Sonderbeilage Nr. 1/2004, S. 23.
[831] Vgl. Köndgen/Schmies, ebd.; Schultz/Kästle, Absolutreport 06/2005, S. 44.

Veräußerungs- bzw. Rückgabeentgelts vor, die nach § 18 Abs. 3 AuslInvestmG bei 20 Prozent lag.[832]

Im Rahmen von Dach-Hedgefonds infiziert ein einzelner intransparenter Zielfonds nicht den gesamten Dachfonds. Gemäß § 10 Abs. 2 InvestmStG werden lediglich die Erträge des Dachfonds aus dem jeweiligen intransparenten Zielfonds der Pauschalbesteuerung unterworfen. Erfüllt allerdings der jeweilige Dach-Hedgefonds die erforderlichen Bekanntmachungs- und Veröffentlichungspflichten nicht, werden gemäß § 10 Abs. 1 InvestmStG sämtliche Erträge des Dachfonds der pauschalen Besteuerung unterworfen. Dies geschieht dabei unabhängig davon, ob im Dachfondsvermögen transparente, semi-transparente oder intransparente Zielfonds enthalten sind.[833]

e) Sonderregelungen für Spezial-Hedgefonds

Für in- und ausländische Hedgefonds, die in Form von Spezialsondervermögen aufgelegt sind, gelten einige steuerrechtliche Sonderregelungen. Diese stehen im Zusammenhang mit den Besonderheiten derartiger Spezialsondervermögen, die über einen begrenzten und der Investmentgesellschaft bekannten Anlegerkreis verfügen.[834] Nach § 15 Abs. 1 S. 1 InvestmStG sind inländische Sondervermögen weder verpflichtet, die Besteuerungsgrundlagen gegenüber dem Anleger bekannt zu machen, noch diese im elektronischen Bundesanzeiger zu veröffentlichen. Dies wird mit der Tatsache begründet, dass derartige Spezialfonds über eine lediglich begrenzte Anzahl institutioneller Investoren verfügen. Die Durchsetzung der Steueransprüche ist folglich ohne besondere Erschwernisse möglich.[835] Nach § 13 Abs. 2 InvestmStG ist lediglich eine Feststellungserklärung bei dem gemäß § 13 Abs. 5 InvestmStG zuständigen Finanzamt abzugeben. Diese ist allerdings gemäß § 15 Abs. 1 S. 4 InvestmStG von der Veröffentlichungspflicht ausgenommen.

Ausländische Spezial-Hedgefonds müssen die Besteuerungsgrundlagen und den Jahresbericht gegenüber den jeweiligen Anlegern angeben und nachweisen. Eine Veröffentlichungspflicht scheidet jedoch gemäß § 16 InvestmStG auch in diesem Fall aus.[836] Weiterhin müssen sowohl Single- als auch Dach-Hedgefonds,

---

[832] Vgl. Köndgen/Schmies, ebd.
[833] Vgl. Wallach, in: Dichtl/Kleeberg/Schlenger, Handbuch Hedge Funds – Chancen, Risiken und Einsatz in der Asset Allocation, S. 89.
[834] Vgl. Köndgen/Schmies, WM Sonderbeilage Nr. 1/2004, S. 25.
[835] Vgl. Schmitt/Hagen, DStR 2004, S. 838.
[836] Vgl. Wallach, in: Dichtl/Kleeberg/Schlenger, Handbuch Hedge Funds – Chancen, Risiken und Einsatz in der Asset Allocation, S. 89.

die in Form von Spezialfonds aufgelegt sind, auch über den 31. Dezember 2005 hinaus den Zwischengewinn immer dann nicht ermitteln und veröffentlichen, wenn ihr Anlegerkreis lediglich aus gewerblichen und von der Körperschaftsteuer befreiten deutschen Anlegern besteht.[837] Weiterhin sind in- und ausländische Spezialfonds nach §§ 15, 16 InvestmStG von der pauschalen Besteuerung intransparenter Fonds ausgenommen.

---

[837] Vgl. BMF-Schreiben vom 15. Februar 2005, „Zweifelsfragen zum Zwischengewinn und zum Begriff des ausländischen Investmentanteils", Ziff. 3.

G. Strukturvergleich und Perspektiven

I. Zielsetzung des deutschen Gesetzgebers

Die Bedeutung von alternativen Anlageformen hat in den letzten Jahren immer mehr zugenommen. Die von Hedgefonds erzielten Renditen sind weitgehend von der allgemeinen Entwicklung an den Aktien- und Rentenmärkten unabhängig und stellen daher auch unter Risikogesichtspunkten eine gute Ergänzung zu traditionellen Anlageportfolios dar. Der deutsche Gesetzgeber hat auf die weltweit gestiegenen Kapitalzuflüsse in Hedgefonds mit der Einführung des Investmentmodernisierungsgesetzes reagiert, das zum 1. Januar 2004 in Kraft getreten ist. Das Ziel war dabei, die rechtlichen Rahmenbedingungen für eine Anlage in Hedgefonds zu verbessern und dadurch die Attraktivität des Finanzplatzes Deutschland zu stärken.[838] Während im Anschluss an die LTCM-Krise zunächst der Schutz vor systemischen Risiken im Vordergrund des regulatorischen Interesses stand, erlangten in der Folgezeit besonders Gesichtspunkte des Anlegerschutzes immer größere Bedeutung. Das stetige Wachstum der Hedgefondsbranche wurde immer wieder von spektakulären Betrugsfällen begleitet. Diese führten nicht nur zu erheblichen Anlageverlusten, sondern erschütterten auch das Vertrauen der Investoren. Zudem kam es in den letzten Jahren zu einer vermehrten Beteiligung von sogenannten Kleinanlegern. Diese finden über Dach-Hedgefonds oder indirekt über Versicherungen und Pensionsfonds Zugang zu Hedgefonds. Das gesetzgeberische Wirken ist daher vom Spannungsfeld zwischen einem erhöhten Anlegerschutz einerseits und der Wettbewerbssicherung des jeweiligen Finanzplatzes andererseits geprägt.

Bereits vor Inkrafttreten des Investmentmodernisierungsgesetzes wurde sowohl von privaten als auch von institutionellen Anlegern in Hedgefondsprodukte investiert. Dabei handelte es sich jedoch in erster Linie um strukturierte Produkte in Form von Hedgefondszertifikaten. Eine direkte Anlage in Hedgefonds, einschließlich Dach-Hedgefonds, war zwar auch nach der alten Rechtslage theoretisch möglich, jedoch sowohl in vertriebsrechtlicher als auch steuerrechtlicher Hinsicht erheblich benachteiligt. Privatanleger konnten unter dem alten Regelungsregime über die sogenannten Zertifikatstrukturen mittelbar an der wirtschaftlichen Entwicklung von Hedgefonds oder von Hedgefondsreferenzaktiva

[838] Vgl. Entwurf Investmentmodernisierungsgesetz, Begründung, Allgemeiner Teil, Bundestagsdrucksache 15/1553, S. 65.

in Form von Indizes teilhaben.[839] Durch das InvestmG und das InvestmStG wurde erstmalig eine aufsichts- und steuerrechtliche Regelung für in- und ausländische Hedgefonds geschaffen.

II. Die direkte Regulierung im Vergleich zu indirekten Regelungsansätzen

Im Rahmen der zugrunde liegenden Arbeit wurden die verschiedenen Regelungsansätze für eine Hedgefondsregulierung in der Bundesrepublik Deutschland, den U.S.A. und Luxemburg dargestellt. Bei der Regulierung von Finanzmärkten werden grundsätzlich der Anlegerschutz, die Sicherung der Marktintegrität und die Stabilität des Finanzsystems besonders betont.

Das Bestehen regelungsbedürftiger Informationsasymmetrien wurde bei der Anlage in Hedgefonds lange angezweifelt.[840] Eine Beurteilung der steigenden Zahl von Betrugsfällen im Bereich der alternativen Investments muss jedoch nicht vorgenommen werden. Auch die immer stärkere Beteiligung von Kleinanlegern in Hedgefonds ist für die Begründung eines öffentlichen Regelungsinteresses unbeachtlich. Ein solches ergibt sich bereits aus dem Gesichtspunkt der Begrenzung systemischer Risiken.[841] Eine Beeinflussung des Finanzmarktes durch Hedgefonds ist in zweierlei Form denkbar. Dabei wird die direkte Einflussnahme durch den Auf- und Abbau von Vermögenswerten von dem durch bestimmte Fonds beeinflussten Investitionsverhalten einzelner Marktteilnehmer unterschieden. Letzteres wird auch als „Herding" bezeichnet. Beide Formen der Einwirkung werden zwar mangels stichhaltiger Daten bisher lediglich vermutet, eine Gefahr für die Bestandfestigkeit des Finanzsektors kann sich allerdings aufgrund der finanziellen Verflechtung einzelner Hedgefonds mit dem Bankensystem ergeben.[842] Dies kann besonders dann weitreichende Folgen haben, wenn die Insolvenz eines Hedgefonds das Bankensystem in einem unsicheren Zustand trifft und Abschreibungen auf derartige Investitionen Solvenzprobleme bei den jeweiligen Banken verursachen. Signifikant erhöhte Risiken treten besonders bei Hedgefonds mit einem hohen Leverage auf. Die intensive Nutzung von Fremdkapital schien zwar seit der LTCM-Krise rückläufig zu sein. Eine detaillierte Beurteilung des Systemrisikos durch den Einsatz von Leverage bleibt allerdings aufgrund der begrenzten Offenlegungspraxis der internationalen Hedge-

[839] Vgl. oben, C. II.
[840] Vgl. oben, E. I. 1.
[841] Vgl. oben, E. I. 1.
[842] Vgl. oben, E. I. 3.

fondsbranche schwierig. Das stetige Wachstum des Sektors hat die Marktineffizienzen und damit die Gewinnmargen der Fonds deutlich verringert. Im aktuellen Marktumfeld verdichten sich daher die Anzeichen, dass einzelne Hedgefonds wieder verstärkt Leverage einsetzen und illiquide Investitionen tätigen. Weiterhin ist eine zunehmende Korrelation von Hedgefondsrenditen innerhalb einzelner Strategien zu erkennen. Die gleichgerichtete Positionierung einzelner Marktteilnehmer kann dabei preisbildende Wirkung entfalten. Besonders stark sind die Korrelationen bei den Convertible-Bond-Arbitrage-Strategien und den Fixed-Income-Arbitrage-Strategien, bei denen der Leverageanteil grundsätzlich am höchsten ist.[843]

Durch Arbitrage- und andere Spekulationsgeschäfte tragen Hedgefonds immer wieder zur Informations- und Transaktionseffizienz bei. Darüber hinaus leisten sie durch ihre erhöhte Risikobereitschaft einen wichtigen Beitrag zur Liquidität der Kapitalmärkte. Dies ermöglicht teilweise sogar die Rettung angeschlagener Unternehmen.[844] Im Rahmen der angestrebten Reduzierung systemischer Risiken ist folglich darauf zu achten, die positiven Wirkungen von Hedgefonds nicht überproportional zu verringern. Eine vereinheitlichte Hedgefondsregulierung ist bisher weder auf internationaler noch auf europäischer Ebene erkennbar. Nationale Unterschiede bei der direkten Regulierung von Hedgefonds können dabei zu einer Fragmentierung führen, die für die Entwicklung eines vereinheitlichten Hedgefondsmarktes hinderlich sein kann.[845] Einer direkten Regulierung könnten daher indirekte Maßnahmen der Beeinflussung von Hedgefonds vorzuziehen sein. Dies würde einer möglichen Geschäftsverlagerung in Offshore-Finanzzentren entgegenwirken. Der Regelungsgehalt des Investmentmodernisierungsgesetzes muss sich, bevor auf einzelne Bestimmungen eingegangen wird, an möglichen indirekten Regulierungsmaßnahmen messen lassen.

Eine Steigerung der Marktdisziplin wird besonders durch eine Erhöhung der Transparenz über Hedgefondsaktivitäten angestrebt. Dabei wird grundsätzlich bei der Kreditvergabe und beim Risikomanagement regulierter Finanzinstitute angesetzt. Die Einführung einer internationalen Evidenz- oder Risikozentrale für Großkredite und Geschäfte mit einem bestimmten Mindestvolumen verlief allerdings bisher ergebnislos. Die so gesammelten Daten hätten für eine Bewertung des Verschuldungsgrades und des Marktrisikos einzelner Hedgefonds herangezogen werden können. Eine weitere Regulierungsmöglichkeit ist der Ver-

---

[843] Vgl. oben, E. I. 3.
[844] Vgl. oben, E. I. 4.
[845] Vgl. oben, E. II. 1.

such, einzelne Marktteilnehmer mit umfangreichen und zeitnahen Makro-Finanzdaten zu versorgen. Durch gezielte Informationen über die Größe und das Handelsvolumen eines Markt- bzw. Produktsegments wäre es einzelnen Akteuren möglich, die Liquiditätssituation im Verhältnis zu ihrer eigenen Marktposition zu beurteilen. Die Einführung einer Meldepflicht der einzelnen Marktteilnehmer für risikobehaftete Positionen gegenüber HLIs erfordert allerdings zunächst das Wirken der Gesetzgeber. Dies gilt auch für eine obligatorische Meldung von Leerverkäufen. Diese sollte zwar nicht im Hinblick auf einzelne Positionen bestehen, aber das allgemeine Verhältnis von Long- und Short-Positionen auf anonymisierter Basis umfassen. Die Einführung eines sogenannten Hedgefonds-Rating ist zum jetzigen Zeitpunkt ebenfalls noch nicht absehbar.[846]

Das Bestreben, das Risikomanagement der regulierten Finanzinstitute in ihrer Beziehung zu Hedgefonds zu verbessern, führte zur Veröffentlichung von Wohlverhaltensrichtlinien durch den Baseler Ausschuss für Bankenaufsicht bei der BIZ. Zu den Vorschlägen gehörte dabei auch die Einführung von formalen Obergrenzen für das Kredit-Engagement in Hedgefonds. Weiterhin wurden die vertragliche Vereinbarung von Anfangssicherheitsleistungen und die Möglichkeit einer vorzeitigen Vertragsbeendigung durch die jeweilige Bank angeführt. Letztere wurde an eine mögliche Verschlechterung der Bonität der HLIs geknüpft. Eine Verbindlichkeit dieser lediglich empfohlenen Standards ist allerdings nicht gegeben.[847]

Die immer komplexer werdenden Verflechtungen zwischen Hedgefonds und Banken bergen zudem die Gefahr einer Aufweichung des ohnehin unterschiedlichen Risikomanagements der Bankinstitute. So sind besonders große Hedgefonds durch den verschärften Wettbewerb der „Prime Broker" in der Lage, die Kreditbedingungen immer mehr abzumildern. Darüber hinaus liegen den Bankinstituten oftmals nur unzureichende Informationen über das Leverage der einzelnen Fonds vor. Beim Einsatz von spekulativen Finanzinstrumenten geben sich zudem immer mehr „Prime Broker" mit geringeren Hinterlegungen zufrieden.[848] Bei einer rein indirekten Regulierung müssten die einzelnen Banken über die Aufgaben des eigenen Risikomanagements hinaus eine de facto Risikoüberwachung für Dritte übernehmen. Dies ist von der Kooperation des jeweiligen

---

[846] Vgl. oben, E. II. 2.
[847] Vgl. oben, E. II. 3.
[848] Vgl. oben, E. II. 3.

Fonds abhängig. Bei der Zusammenarbeit eines Hedgefonds mit mehreren Bankinstituten ist ferner die Bündelung der Daten erheblich erschwert.[849]

Trotz des grundsätzlich guten Risikomanagements der Banken ist daher auch nicht auf eine Selbstregulierung der Vermögensverwaltungsbranche zu vertrauen. Verhaltenskodizes sind zwar zu begrüßen, als regulatorischer Ansatz jedoch unzureichend. Dies wurde vom deutschen Gesetzgeber erkannt, der mit dem Vorschriften des Investmentmodernisierungsgesetzes direkt bei den Handelsaktivitäten von Hedgefonds ansetzt.[850] Vorzugswürdig wäre allerdings eine international abgestimmte direkte Regulierung der Hedgefondsbranche. Dadurch könnten nicht nur Arbitragemöglichkeiten zwischen den einzelnen Rechtsordnungen verhindert, sondern auch einer Schwächung des deutschen Finanzplatzes vorgebeugt werden.[851] Um ein Übergreifen der Pleite eines Hedgefonds auf den Bankensektor auszuschließen, muss eine Verbesserung der Informationsgrundlagen der Banken erreicht werden. Eine generelle Beschränkung des Leverage, wie sie etwa in Luxemburg besteht, oder aber risikogewichtete Kapitalanforderungen dürfen jedoch nicht hedgefondsspezifisch sein. Derartige Regelungsansätze müssen vielmehr sämtliche mit hohem Hebel agierenden Marktteilnehmer erfassen. Ein vom jeweiligen Leverage ausgehendes Systemrisko bezieht sich dabei keineswegs nur auf bestimmte Fondsarten.[852]

Inwiefern die teilweise gegenläufigen Ziele einer Erhöhung des Anlegerschutzes und der Finanzmarktstabilität einerseits und der Schaffung von Anreizen für die junge deutsche Hedgefondsindustrie andererseits verwirklicht wurden, ist im Lichte der Bestimmungen in den U.S.A. und Luxemburg zu beurteilen.

III. Die Einordnung der Anleger nach quantitativen Definitionskriterien

In den U.S.A. genießen Hedgefonds weitgehende Regelungsfreiheit.[853] Dies geht auf das im U.S.-amerikanischen Kapitalmarktrecht vorherrschende Konzept des „sophisticated investor" zurück. Dabei wird eine Einordnung der Investoren anhand quantitativer Definitionskriterien vorgenommen, wobei zwischen Publikumsanlegern und institutionellen Anlegern differenziert wird. Eine einheitliche

[849] Vgl. oben, E. II. 1.
[850] Vgl. Entwurf Investmentmodernisierungsgesetz, Begründung, Allgemeiner Teil, Bundestagsdrucksache 15/1553, S. 66.
[851] Vgl. Spindler/Bednarz, WM 2006, S. 607.
[852] Vgl. Spindler/Bednarz, WM 2006, S. 604.
[853] Vgl. oben, D. I. 1.

Begriffsbestimmung des vorgenannten Konzepts innerhalb der U.S.-Kapitalmarktregeln gibt es allerdings nicht. Als Einordnungsvoraussetzungen werden sowohl die Kriterien eines sogenannten „accredited investor“ als auch eines „qualified purchaser“ herangezogen.[854] Den einzelnen Bestimmungen innerhalb der verschiedenen Wertpapiergesetze ist allerdings die Auffassung des Gesetzgebers gemeinsam, dass die individuelle Schutzbedürftigkeit der Anleger mit steigendem Wohlstand abnimmt.[855] Die Klientel der Hedgefonds bestand zwar bisher überwiegend aus vermögenden Privatanlegern und institutionellen Investoren. Eine Bewertung des U.S.-amerikanischen Regelungsregimes lässt sich allerdings nur im Rahmen einer Abwägung zwischen Schutzbedürftigkeit und Selbstschutzfähigkeit der einzelnen Investoren vornehmen.

Ziel des U.S.-amerikanischen Gesetzgebers war es, durch geringere Reglementierung im Bereich der sogenannten erfahrenen Anleger die Liquidität des heimischen Kapitalmarktes zu steigern und dadurch mehr ausländische Teilnehmer für Investitionen in den U.S.A. zu gewinnen. Der vorherrschende ökonomische Ansatzpunkt der Deregulierungsmaßnahmen des NSMIA von 1996 war dabei, die Abwanderung von Hedgefonds in die beschriebenen Offshore Märkte einzudämmen und die Refinanzierungsmöglichkeiten junger Wachstumsunternehmen zu steigern. Letztere profitieren besonders stark von der überdurchschnittlichen Risikobereitschaft einzelner Hedgefonds. Ob jedoch nach Anlegerschutzgründen eine auf dem Vermögen des einzelnen Investors basierende Differenzierung sachgemäß ist, erscheint zumindest im Bereich der Publikumsanleger zweifelhaft. Zwar ist eine Selbstschutzfähigkeit für den Anlageprozess von Banken, Versicherungs- und Industrieunternehmen zu bejahen, regulierungsbedürftige Informationsasymmetrien sind aber besonders im Privatanlegersegment denkbar. Zudem sollten auch die starke Beteiligung von Pensionsfonds in Hedgefonds und der dabei drohende Verlust von Sozialkapital zu einer differenzierteren Betrachtung der Schutzwürdigkeit der Anleger im U.S.-amerikanischen Kapitalmarkt beitragen. Für Privatanleger, die die Voraussetzungen eines „sophisticated investor“ erfüllen, ist eine informierte Entscheidung durch die Einschaltung externer Berater zwar theoretisch möglich. Der dadurch erreichte Standard des Anlegerschutzes kann jedoch nicht als ausreichend gewertet werden, zumal derartige Dienstleister meist wirtschaftliche Eigeninteressen verfolgen. Zudem können auch vermögende Privatinvestoren durchaus in eine existenzgefährdende Situation geraten.

---

[854] Vgl. oben, D. I. 6. a).
[855] Vgl. oben, D. I. 6. a).

IV. Die U.S.-amerikanische Regelung und die Verlustrisiken der Anleger

Im Gegensatz zu den früheren Bestimmungen des KAGG und der neuen Rechtslage unter dem InvestmG gelten die Regelungen des U.S.-amerikanischen Wertpapierrechts bezüglich der Investmentgesellschaften umfassend. Mögliche Registrierungspflichten wurden allerdings bisher von der überwiegenden Anzahl der Hedgefonds durch spezifische Konstruktionen unter Ausnutzung von Ausnahmetatbeständen umgangen.[856] Eine Ausnahmeregelung in Bezug auf die im ICA normierte Registrierungspflicht ergibt sich unter anderem aus Section 3(c)(1) ICA. Der jeweilige Hedgefondsmanager kann danach die Einschränkungen einer „investment company" im Sinne des ICA unter Erfüllung bestimmter Voraussetzungen umgehen. Der Vertrieb der Hedgefondsanteile ist dabei auf eine sogenannte Privatplatzierung („private placement") im Sinne der Vorschrift der Section 4(2) SA beschränkt. Öffentliche Werbemaßnahmen müssen demnach unterbleiben, und das Anlagepublikum muss über eine ausreichende Sachkenntnis in Bezug auf das mit der Fondsanlage verbundene Risiko verfügen. Zudem ist eine Anlegerbegrenzung auf höchstens 100 Personen einzuhalten, wobei seit den Deregulierungsmaßnahmen des NSMIA von 1996 auch juristische Personen („corporations") ebenso wie natürliche Personen grundsätzlich als ein Fondsanleger gewertet werden. Ein sogenanntes „look through"-Verfahren ist dagegen nur für den Fall durchzuführen, dass es sich bei der zugrunde liegenden Gesellschaft nicht um eine „operating company", sondern um eine Investmentgesellschaft handelt.[857]

Eine weitere Ausnahmevorschrift im Rahmen des ICA ist Section 3(c)(7) ICA, die eine Befreiung von der Registrierungspflicht für diejenigen Fonds vorsieht, deren Anlegerstruktur sich durch eine besondere Kapitalkraft auszeichnet. Individuelle Anleger müssen im Rahmen dieser Einordnung Investmentpositionen im Werte von mindestens 5 Millionen U.S.-Dollar halten, während institutionelle Investoren im Bereich ihrer Anlagepositionen einen Umfang von mindestens 25 Millionen U.S.-Dollar nachzuweisen haben. Auch diese sogenannten „qualified purchaser funds" unterfallen nur dann der vorgenannten Ausnahmeregelung, wenn ihre Anteile im Wege einer Privatplatzierung vertrieben werden.[858] Nicht zuletzt aufgrund der speziellen Anlegerstruktur von Hedgefonds sind die

---

[856] Vgl. oben, D. I. 1.
[857] Vgl. oben, D. I. 2. b) bb) (3).
[858] Vgl. oben, D. I. 2. c).

Voraussetzungen dieser Ausnahmetatbestände für die einzelnen Hedgefondsmanager grundsätzlich leicht zu erfüllen.

Eine mögliche Regulierung und Registrierung nach den Vorschriften des SA wird ebenfalls durch eine Privatplatzierung der Anteile im Sinne der Section 4(2) SA bzw. den Regelungen der Rule 506 der Regulation D vermieden.[859] Um einer Registrierungspflicht als sogenannter Investmentberater („investment adviser“) zu entgehen, griffen Hedgefondsmanager zunächst, wie dargestellt, auf die sogenannte „small advisers exception“ in Section 203(b)(3) IAA i. V. m. Rule 203(b)(3)-1 (a. F.) IAA zurück. Die Anzahl der Klienten des jeweiligen Investmentberaters durfte danach im Rückblick über einen Zeitraum von 12 Monaten die 14-Personen-Grenze nicht überschritten haben, wobei nach den Voraussetzungen des Befreiungstatbestandes in Section 203(b)(3) IAA sowohl natürliche als auch juristische Personen jeweils als einzelner Klient gezählt wurden.[860] Eine Registrierungspflicht nach Section 15(a) SEA ist, wie dargestellt, ebenfalls nicht einschlägig, zumal eine Einordnung der Hedgefondsmanager als „broker“ oder „dealer“ ausscheidet.[861]

Unter Zugrundelegung der geschilderten Rechtslage bleibt somit festzuhalten, dass zumindest vor Inkrafttreten der neuen Rule 203(b)(3)-2 IAA ein erhebliches Informationsdefizit bezüglich der Aktivitäten der überwiegend unregistrierten Hedgefonds bestand. Die SEC bemängelte dabei vor allem die unzureichenden Angaben bezüglich der Anlagestrategien von Hedgefonds und ihre im Gegensatz zu registrierten Investmentgesellschaften („investment companies“) und Investmentberatern („investment advisers“) fehlenden behördlichen Untersuchungsbefugnisse.[862] Dies stellt ein beträchtliches Hindernis für den frühzeitigen Anlageschutz von Hedgefondsinvestoren dar. Entsprechende Maßnahmen können meist erst dann ergriffen werden, wenn bereits erhebliche Anlageverluste auf Seiten der Investoren aufgetreten sind. Dies ist besonders im Hinblick auf die wachsende Zahl sogenannter Kleinanleger bedenklich, die indirekt über Dach-Hedgefonds oder durch Pensionsfonds Hedgefondsanteile erworben haben. Das Verlustrisiko der Hedgefondsinvestoren spielt dabei eine immer gewichtigere Rolle, zumal nicht mehr nur erfahrene Großanleger zu den potentiell Geschädigten gehören. Die steigende Anzahl der von der SEC verfolgten Be-

---

859 Vgl. oben, D. I. 3. a).
860 Vgl. oben, D. I. 4. b).
861 Vgl. oben, D. I. 5. a).
862 Vgl. oben, D. I. 7 a).

trugsfälle mit einem Gesamtvolumen von über 1,1 Milliarden U.S.-Dollar verdeutlichte die signifikanten Schwachstellen im Bereich des Anlegerschutzes.[863]

V. Die Registrierung als „investment adviser“ und ihre Auswirkung auf den Anlegerschutz

Die neu eingeführte Rule 203(b)(3)-2 IAA, deren Bestimmungen bis zum 1. Februar 2006 umgesetzt sein mussten, modifiziert zwar die Berechnungsmethode für die Anzahl der Klienten eines Investmentberaters für sogenannte „private funds“. Das weitere Vorgehen der SEC und des Gesetzgebers im Anschluss an das Urteil des United States Court of Appeals for the District of Columbia Circuit vom 23. Juni 2006 ist allerdings noch offen.[864] Im Falle eines Fortbestands der Regelung ist für Hedgefonds, die die Merkmale eines „private fund“ erfüllen, ein „look through“ durchzuführen. Dabei sind alle Anleger des Fonds einzeln in die Berechnung der 14-Personen-Grenze von Section 203(b)(3) IAA aufzunehmen. Ein Hedgefonds in der Form einer „limited partnership“ wird unter diesen Voraussetzungen nicht mehr als einzelner Klient des Investmentberaters gesehen.

Ein „private fund“ liegt immer dann vor, wenn der zugrunde liegende Fonds die geschilderten Ausnahmetatbestände in Section 3(c)(1) ICA oder Section 3(c)(7) ICA heranzieht, um einer Registrierungspflicht nach den Vorschriften des ICA zu entgehen. Die Anleger dürfen dabei keiner Mindesthaltepflicht von zwei Jahren unterliegen. Das Angebot der Fondsanteile muss zudem unter spezieller Betonung der Fähigkeiten und Expertise des jeweiligen Investmentberaters erfolgt sein. Der geschilderte Rückblick auf die vorangegangenen zwölf Monate musste erstmals am 1. Februar 2006 vorgenommen werden, zumal die neue „look-through-Regelung“ nicht rückwirkend gilt.[865]

Durch die beschriebene Registrierungspflicht und die damit einhergehende Verschärfung der Compliance-Regelungen erhoffte sich die SEC nähere Informationen über die Hedgefondsbranche. Die Behörde wäre zudem in der Lage, regelmäßige Kontrollen und Einzelfallprüfungen vorzunehmen.

Die Beibehaltung der Neuregelung würde zwar auch zukünftig zur Regulierungspflicht einer größeren Anzahl von Hedgefondsmanagern führen, es ist

---

[863] Vgl. oben, D. I. 6. b) (cc).
[864] Vgl. oben, D. I. 7. e).
[865] Vgl. oben, D. I. 7. b).

allerdings zu beachten, dass dieses Registrierungserfordernis durch eine Erhöhung der Mindesthaltefrist auf zwei Jahre umgangen werden kann. Eine signifikante Verbesserung der Transparenz über die Handelsaktivitäten im Hedgefondssegment ist somit fraglich. Der direkte Regulierungsansatz der SEC kann daher unabhängig vom Bestand des dargestellten Urteils lediglich als positiver Ansatz gewertet werden, zumal die Behörde in erheblichem Maße auf die Kooperation der einzelnen Fondsmanager angewiesen ist. Ein Anreiz für eine Registrierung als „investment adviser“ könnte dabei die Motivation des Hedgefondsmanagers sein, das Anlegervertrauen zu steigern.

Begrüßenswert ist allerdings die Regelung in Rule 204-2(e)(3) IAA, nach der ein registrierter Investmentberater nur dann mit der vergangenen Wertentwicklung („track records“) des jeweiligen Fonds werben kann, wenn dies durch entsprechende Unterlagen dokumentiert ist. Die Aufbewahrungszeit für derartige Akten beträgt dabei, wie dargestellt, fünf Jahre.[866] Ebenfalls zu erwähnen ist Rule 205-3 IAA, die die Vereinbarung von Erfolgsvergütungen („performance fees“) für registrierte Investmentberater einschränkt. Diese dürfen nur dann berechnet werden, wenn es sich bei den Anlegern um „qualified clients“ im Sinne der Begriffsbestimmung der Rule 205-3(c)(3) IAA handelt. Darunter fallen Investoren, die eine Anlagesumme von mindestens 750.000 U.S.-Dollar oder aber ein Nettovermögen von mindestens 1.500.000 U.S.-Dollar aufweisen.[867] Ziel dieser Vorschrift ist es, die Beteiligung weniger erfahrener Anleger zu vermindern. Das Urteil sollte sowohl von Seiten der SEC als auch des Gesetzgebers zu einer umfassenden Bewertung der gestiegenen Regulierungsanforderungen für Hedgefonds genutzt werden.

VI. Rechtsformen inländischer Hedgefonds nach dem InvestmG

Die Auflegung deutscher Hedgefonds wird speziell in den §§ 112 - 120 InvestmG geregelt, wobei zwischen Single- und Dach-Hedgefonds unterschieden wird. Diese können, wie beschrieben,[868] in Form eines von einer Kapitalanlagegesellschaft verwalteten Sondervermögens oder einer Investmentaktiengesellschaft errichtet werden. Die Kapitalanforderungen an Kapitalanlagegesellschaften wurden dabei gegenüber den Bestimmungen des KAGG deutlich verringert.

---

866 Vgl. oben, D. 7 d) aa).
867 Vgl. oben, D. I. 7. d) bb).
868 Vgl. oben, F. II.

Das erforderliche Mindestkapital beträgt nun gemäß § 11 Abs. 1 Nr. 1 InvestmG statt ursprünglich 2.500.000 Euro lediglich 730.000 Euro. Allerdings ist es der jeweiligen Kapitalanlagegesellschaft nicht gestattet, die Eigenkapitalanforderungen zumindest teilweise durch Garantien von Kreditinstituten zu erfüllen. Dies stellt aufgrund der vergleichsweise hohen Kapitalanforderungen eine erhebliche Benachteiligung der in Deutschland gegründeten Hedgefonds dar. Im Rahmen der Investmentaktiengesellschaft wurde das Mindestanfangskapital nach § 97 Abs. 1 Nr. 1 InvestmG von ursprünglich 1.000.000 Euro auf 300.000 Euro abgesenkt. Zudem werden Investmentaktiengesellschaften nun auch in die investmentrechtlichen Besteuerungsvorschriften einbezogen. Dadurch wird auch dieser Fondstyp sowohl von der Körperschaftsteuer als auch von der Gewerbesteuer befreit und die Ungleichbehandlung von Kapitalanlagegesellschaften und Investmentaktiengesellschaften beseitigt. Weiterhin neu eingeführt wurde im Rahmen des Investmentmodernisierungsgesetzes die sogenannte Investmentaktiengesellschaft mit veränderlichem Kapital. Bei dieser Rechtsform ist es den jeweiligen Anlegern gemäß § 105 Abs. 3 InvestmG möglich, von der Investmentaktiengesellschaft den Rückkauf der Anteile zum Nettoinventarwert abzüglich eines Rücknahmeabschlags zu verlangen. Dies hat zur Folge, dass der für Investmentaktiengesellschaften mit fixem Kapital in § 101 Abs. 1 InvestmG normierte Pflichtbörsengang entfällt.[869]

VII. Inländische Single-Hedgefonds

Inländische Single-Hedgefonds sind ebenso wie auch im U.S.-amerikanischen Kapitalmarktrecht gemäß § 112 Abs. 1 InvestmG weitgehend von gesetzlichen Anlagerestriktionen befreit. Das deutsche InvestmG erfasst dabei allerdings nicht sämtliche nach heimischem Recht gegründeten Anlagevehikel. Zur Vermeidung einer möglichen Registrierungspflicht muss daher nicht auf Ausnahmetatbestände zurückgegriffen werden. Die Einordnung als Sondervermögen im Sinne des InvestmG ist allerdings mit bestimmten Vorteilen verbunden. Dazu zählt besonders die Befreiung von der Gewerbe- und der Körperschaftsteuer nach § 11 Abs. 1 InvestmStG.[870] Die Umgehung der Regelungen des InvestmG ist zwar möglich, jedoch aufgrund steuerrechtlicher Nachteile anders als in den U.S.A. nicht empfehlenswert. § 112 Abs. 1 InvestmG erfordert, dass die jeweilige Hedgefondsstrategie entweder den Einsatz von Leerverkäufen oder von Le-

[869] Vgl. oben, F. II. 3. c).
[870] Vgl. Spindler/Bednarz, WM 2006, S. 560.

verage beinhalten muss. Das Fondsvermögen ist zudem am Grundsatz der Risikomischung auszurichten. Unter Heranziehung der im Rahmen von § 1 Abs. 1 S. 1 AuslInvestmG angewandten Grundsätze muss das Hedgefondsvermögen dabei zumindest aus drei bis fünf verschiedenen Vermögensgegenständen bestehen.[871] Der Gesetzgeber hat dem Bundesministerium für Finanzen allerdings in § 112 Abs. 4 InvestmG eine Verordnungsermächtigung für eine mögliche Beschränkung von Leverage und Leerverkäufen zuerkannt. Dadurch verbleibt eine Handlungsalternative zur Abwendung eventueller Missbrauchsfälle. Die Regulierung muss sich dabei allerdings auf allgemeingültige Regelungen beschränken. Zwar werden dem Leverage grundsätzlich bereits durch die Bestellung von Sicherheiten Grenzen gesetzt, die Verordnungsermächtigung ist jedoch wichtig, um gegebenenfalls auf systemische Risiken reagieren zu können.[872] Von dieser Möglichkeit sollte jedoch nur zurückhaltend Gebrauch gemacht werden, um die Wettbewerbsfähigkeit des deutschen Finanzplatzes nicht zu gefährden. Systemrisiken im Rahmen von Leverage und Leerverkäufen sind zudem keine branchenspezifische Gefahr von Hedgefonds.

Als Erleichterung für die Aktivitäten von Hedgefonds kann zudem gewertet werden, dass diese nach § 31 Abs. 5 InvestmG im Zusammenhang mit der Aufnahme von Krediten oder bei Derivatgeschäften zu Leverage-Zwecken ermächtigt sind, jederzeit und ohne Begrenzung Sicherheiten an Gegenständen des Fondsvermögens zu bestellen. Dem jeweiligen „Prime Broker“ steht dabei ein umfassendes Nutzungsrecht an den zur Sicherheit gestellten Wertpapieren zu.[873]

Ebenso wie nach dem U.S.-amerikanischen Regelungsregime dürfen nach § 112 Abs. 2 InvestmG die Anteile an einem als Kapitalanlagegesellschaft errichteten Single-Hedgefonds natürlichen Personen nicht zum öffentlichen Erwerb angeboten werden. Dies gilt zudem nach § 101 Abs. 6 InvestmG auch für die Aktien derartiger Fonds. Ebenso wie im Rahmen der Section 4(2) SA scheidet ein öffentlicher Vertrieb immer dann aus, wenn sich die Absatztätigkeit an einen bestimmten Personenkreis richtet, mit dem der Vertreibende bereits im Vorfeld in Kontakt stand. Die Anlegerseite muss dabei mit der Vertriebsaktivität gerechnet haben. Die erlaubte Vertriebsform für Anteile an inländischen Single-Hedgefonds ist die Privatplatzierung, die sowohl an institutionelle als auch an private Anleger adressiert sein kann. Wichtig ist in diesem Zusammenhang, dass eine derartige Privatplatzierung nach §§ 2 Abs. 6 Nr. 8, 1 Abs. 1a S. 2 Nr. 1 und

---

[871] Vgl. oben, F. II. 3. c).
[872] Vgl. Spindler/Bednarz, WM 2006, S. 557.
[873] Vgl. oben, F. II. 5. a).

2 KWG nicht über Fondsvermittler erfolgen darf, die keiner Aufsicht als Finanzdienstleistungsinstitut unterliegen. Im Rahmen der Single-Hedgefonds dürften folglich nach neuer Rechtslage die international gängigen Hedgefondsstrategien durchführbar sein. Trotz dieses liberalen Regelungsansatzes wurde der Anlegerschutz durch die dargestellte Vertriebsbeschränkung gewahrt.

VIII. Inländische Dach-Hedgefonds

Dach-Hedgefonds können nach dem Rechtsrahmen des InvestmG auch öffentlich vertrieben und somit einem breiten Anlegerpublikum zugänglich gemacht werden. Der deutsche Gesetzgeber hat in diesem Zusammenhang bewusst auf eine bestimmte Mindestsumme verzichtet, um auch Kleinanlegern den Erwerb derartiger Fondsanteile zu ermöglichen. Aufgrund der breiten Zugänglichkeit haben Dach-Hedgefonds allerdings in § 113 InvestmG eine wesentlich eingehendere Regelung erfahren, die sich im Gegensatz zu den U.S.-amerikanischen Kapitalmarktregeln nicht an quantitativen Einordnungskriterien auf Anlegerebene orientiert. Der Regelungsinhalt des § 113 InvestmG erstreckt sich vielmehr auf die Gesamtzusammensetzung des Fondsvermögens und normiert verschiedene Diversifizierungsvorgaben. Auf spezielle Anforderungen im Rahmen der Zielfonds wird dabei grundsätzlich nicht abgestellt.

Besonders hervorzuheben ist in diesem Zusammenhang die in § 113 Abs. 1 S. 2 InvestmG normierte Anlagebeschränkung auf Dachfondsebene. Danach muss der jeweilige Hedgefonds mindestens 51 Prozent seines Vermögens in inländische Single-Hedgefonds bzw. nach den Grundsätzen des § 112 Abs. 1 InvestmG vergleichbare ausländische Hedgefonds investieren. Als Zielfonds ausgenommen sind, wie dargestellt, lediglich Hedgefonds aus Staaten, die als nicht kooperierend im Sinne der internationalen Geldwäschebekämpfung angesehen werden.[874] Die restlichen 49 Prozent können in liquide Mittel in Form von Bankguthaben und Geldmarktinstrumenten angelegt werden. Durch § 113 Abs. 4 S. 2 InvestmG hat der deutsche Gesetzgeber zudem der Bildung von Kaskadenstrukturen vorgebeugt und eine Investition in Fonds ausgeschlossen, die ihrerseits wiederum in Zielfonds investieren. Als Schwachpunkt der Regelungen im Rahmen des § 113 InvestmG ist allerdings zu bewerten, dass die Durchführung von Leerverkäufen und die Aufnahme von Leverage auf Dachfondsebene untersagt sind. Dies kann zu möglicherweise übereilten Teilliquidierungen des Fondsport-

---

[874] Vgl. oben, F. II. 5. b).

folios durch die jeweiligen Hedgefondsmanager führen, um dadurch dem Rückgabeverlangen einzelner Anleger nachzukommen. Eine gesetzgeberische Korrektur ist daher auch im Interesse der einzelnen Anleger wünschenswert.

Im Rahmen der Regulierung von Dach-Hedgefonds hat zudem der Grundsatz der Risikomischung durch § 113 Abs. 4 InvestmG eine besondere Konkretisierung erfahren. Danach muss der jeweilige Dach-Hedgefonds unter Zugrundelegung der maximal zulässigen Barliquidität zumindest Anteile an drei verschiedenen Zielfonds halten. Weiterhin ist es ihm nicht gestattet, in mehr als zwei Zielfonds vom gleichen Emittenten oder Fondsmanager zu investieren. Dieser Ansatz folgt dabei dem gesetzgeberischen Ziel, das Emittenten- bzw. Managerrisiko der einzelnen Zielfonds zu reduzieren, zumal besonders die persönlichen Fähigkeiten des jeweiligen Fondsmanagers den Anlageerfolg des einzelnen Investors bestimmen. Von einer qualitativen Diversifizierung nach Anlagestrategien wurde dagegen abgesehen. Dies geht auf die Erwägung zurück, dass eine klare Abgrenzung aufgrund der Vielzahl der angewandten Strategien kaum durchführbar erscheint. Gemäß § 113 Abs. 5 S. 1 InvestmG müssen dem jeweiligen Dachfonds sämtliche für die Anlageentscheidung notwendigen Informationen über den Zielfonds vorliegen. Der Gesetzgeber strebt mit dieser Vorschrift, wie dargestellt, eine Konkretisierung der in § 9 Abs. 1 InvestmG geregelten Pflicht an, das Sondervermögen mit der Sorgfalt eines ordentlichen Kaufmanns zu überwachen.[875] Die BaFin wurde in diesem Zusammenhang ermächtigt, die Herausgabe der entsprechenden Unterlagen auf Seiten des Dachfonds zu verlangen. Auch nach erfolgter Investition bleiben die Dach-Hedgefonds nach § 113 Abs. 5 S. 2 InvestmG verpflichtet, durch die Auswertung anerkannter Risikokennziffern die Einhaltung der Anlagestrategie des jeweiligen Zielfonds zu überwachen. Die Effektivität dieser Form der Kontrolle wird allerdings entscheidend davon abhängen, ob es der Hedgefondsbranche gelingen wird, sich auf allgemeingültige Risikokennziffern zu verständigen. Der deutsche Gesetzgeber hat jedenfalls mit § 119 InvestmG eine Verordnungsermächtigung geschaffen, die die Möglichkeit eröffnet, die Voraussetzungen von Risiko-Messsystemen festzulegen.

---

[875] Vgl. oben, F. II. 5. b).

IX. Prospekt- und Meldepflichten nach dem InvestmG

Die allgemeinen Vorschriften des Investmentrechts über den Verkaufsprospekt und die Vertragsbedingungen wurden im Rahmen des InvestmG durch hedgefondsspezifische Vorschriften ergänzt. So sind Hedgefonds in Form eines Spezialsondervermögens von der in § 42 Abs. 1 InvestmG normierten Prospektpflicht befreit. Ursprünglich waren Spezialsondervermögen als einzige Errichtungsform für Single-Hedgefonds vorgesehen. Teilweise wird daher eine analoge Anwendung des § 117 InvestmG auf Single-Hedgefonds in Form von Publikumsfonds angenommen. Auch für diese Fonds wäre dann lediglich ein ausführlicher Verkaufsprospekt zu erstellen. Die Regelungen für Verkaufsprospekte setzen allerdings einen öffentlichen Vertrieb voraus, der bei Single-Hedgefonds in Deutschland gerade nicht gegeben ist. Besonders aus allgemeiner haftungsrechtlicher Sicht sollte der Vertrieb von Single-Hedgefonds jedoch nur unter Verwendung eines Verkaufsprospektes erfolgen, der eine anleger- und anlagegerechte Beratung sicherstellt. Der Wortlaut des § 117 InvestmG spricht gegen eine analoge Anwendung auf Single-Hedgefonds. Darüber hinaus hat der Gesetzgeber den Vertrieb durch freie Vermittler nur für Single-Hedgefonds ausgeschlossen. Dies geschah unter dem Hinweis auf die erhöhten Anforderungen an die Verkaufsprospekte von Dach-Hedgefonds.[876]

Im Rahmen der Dach-Hedgefonds ist die Verwendung des in § 42 Abs. 2 InvestmG aufgeführten vereinfachten Verkaufsprospektes im Gegensatz zu den als Publikumsfonds ausgestalteten Single-Hedgefonds nicht möglich. Dadurch trägt der Gesetzgeber der Vielschichtigkeit von Dach-Hedgefonds Rechnung, die eine lediglich zusammenfassende Prospektdarstellung für den Durchschnittsanleger verbietet. Die besondere Anlegerstruktur der Dach-Hedgefonds, die auch sogenannten Kleinanlegern offen stehen, wird weiterhin auch durch die Pflicht zu spezifischen Angaben im Bereich der Gebührenstruktur berücksichtigt. Dabei sind Pflichtangaben über die vereinbarte Erfolgsvergütung, die Gebührenstruktur der Zielfonds und die von den Anlegern zu tragenden Gesamtkosten vorgesehen. Hervorzuheben ist zudem der gemäß § 117 Abs. 2 InvestmG an prominenter Stelle anzubringende Warnhinweis des Bundesfinanzministers, der ausdrücklich das Risiko eines eventuellen Totalverlusts hervorhebt. Gemäß § 121 Abs. 3 S. 4 InvestmG kommt es dabei zu einer Beweislastverteilung zugunsten der Anleger.[877] Eine weitere wichtige Stütze des Anlegerschutzes ist das in § 121

[876] Vgl. oben, F. II. 6. a).
[877] Vgl. oben. F. II. 6. a).

Abs. 3 S. 2 InvestmG normierte Schriftformerfordernis für den Anteilserwerb bei Dach-Hedgefonds. Dabei ist es nicht erforderlich, dass gemäß § 126 Abs. 2 BGB beide Parteien auf derselben oder einer gleichlautenden Urkunde unterzeichnen. Dies würde die praktische Durchführung des Anteilserwerbs erheblich erschweren. Ausreichend ist es daher, auf den schriftlichen Antrag des Anteilserwerbers abzustellen. Dadurch wird der Warnfunktion des § 121 Abs. 3 S. 2 InvestmG und damit dem Anlegerschutz vollumfänglich entsprochen. Dies wurde bereits in den Gesetzesmaterialien formuliert.[878]

§ 10 Abs. 1 S. 3 InvestmG nimmt sowohl Single-Hedgefonds als auch Dach-Hedgefonds von der Pflicht zur regelmäßigen Übermittlung einer Vermögensaufstellung aus. Gemäß § 10 Abs. 2 InvestmentG hat der jeweilige Hedgefonds der BaFin allerdings regelmäßig und auf elektronischer Basis Angaben über die für das Sondervermögen getätigten Geschäfte mit börsennotierten Wertpapieren einschließlich Bezugsrechten und Derivaten zu machen. Bei Dachfonds erfasst die Mitteilungspflicht nur die Geschäftstätigkeit auf Dachfondsebene. Die Konkretisierung des Begriffs „regelmäßig" bleibt dabei einer noch zu erlassenden Rechtsverordnung im Sinne des § 10 Abs. 3 Nr. 1 InvestmG vorbehalten.

Gemäß § 44 Abs. 1, 2 InvestmG sind sowohl ein geprüfter Jahresbericht als auch ein ungeprüfter Zwischenbericht zu erstellen. Ziel dieser Regelungen ist es, ein umfassendes Bild über die Tätigkeit und die Ergebnisse des jeweiligen Investmentvermögens zu erlangen. Dazu gehören neben einer detaillierten Vermögensaufstellung auch genaue Ausführungen über die während des Berichtszeitraums getätigten Leerverkäufe und ein Nachweis der Gesamtkostenquote („total expense ratio") des jeweiligen Fonds. Letztere stellt nach § 41 Abs. 2 S. 3 InvestmG das Verhältnis zwischen den im Geschäftsjahr angefallenen Verwaltungskosten und dem durchschnittlichen Nettoinventarwert des Hedgefonds dar.

Darüber hinaus können die Vertragsbedingungen bzw. Satzungen von Hedgefonds die jederzeitige Rückgabemöglichkeit von Anteilen beschränken. Dabei sind nach § 116 Abs. 1 InvestmG mindestens vierteljährliche Rücknahmetermine vorzusehen, denen eine maximal hunderttägige Ankündigungsfrist vorausgehen kann. Eine entsprechende Einschränkungsmöglichkeit besteht zudem im Rahmen der Ermittlung des Anteilwertes. Dieser ist nach § 36 Abs. 1 InvestmG prinzipiell börsentäglich vorzunehmen. Der Gesetzgeber hat damit dem Umstand Rechnung getragen, dass eine börsentägliche Ermittlung vieler von Hedge-

---

[878] Vgl. oben F. II. 6. a).

fonds gehaltener Vermögenswerte in der Praxis kaum durchführbar ist. Nach § 36 Abs. 6 S. 2 InvestmG besteht ferner eine Verpflichtung, die Ausgabe- und Rücknahmepreise mindestens zweimal im Monat bekanntzumachen. Hier ist allerdings eine einschränkende Auslegung des Gesetzes geboten, zumal die gängige Verwaltungspraxis in diesen Fällen von einem öffentlichen Vertrieb ausgeht.

X. Ausländische Hedgefonds nach dem InvestmG

Der öffentliche Vertrieb ausländischer Single-Hedgefonds scheidet nach § 135 Abs. 1 S. 2 InvestmG ebenso wie bei inländischen Single-Hedgefonds aus. Der Vertrieb der Anteile ist demnach ebenfalls nur im Wege der Privatplatzierung möglich. Das öffentliche Angebot ausländischer Dach-Hedgefonds ist dabei nach § 136 Abs. 1 Nr. 1 InvestmG davon abhängig, dass der jeweilige Sitzstaat des Fonds eine öffentliche Aufsicht zum Schutz der Investmentanleger aufweist und die dortige Aufsichtsbehörde zu einer befriedigenden Zusammenarbeit mit der BaFin bereit ist. Als formelle Voraussetzung ist zudem nach § 139 InvestmG eine Anzeige gegenüber der BaFin erforderlich. Dieser sind aus Anlegerschutzgründen detaillierte Unterlagen über die ausländische Investmentgesellschaft, die ausländischen Investmentanteile und die Aufsicht in dem jeweiligen Sitzstaat beizufügen. Eine Vertriebszulassung kommt dabei grundsätzlich gemäß § 136 Abs. 2, 4 InvestmG nur für solche ausländischen Dach-Hedgefonds in Betracht, die hinsichtlich der normierten Anlagebeschränkungen und Rückgabevorschriften mit inländischen Dach-Hedgefonds vergleichbar sind. Zu beachten bleibt allerdings, dass ausländische Dach-Hedgefonds im Gegensatz zu deutschen Dach-Hedgefonds nicht den Anforderungen des § 113 Abs. 5 InvestmG bezüglich des Auswahlprozesses und der laufenden Überwachung der Zielfonds genügen müssen. Dies ist als bedenklich einzustufen, zumal besonders der „Due Diligence" und der laufenden Fondsüberwachung eine besondere Bedeutung zukommt. Aus Anlegergesichtspunkten bedeutsam ist zudem die Verpflichtung gemäß § 123 S. 1 InvestmG, den jeweiligen Verkaufsprospekt in deutscher Sprache abzufassen oder aber mit einer deutschen Übersetzung zu versehen.

XI. Der Luxemburger Rechtsrahmen im Vergleich zu den Regelungen des InvestmG

Bei der Ausarbeitung des InvestmG dienten unter anderem auch die luxemburgischen Vorschriften des behördlichen Rundschreibens CSSF 02/80 als Leitbild. Ein Vergleich der Hedgefondsregulierung in Deutschland und Luxemburg darf folglich im Zusammenhang mit der Bewertung des InvestmG nicht ausbleiben. Im Rahmen einer eingehenderen Beurteilung der einzelnen Regulierungsansätze ist zwischen den Vorschriften für Single- und Dach-Hedgefonds zu differenzieren.

Im Bereich der Anlagepolitik von Single-Hedgefonds ermöglicht das InvestmG im Vergleich zu den luxemburgischen Regelungen die größere Flexibilität. So bestehen nach dem deutschen Rechtsrahmen beim Einsatz von Leerverkäufen und Leverage sowie von Derivaten keinerlei Beschränkungen. § 112 Abs. 4 InvestmG sieht lediglich eine Verordnungsermächtigung zur Begrenzung eventueller Missbrauchsfälle vor. Die luxemburgischen Rahmenbedingungen begrenzen demgegenüber die Kreditaufnahme auf grundsätzlich 200 Prozent bzw. bei marktneutralen Anlagestrategien auf 400 Prozent der Nettoaktiva. Die Summe der Verpflichtungen aus Leerverkäufen darf dabei zu keinem Zeitpunkt die Marke von 50 Prozent der Bruttoaktiva des Hedgefonds überschreiten.[879] Weitere Einschränkungen ergeben sich aus Klausel E.1.1. des behördlichen Rundschreibens CSSF 02/80. Danach ist die Summe der Margenforderungen im Zusammenhang mit auf organisierten Märkten gehandelten Derivaten auf ebenfalls maximal 50 Prozent der Bruttoaktiva des jeweiligen Fonds begrenzt. Dies gilt auch für die Verpflichtungen aus OTC-Derivaten.

Im Rahmen der Regulierung von Dach-Hedgefonds zeigt sich ein abweichendes Bild. So ist es deutschen Dach-Hedgefonds untersagt, Kredite aufzunehmen und mehr als 49 Prozent Liquidität zu halten. Für luxemburgische Dachfondsgestaltungen sind derartige Beschränkungen im behördlichen Rundschreiben CSSF 02/80 nicht vorgesehen. Im Unterschied zu den in § 113 Abs. 4 InvestmG normierten Regelungen sieht das behördliche Rundschreiben in Luxemburg zudem für die Zielfonds keine Beschränkungen vor, die sich an der Person des Zielfondsmanagers orientieren. Das behördliche Rundschreiben CSSF 02/80 unterscheidet lediglich nach der Anlage in regulierte und nicht regulierte Zielfonds. In Klausel C des behördlichen Rundschreibens CSSF 02/80 wird in diesem Zusammenhang bei regulierten Zielfonds auf bestimmte Anlagegrenzen

---

879 Vgl. oben, D. II. 1. b).

verzichtet. Bei der Investition in nicht regulierte Zielfonds gilt dagegen eine Anlagebeschränkung von maximal 20 Prozent pro Fonds. Die Anlage eines Luxemburger Dach-Hedgefonds in einen nicht regulierten Umbrellafonds wird dabei auf maximal 50 Prozent seiner Aktiva begrenzt.[880]

Weitere Unterschiede zwischen den Bestimmungen des InvestmG und dem luxemburgischen Rechtsrahmen ergeben sich im Bereich der Anforderungen an die jeweiligen Verkaufsprospekte. Die in § 117 Abs. 1 InvestmG normierten Voraussetzungen gehen dabei wesentlich über die eines Luxemburger Verkaufsprospektes hinaus. Angaben zum Umfang der Anteile an nicht regulierten Zielfonds sind in Luxemburg ebenso entbehrlich wie Informationen zu den Anforderungen, die an die Geschäftsleitung der Zielfonds gestellt werden. Der luxemburgische Rechtsrahmen verlangt für die Investition in Zielfonds, deren Strategie den Einsatz von Leverage und Leerverkäufen einschließt, lediglich einen entsprechenden Hinweis im Verkaufsprospekt. Detaillierte Angaben bezüglich des Umfangs von Leverage und Leerverkäufen sind jedoch im Gegensatz zu § 117 Abs. 1 InvestmG nicht vorgesehen. Der luxemburgische Verkaufprospekt verzichtet weiterhin auch auf genau quantifizierte Pflichtangaben bezüglich der Gebührenstruktur des jeweiligen Dach-Hedgefonds und der Gesamtkostenbelastung auf Anlegerseite. Ausreichend ist in diesem Zusammenhang vielmehr der pauschale Hinweis auf die durch die Dachfondsstruktur bedingte zweifache Gebührenbelastung. Luxemburgische Dach-Hedgefonds unterliegen zudem keinen § 113 Abs. 5 InvestmG vergleichbaren Informations- und Überwachungspflichten in Bezug auf die Zielfonds. Dies ist als deutlicher Vorteil für den Fondsstandort Luxemburg zu werten, zumal noch ungeklärt ist, inwiefern es den potentiellen Zielfonds möglich sein wird bzw. sie gewillt sein werden, die einzelnen Dach-Hedgefonds mit den in § 113 Abs. 5 InvestmG normierten Informationen zu versorgen.

XII. Bewertung

Dem deutschen Gesetzgeber ist mit dem InvestmG ein Regulierungsregime gelungen, das die Erfüllung der gestiegenen Transparenzanforderungen mit dem Ziel verbindet, einen im internationalen Vergleich attraktiven Rechtsrahmen für die Auflegung und den Vertrieb von Hedgefonds zu schaffen. Anteile an in- und ausländischen Single-Hedgefonds können im Rahmen einer Privatplatzierung an

[880] Vgl. oben, D. II. 1. e).

private und institutionelle Anleger vertrieben werden. Anteile an in- und ausländischen Dach-Hedgefonds können sogar öffentlich angeboten werden, sofern die nach dem InvestmG vorgegebenen Standards eingehalten sind. Dies eröffnet auch sogenannten Kleinanlegern Anlagemöglichkeiten, ohne auf quantitative Definitionskriterien zurückzugreifen.

Im Gegensatz zu Luxemburg wird auf eine generelle Beschränkung des Leverage verzichtet und gemäß § 112 Abs. 4 InvestmG lediglich eine Verordnungsermächtigung für das Bundesministerium der Finanzen geschaffen. Das Systemrisiko durch den erhöhten Einsatz von Fremdkapital ist dabei keinesfalls hedgefondsspezifisch. Eine direkte Regulierung sollte demnach aus Gleichbehandlungsgrundsätzen nicht auf derartige Fonds beschränkt sein. Durch die Möglichkeit einer Verordnung zur Abwendung von Missbrauchsfällen kann flexibel auf eventuelle Systemrisiken reagiert werden. Dies stellt zusammen mit der Bestellung von Sicherheiten einen erhöhten Schutz vor einem exzessiven Leverage dar. Von der Verordnungsermächtigung sollte allerdings aus Gründen der Wettbewerbsfähigkeit des deutschen Finanzplatzes nur zurückhaltend Gebrauch gemacht werden. Zur Zeit verdichten sich die Anzeichen, dass einzelne Hedgefonds weltweit aufgrund des vermehrten Wachstums des Sektors wieder verstärkt Leverage einsetzen. Transparenzregelungen im Hinblick auf das Leverage-Verhältnis sollten daher aufgrund der globalen Finanzströme international abgestimmt werden. Dadurch können Umgehungsversuche und Arbitragemöglichkeiten zwischen den Rechtsordnungen verhindert werden. Ein rein nationaler Vorstoß des deutschen Gesetzgebers zur Einschränkung des Leverage birgt die Gefahr einer Schwächung des deutschen Finanzplatzes. Darüber hinaus können nationale Unterschiede bei der direkten Regulierung von Hedgefonds einer Vereinheitlichung des Hedgefondsmarktes entgegenwirken. Zu denken wäre beispielsweise an eine Revision der OGAW-Richtlinie mit europaweiten Standards für Hedgefonds.[881]

Bezüglich des Anlegerschutzes besteht aufgrund der detaillierten Regelungen im InvestmG im Gegensatz zu den U.S.A. kein weiterer Handlungsbedarf. Zwar können die investmentrechtlichen Regelungen theoretisch umgangen werden, dies ist jedoch anders als in den U.S.A. besonders aus steuerlichen Gründen nicht ratsam. Die Einordnung als Sondervermögen im Sinne des InvestmG führt gemäß § 11 Abs. 1 InvestmStG zur Befreiung von der Gewerbe- und Körperschaftsteuer. Die Prospektpflicht für Publikumsfonds und die verschärften Rege-

---

[881] Vgl. Spindler/Bednarz, WM 2006, S. 607.

lungen für Dach-Hedgefonds tragen ebenso zum hohen Standard des Anlegerschutzes bei, wie die Diversifizierungsvorgaben für Dach-Hedgefonds. Letztere sind wichtig, um das Managerrisiko einzudämmen. Der Anlageerfolg des Investors ist von den persönlichen Fähigkeiten des jeweiligen Fondsmanagers abhängig. Besonders die weitreichenden Informations- und Meldepflichten dienen der Stärkung des Anlegervertrauens und der Verhinderung von Betrugsfällen.

Als Schwachpunkt des InvestmentG ist zu werten, dass es inländischen Kapitalanlagegesellschaften nicht gestattet ist, die Eigenkapitalanforderungen zumindest teilweise durch Garantien von Kreditinstituten zu erfüllen. Aufgrund der hohen Kapitalanforderungen besteht in diesem Bereich Nachbesserungsbedarf, um eine Benachteiligung deutscher Hedgefonds im internationalen Vergleich zu vermeiden. Als weiterer Schwachpunkt des Gesetzes ist zudem die Regelung im Rahmen des § 113 InvestmG zu werten, nach der auf Dachfondsebene nicht mit Leverage oder Leerverkäufen gearbeitet werden kann. Eine gesetzgeberische Korrektur zur Verhinderung von überstürzten Teilliquidierungen ist besonders auch aus Sicht der einzelnen Anleger wünschenswert.

H. Schluss

Bisher befindet sich die deutsche Hedgefondsindustrie noch in ihren Anfängen. Die an die Einführung des Investmentmodernisierungsgesetzes geknüpften Hoffnungen der Branche wurden schnell durch Startschwierigkeiten inländischer Hedgefondsanbieter relativiert. Insgesamt wurden bisher nur 21 Single-Hedgefonds nach § 112 InvestmG und 16 Dach-Hedgefonds gemäß § 113 InvestmG genehmigt.[882] Dies liegt sicherlich einerseits an den im internationalen Vergleich hohen Transparenzanforderungen, aber auch an der Beschränkung von Retailanlegern auf Investitionen in Dach-Hedgefonds. Aufgrund der doppelten Gebührenbelastung hat sich das Segment der Dach-Hedgefonds bisher im Vergleich zu den klassischen Anlagen in Aktien- oder Rentenfonds unterdurchschnittlich entwickelt.[883] Für eine genauere Prognose des Entwicklungspotentials des deutschen Hedgefondsmarktes ist es allerdings noch zu früh, zumal besonders die unterdurchschnittliche Wertentwicklung von Dach-Hedgefonds kein deutsches Phänomen darstellt.[884]

Die Zulassung von Hedgefonds durch das Investmentmodernisierungsgesetz hat zu einer Erweiterung der AnlV durch die Erste Verordnung zur Änderung der Anlageverordnung geführt. Versicherungen und Pensionsfonds können nunmehr dem sogenannten gebundenen Vermögen unter bestimmten Voraussetzungen Anteile an Single- und Dach-Hedgefonds zuführen.[885] Die weitere Entwicklung der Branche wird zu einem großen Teil auch von dem zukünftigen Engagement dieser institutionellen Anleger abhängen.

Das InvestmG und das InvestmStG werden zu einer nachhaltigen Verbesserung der rechtlichen Rahmenbedingungen für Hedgefonds in Deutschland führen und langfristig zur Etablierung derartiger Fonds beitragen. Die Beaufsichtigung und detaillierten Meldepflichten im Zusammenhang mit einer Investition in Hedgefonds werden sich dabei positiv auf die gestiegenen Anforderungen des Anlegerschutzes und der Finanzmarktstabilität auswirken. Unabhängig von diesem direkten Regulierungsansatz des deutschen Gesetzgebers wird allerdings vieles von den persönlichen Fähigkeiten der einzelnen Hedgefondsmanager abhängen.

---

[882] Vgl. BaFin, Liste der genehmigten inländischen Sondervermögen mit zusätzlichen Risiken (Stand: 19. Juli 2006).

[883] F.A.Z., Finanzmarkt, 13.08.2005, Nr. 187, S. 17.

[884] F.A.Z., Finanzmarkt, 13.08.2005, Nr. 187, ebd.

[885] Vgl. oben, F. IV.

Durch die Schaffung des InvestmStG hat der deutsche Gesetzgeber zudem einen steuerlichen Rechtsrahmen geschaffen, der die weitgehende Gleichstellung in- und ausländischer Investmentanteile fördert und die vormals erhebliche Benachteiligung gegenüber einer Anlage in Hedgefondszertifikate beseitigt. Für in Deutschland steuerpflichtige Anleger ist der Erwerb von Anteilen an in- und ausländischen Single- bzw. Dach-Hedgefonds allerdings nur dann empfehlenswert, wenn der jeweilige Fonds gemäß § 5 InvestmStG seine Besteuerungsgrundlagen bekannt macht. Danach muss der einzelne Hedgefonds seine Anleger mit einer entsprechenden Aufschlüsselung der Herkunft von Ausschüttungen und ausschüttungsgleichen Erträgen versorgen. Andernfalls kommt es zu einer im Vergleich zu den Regelungen des AuslInvestmG lediglich geringfügig abgeänderten Pauschalbesteuerung, die eine Anlage in derartige Produkte auch weiterhin als nicht empfehlenswert erscheinen lässt. Bisher sind nur wenige Fonds bereit, die an den transparenten Steuerstatus geknüpften Anforderungen zu erfüllen. Dies wird sich jedoch bei einer steigenden Beteiligung von institutionellen Investoren an diesem Anlagesegment ändern. Es ist davon auszugehen, dass sich besonders Versicherungen und Pensionsfonds zur Erfüllung ihrer Renditeprognosen auch in Deutschland langfristig stärker an Hedgefonds beteiligen werden.[886] Wichtig für die weitere Entwicklung der Hedgefondsbranche in Deutschland wird ferner die Dauer der einzelnen Genehmigungsverfahren sein. Während sich die Entscheidung der BaFin nach § 7 InvestmG bzw. § 97 InvestmG bezüglich der Erteilung der Erlaubnis zum Geschäftsbetrieb einer Kapitalanlagegesellschaft bzw. einer Investmentaktiengesellschaft teilweise bis zu 6 Monate hinzieht, werden entsprechende Anträge in Luxemburg grundsätzlich innerhalb von 2 Monaten bearbeitet.[887] Eine Verkürzung der Genehmigungsverfahren ist daher wünschenswert.

[886] Vgl. Ho, Deutsches Risk 2005, S. 19.
[887] Vgl. Ho, Deutsches Risk 2005, S. 18.

Nikolaos Fragos

Das neue europäische und deutsche Investmentrecht

Die Änderungen in Folge der neuen OGAW-Richtlinine und des Investmentgesetzes

Frankfurt am Main, Berlin, Bern, Bruxelles, New York, Oxford, Wien, 2006.
XXXII, 206 S.
Europäische Hochschulschriften: Reihe 2, Rechtswissenschaft. Bd. 4366
ISBN 978-3-631-55004-5 · br. € 42.50*

Die Asset-Management-Industrie ist zu einem der wichtigsten Akteure auf den europäischen Finanzmärkten geworden. Investmentfonds mobilisieren die Sparaufkommen der privaten Haushalte und führen sie produktiven Anlagen zu. Europäisches und deutsches Investmentrecht sind seit 2002 einem Strukturwandel unterworfen. Mit dem im Januar 2004 in Kraft getretenen InvG wurde das investmentrechtliche Rahmenwerk an die Vorgaben der in 2002 geänderten OGAW-Richtlinie angepasst. Neue Regulierungsansätze sorgen für eine starke Veränderung der rechtlichen Rahmenbedingungen für Anbieter und Endabnehmer von Investmentprodukten. Liberalisierungsmaßnahmen im Bereich der Produktregulierung eröffnen neue Möglichkeiten im institutionellen Fondsgeschäft. Diese Arbeit untersucht die wesentlichen Neuerungen, die in diesem Zusammenhang von rechtlicher und praktischer Bedeutung sein können. Im Rahmen dieser Analyse ist den ordnungspolitischen Grundlagen des Investmentrechts Rechnung zu tragen. Als solche sind die Förderung der Investmentidee und die Wahrung der Individualinteressen an Werterhaltung, Ertrag und Liquidierbarkeit des Sparkapitals als zentrale Gesetzesaufgaben anzusehen.

Aus dem Inhalt: Neue OGAW-Richtlinie · Verwaltungsgesellschaften · Investmentgesellschaften · Anlagepolitik eines OGAW · Einführung eines vereinfachten Verkaufsprospekts · Umsetzung der OGAW-Richtlinie in deutsches Recht · Neue Eigenkapitalanforderungen an Kapitalanlagegesellschaften · Einführung eines EU-Passes · Neuregelung der Meldepflichten · Einführung von Umbrellafonds · Fondsverschmelzung · u.v.m.

FSC
www.fsc.org
MIX
Papier | Fördert
gute Waldnutzung
FSC® C083411

Kolibri 360 GmbH
Ferdinand-Jühlke-Straße 7
99095 Erfurt, Deutschland
produktsicherheit@kolibri360.de

Druck:
CPI Druckdienstleistungen GmbH
im Auftrag der
Kolibri 360 GmbH
Ferdinand-Jühlke-Str. 7
99095 Erfurt